LEARN TO CASHIER

新手学出纳

· 全新职场案例版 ·

王俊清◎编著

中国铁道出版社
CHINA RAILWAY PUBLISHING HOUSE

内容简介

本书以故事和图片的方式，详细、系统地分析了出纳业务经常会遇到的问题。书中呈现了“我”从一个应届毕业生、一个职场“新人”成长为一名优秀的出纳，然后升职到财务部长助理，再成为一名合格的财务人士的成长过程！

全书从企业对出纳工作的要求出发，对出纳业务进行了全面介绍，并就出纳新手遇到的实务难题，给出最佳的解决方案。本书融入了作者多年的财务工作经验、实战体会、职场感悟，理论结合实践，并配有大量插图，让读者从故事中学出纳，站在“前辈”的肩膀上，尽快进入职场。此外，本书还讲述了一些办公室规则，教导出纳人员如何为人处世，并对“管家婆”形式的小企业出纳进行了详细解读，让我们跟着主人公，走进多彩的出纳世界吧！

图书在版编目（CIP）数据

新手学出纳：全新职场案例版 / 王俊清编著.—北京：中国铁道出版社，2017.9

ISBN 978-7-113-23413-3

Ⅰ. ①新… Ⅱ. ①王… Ⅲ. ①出纳－基本知识 Ⅳ. ①F233

中国版本图书馆 CIP 数据核字（2017）第 174332 号

书　　名： 新手学出纳（全新职场案例版）

作　　者： 王俊清　编著

策　　划： 王　佩　　**读者热线电话：** 010-63560056

责任编辑： 杨新阳

责任印制： 赵星辰　　**封面设计：** MXK DESIGN STUDIO

出版发行： 中国铁道出版社（北京市西城区右安门西街 8 号　邮政编码：100054）

印　　刷： 三河市宏盛印务有限公司

版　　次： 2017 年 9 月第 1 版　2017 年 9 月第 1 次印刷

开　　本： 700mm×1 000mm　1/16　**印张：** 19.75　**字数：** 287 千

书　　号： ISBN 978-7-113-23413-3

定　　价： 49.00 元

请跟随出纳新手“鲁泽”的脚步，一同探秘财务部门的各个工作环节，一起经历财务部门的工作流程和实务操作吧。

本书将基本理论讲解融入真实的会计实务工作流程中，摒弃教科书中死板的理论教学，真正培养读者获得可以独立操作实际财务工作的能力。

PREFACE 前言

本书伊始

这是出纳新人鲁泽的职场真人秀，这也是一本出纳实务自学参考书。

通过“鲁泽”与主管会计、财务部长的对话描写，把与企业相关的出纳知识，以主人公所闻、所感、所想的方式向大家娓娓道来。

出纳工作是每个企业都必须设置的职务，也是很多财务人员初入职场的起点。但是，长期以来人们对出纳工作的认识存在着一个误区，以为出纳工作只是数数钱，跑跑腿，忽视了出纳工作的专业性。

事实上一个优秀的出纳，对企业非常重要，因为它是企业整个财务系统的基石之一，出纳工作不到位，财务环节就存在起点上的不足。另外，对于立志于财务工作的人来说，学好出纳业务是掌握会计本领的前提。因此，在出纳岗位上，不可得过且过，不可妄自菲薄，而要认识到出纳是很好的职场起点。

本书是一本引导出纳人员从基础入门到熟练掌握出纳技能的索引性工具书，书中列举了在企业日常经营过程中，出纳工作常遇到的实务性工作，并且还总结了一些实际工作中的小技巧。

本书结构

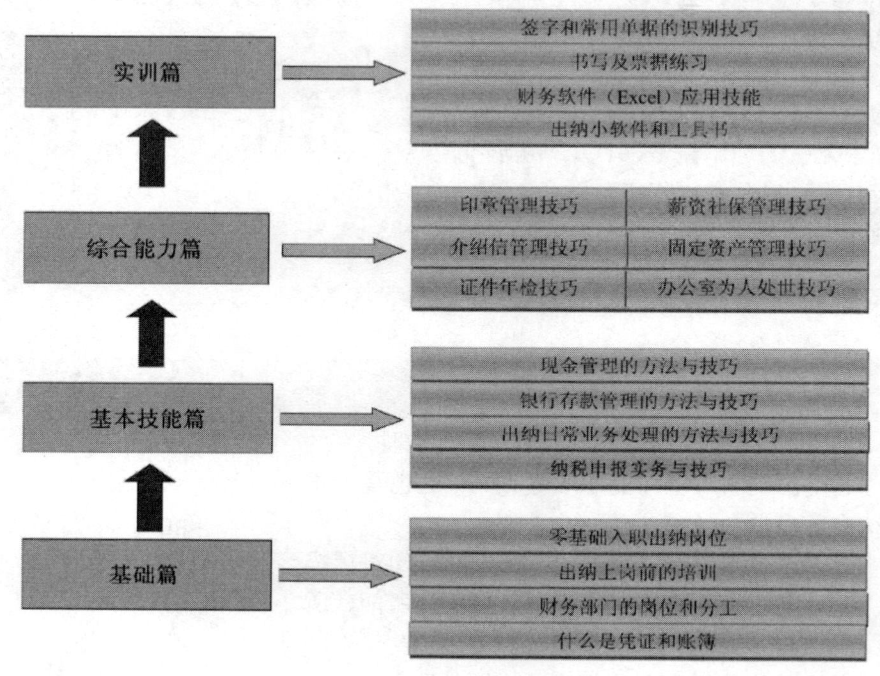

第 1 章 初识出纳岗位。“我”通过面试后，通过专业培训，了解出纳岗位的基本知识。

第 2、3 章 出纳必备的基础知识。这两章重点讲述会计部门岗位的设置，人员分工，财务部门文化，自然过渡到出纳需掌握的基础知识。从凭证、账簿、发票的基本概念到发票的识别、凭证的制作、现金日记账和银行日记账以及纳税常识等也都一一做了介绍。

第 4 章 一分一毛有出处——现金管理。本章重点讲述如何对现金进行管理，掌握现金的“识、数、提”，以及不同现金业务的凭证处理。另外对现金日记账的登记和核对进行了技巧性的解读。

第 5、6 章 公司的第二个财务室——银行存款。本章重点讲述银行存款相关业务，这是出纳工作的另一个重心。读者可以从中学习到银行账户的管理、账簿登记与核对、多种银行结算方式的应用，以及网银等各项知识。

第 7、8 章 出纳的专业技能。通过“我”向刘会计的学习，对原始凭证的审核、凭证的处理、发票的开具，以及纳税申报等一一做了详细解读。

第 9 章 做好管家婆。这是针对小企业中，出纳还需担任行政事务性工作而言的，主要讲述印章和信件管理、证件年检、员工的工资和社会保险核算、固定资产管理等。另外还列出了办公室工作中应当注意的一些“潜规划”。

第 10 章 出纳训练营。常言说，台上一分钟，台下十年功。一名优秀的出纳也是经过严格的训练培养出来的。跟“我”训练，就一定能掌握扎实的出纳功底。

第 11 章 出纳实用工具箱。主要讲述 Excel 在财务工作，特别是出纳工作中的应用，还有出纳需要准备的那些小软件、工具书，“我”的三大法宝等。

第 12 章 告别出纳岗位。本章介绍出纳工作的交接事项。在升职告别的时候，对自己进行综合评估，看看自己已具备了什么条件，还有哪些方面需要提高。

编者经验

作为一名出纳新手，在学习出纳业务时，要做到眼到、手到。

- 眼到，即能看清自己的权利、责任、义务，正确理解、无偏差；
- 手到，就是能准确地把出纳语言“翻译”成具体实务操作行为。

出纳除了要多学习各种出纳知识外，还要学习一些行政知识，这对于小公司的出纳人员相当重要。

在自己兼职其他工作时，平时应该做到嘴勤、腿勤、脑子勤。

- 嘴勤，就是要勤学多问，特别是要向中高层管理人员多提问；
- 腿勤，就是要多与其他部门联系，不怕吃苦；
- 脑子勤，就是多思考，把收集的信息加工整理，去粗取精、归纳总结，从而找出既解决问题又降低成本的方案，这是成熟财务人员的标志之一。

通读本书，你一定会了解企业需要的合格出纳的必备能力，学会出纳工作业务，同时，你还会成为一个一职多能的多面手，为自己的职场生涯打下坚实的基础，开启未来升职的大门！

由于编者能力有限，书中难免有疏漏之处，敬请大家批评指正。

本书的人物介绍

鲁泽

财务菜鸟一枚

职场新人，出纳员，书中称“小鲁”，是故事的主人公。一位来自农村的大学生，从小到大在班里都是前三名的好学生，最后考上了重点大学，成为家乡十里八村的榜样。

刘丽

财务牛人一个

公司财务会计，经验丰富，有多年出纳工作经验，是故事中主人公的“师傅”。

王子杰

公司财务部长

公司高管，故事中担任主人公的“导师”角色，是一位优秀的财务管理人员，也是主人公的职业偶像。

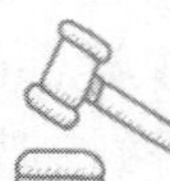

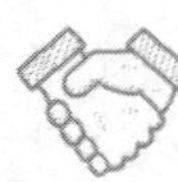

CONTENTS

目 录

第 1 章 初识出纳岗位

本书的主人公小鲁，名叫鲁泽，按照职场的惯例，新入职的应届毕业生一般会被同事在姓前面加个“小”字，作为个人称谓。

第2章 出纳必备基础知识1

小鲁就要正式到出纳岗位了，对于出纳工作，小鲁现在打心眼儿里理解了，原来出纳也必须要具有财会专门知识，并且必须由持有会计从业资格证书的人担任。

第 3 章　出纳必备基础知识 2

细心的小鲁暗暗给自己定下第一天的计划，先熟悉一下工作环境，包括财务部门岗位设置、财务人员的分工，然后再对出纳要面对的凭证、账簿等具体对象，仔细地研究，免得让自己看起来笨手笨脚的。

第 4 章　一分一毛有出处——现金管理

小鲁知道：出纳管理的不仅仅是钞票，用会计人士专业的话说，还有一些现金等价物，如支票、汇票等。但刘丽对小鲁说，在出纳的日常工作中，其实主要还是跟现金打交道，因此现金管理方面出错的概率也比较大。

第5章 公司的第二个财务室——银行存款1

每天下午3点多，公司的开户银行都会派客户经理小李到财务部，送来银行对账单、客户购买货物的付款电子汇划收款单，以及昨天他拿走的进账单中的回单联，取走今天需要办理的支付材料款的电汇凭证等。

第7章　出纳的专业技能1

半年时间很快就过去了，经过人力资源部门的考核，小鲁试用期综合得分为88分，顺利拿到为期5年的工作合同。

第8章　出纳的专业技能2

学会出纳工作并不难，但从会到优秀还有很长的距离。接下来鲁就要学习现金、银行存款以外的其他专业技能。

第 9 章 做好管家婆

办公室工作可以概括为四会，即会说、会写、会做事、会做人。

办公室工作是一个不易被人重视但又必须有人兢兢业业完成的工作，只有大家感觉不到办公室工作的存在，才说明工作做得好，比如，不耽误工资发放、每天考勤机正常、办公用品准备充足等。

第10章 出纳训练营

小鲁在交接工作时，不仅把制度要求交接的资料整理得井井有条，更让大家满意的是，小鲁还有一个自己归纳整理的出纳工具箱，这些资料可以称得上是出纳工作的百宝箱。

第 11 章　出纳实用工具箱

小鲁在工作中体会到不能一个人闭门造车，要善于借助现成的工具，把有用的资源有机地结合起来，这样不仅能提高工作效率，而且能减少错误的发生。

第 12 章　告别出纳岗位

三年的时间很快过去了，小鲁在出纳的工作岗位上尽职尽责，得到了大家的广泛认可。但出纳毕竟是一个基础岗位，还需要向更高的职位发展。

CHAPTER

1 初识出纳岗位

本书的主人公小鲁，名叫鲁泽，按照职场的惯例，新入职的应届毕业生一般会被同事在姓前面加个“小”字，作为个人称谓。小鲁应聘到的是一家成立7年的机械设备生产型企业，员工有50多人，年产值近5 000万元。

下面让我们随着主人公一起经历他的职业成长故事吧。

1.1 应届生小鲁成功获得就业机会

小鲁大学学的专业是物流管理，毕业应聘时，小鲁有幸得到一个管理培训生岗位。单位招聘员工都需要严格的系统面试，财务部的王部长也是面试成员之一，当天的招聘过程大致是这样的。

人事经理 你是重点大学的毕业生，为何没选择考研或考公务员，选择一个专员的岗位是不是和自己的期望有相当大的差距？

鲁　泽 我觉得社会经验对我来说更有学习价值，所以在校没想过读研，考公务员倒是准备过，我报的是中央机关公务员中的一个职位，没想到报录比例为2 925∶1，最后成绩差了1分。至于第二点，我不怕从基层开始，因为我相信只有落地才能生根，所以我愿意踏踏实实地从基层做起。

看得出，人事经理对小鲁的回答还是挺满意的。

由于不是财务部门招聘，王部长可能是看到小鲁学过一门和会计相关的“物流企业会计”课程，就顺便简单地提几个问题，小鲁一一作答。

从小鲁的回答来看，小鲁的会计知识可以忽略不计，但作为出身农村的孩子，小鲁成绩优秀，说话实实在在，加上又是211高校的毕业生，却能够将自己定位到最基础的岗位，这种踏实的态度得到了大家的认可，于是公司决定让他先从轮岗开始，将来根据他的特长再安排适合的岗位。

小鲁心想，在就业形势严峻的今天，能在这个还算不错的单位谋得一个职位，他还是比较满意的。

1.1.1 歪打正着的出纳工作

小鲁的管理培训生实习计划是半年，到财务部实习是第 4 个月。在这之前，小鲁觉得财务部很神秘，就像加了防盗门的资料室一样，一句“非财务人员禁止入内”，让人对它敬而远之。

1. 财务部王部长不简单

在来财务部实习之前，小鲁也暗自打听过，财务部的王部长虽然只有 37 岁，却已有 15 年的会计从业经历。

王部长是从职场新人一步步打拼成为高级会计师的，同时考过注册会计师、注册造价师证，其间担任过成本核算会计、财务会计、财务部长，不管是为人还是做事，在公司都很有声望，小鲁一下子就有了学习的榜样。

虽然学物流管理的小鲁也学过会计，同学中也不乏有人做会计，但小鲁觉得，一个男孩子做财务没有多大意思，于是在财务部实习期间，小鲁并没有把自己的职业和财务联系起来。

小鲁以为这里和他以前工作的装修车间一样，只是自己的一个实习岗位，在财务部的那一个月里，小鲁主要是帮着汇总一下出库单，在计算机或网络出现问题时解决一下，要说收获那便是知道成本核算的流程，顺便学会打算盘。

2. 机会总是留给有准备的人

计划没有变化快，小鲁不曾想实习完毕，恰遇单位的出纳拟升职要到上海分公司去工作。

人事部将招聘计划汇报给总经理。总经理觉得出纳岗位还是内部调用为好，于是打开人力资源管理库，翻到小鲁的简历，总经理觉得小鲁学过财务，论文也是有关应收账款管理方面的，而下一步单位正准备加强成本核算，于是和王部长商量是否考虑小鲁，王部长也觉得小鲁虽然财务基础

不是很深，但学习能力不错，对数字很敏感，于是公司决定让小鲁先干出纳工作，等对公司的业务熟悉后，再调到成本会计岗位做核算管理工作。

就这样，小鲁误打误撞还是步入了会计行业。在人事部经理对小鲁做完工作安排后，小鲁也欣然同意，对于公司的出纳岗位，细心的小鲁也做了一些了解：

公司成立 7 年来，前面共有两任出纳。另外人事部经理还对他说王部长刚参加工作时，就是从出纳开始的，他整整做了两年出纳，此后便担任成本会计，直到现在这个职位。

1.1.2 超市收银员表姐的认知误区

与小鲁办理交接的前任出纳这次是要被派到外地分公司担任会计工作，所以没有时间来带他加上财务部又刚用上集团核算财务软件，大家都处于学习阶段，其他人也没有精力来带小鲁。

因此办完交接手续，财务部王部长决定还是由自己亲自来协助小鲁熟悉业务使其尽快进入角色。

1. 超市收银员表姐对出纳的理解

听到小鲁将做出纳工作，他在一家超市当收银员的表姐自告奋勇担任起老师来，给小鲁讲了很多相关的知识。

表姐说她的工作就是出纳，这话也有一定的道理，因为从收银员的工作内容、方法、要求，以及他们本身应具备的素质等方面看，与会计部门的专职出纳人员有很多相同之处。

收银员每天的主要工作：

- 办理货币资金和各种票据的收入，保证自己经手的货币资金和票据的安全与完整；
- 也要填制和审核许多原始凭证；
- 他们同样是直接与货币打交道，除要有过硬的出纳业务知识以外，还必须具备良好的财经法纪素养和职业道德修养。

2. 收银员与出纳的区别

但是表姐毕竟不是专业人士，没有看到深层次的内容。收银员工作在经济活动的第一线，各种票据和货币资金的收入，特别是货币资金的收入，是由他们转交给单位的专职出纳的。

另外，收银员的工作流程是每天都进行的收入、保管、核对与上交，一般不专门设置账户进行核算。所以也可以说，收银员是出纳工作的派出人员，是各单位出纳队伍中的一员，他们的工作只是整个出纳工作的一部分。

3. 出纳认知中的误区纠错 1："跑跑银行，记记账"

表姐的话虽然听起来有些道理，作为非专业人士，能够达到这样的认识水平已经不错了，但是王部长听完后觉得还是有必要做出澄清，使得小鲁能够从最开始便在职业的正确道路上行走。因为职场不怕起点低，就怕走回头路，甚至是走了一去不复返的冤枉路。

小鲁的表姐将出纳工作形容为"跑跑银行，记记账"，这是对出纳工作的片面认识。

其实在现实生活中，不仅是一般员工，有很多单位的领导也是这么认识出纳，认为出纳工作没有技术含量，找个师傅带一带，只要这个人细心，谁都可以干出纳。这种认识不仅会误导出纳，也可能会给单位带来很多损失。

其实，"跑跑银行，记记账"只是出纳工作"三分动手"的部分，而需要出纳动脑的"七分"却常被人忽略。出纳每天要跟形形色色的人打交道，而且涉及钱的事，一旦出现差错，具体的责任认定往往很难。在实际工作中，大量的工作差错、财务事故甚至损害案件，都出在那"七分"里。

4. 出纳认知中的误区纠错 2：出纳挣钱少

小鲁的表姐说在财务部工作很好，但出纳挣钱少。确实有很多公司是这样的，在单位的工资表中，小鲁也发现前任出纳的薪资普遍较低。出现这种情况有两方面原因：

- 领导也认为出纳工作很简单，忽视出纳岗位的重要性；
- 出纳之所以挣得少，是因为出纳没有让老板看到值得给高工资的地方。

事实上，由于出纳经常接触老板，如果真正地提出好的建议，做到使老板满意，老板肯定会给比较好的待遇的。

5. 出纳认知中的误区纠错 3：出纳没必要精确那点儿钱

小鲁自己也想，单就自己身上的那点儿钱，很多时候也只是知道个大概，从来没有精确到几角几分，不管是买东西还是到城里卖农村的土特产，多一元少一元也是经常发生的事。

出纳要管一个单位的钱，这当然不是管自己那点儿钱所能比的，要管得清清白白更不是一件容易的事。

王部长 别人可以这么说，但干出纳的人需打起精神来，只有在实际工作中能够从容应对各项繁杂事务的人，才有资格说出纳很简单。就像小马过河的故事一样，水深还是不深，只有自己试一试才会知道，因此对于还没有从事出纳工作的毕业生来说，不能想当然地以为别人说简单，对自己来说也会很简单，在这个岗位上，需要提高警惕。

经验谈

出纳工作不简单，动手三分，动脑七分。

1.1.3 出纳入职培训为哪般

小鲁觉得入职培训中，人事经理讲岗位责任，可能是因为讲得不细，小鲁也没有总结出个所以然来，所以他想请教王部长出纳的入职培训细节有哪些。

王部长 入职培训并不进行实质性的业务培训，它只是为新员工提供正确的、相关的公司及工作岗位信息，鼓励新员工的士气；让新员工了解公司所能提供给他的相关工作情况及公司对他的期望；减少新员工初进公司时的紧张情绪，使其更快适应公司；使新员工明白自己工作的职责、加强同事之间的关系；培训新员工解决问题的能力及提供寻求帮助的方法。而真正的出纳业务知识培训，是我们财务部门自己的工作内容，通过边学边干，边干边学，才能知道什么是真正的出纳。

1.1.4 出纳就是支出和收入

什么是出纳业务，前人之所以这么叫它，一定是这两个字最能表达出纳工作的最初意义。出纳，顾名思义，出就是支出，纳就是收入。

具体地讲，出纳是按照有关规定和制度，办理本单位的现金收付、银行结算及有关账务，保管库存现金、有价证券、财务印章及有关票据等工作的总称。

名　词	解　释
出纳	通常包含两层意思：一是指出纳工作，就是现金及票据的收进、付出、结存业务。二是指出纳人员，就是办理上述业务的人员
管理	这个词可大可小，在出纳层面，当然不是什么高深的管理理论，但是要记住和体会这个词，管理即是计划、组织、指挥、协调、控制
公家	不要误会，这里的公家不是指政府行政部门，而仅仅是和自己进行区分。出纳不能把单位的钱当个人的钱随便乱花，也不能把自己的钱当单位的钱，一定要公私分明。 这个道理虽然看起来没有什么好说的，但对出纳却非常重要，出纳一定要养成只当“过路财神”的淡定心理，只把钱看成数字，不要当成财富，更不要把它和自己的生活联系起来
资金	资金是个什么东西？通俗一点讲就是钱，但这个钱不仅仅是我们个人使用的纸币或者硬币。在单位，金条、股票、债券、支票、甚至借款字据，押金条都要算资金。千万别小看了自己手中的空白支票，虽然它们从银行买来的时候不值几个钱，但只要这个东西盖上章、写上数，就真的能当钱花，所以不用时一定要放在保险柜里，平时也要严加看管，不要出现无收款单位名头，甚至无数字而印章齐全的支票万一被别人得到，这比丢了一万两万现金更可怕
收付存	直白地说，就是收入、支出和保存

王部长把上面的内容总结为一句话：“出纳是管理公家的资金收付存。”并对这句话中的关键词进行了详细的解读。

王部长 具体到我们公司，在财务管理制度中有一条出纳岗位职责，具体说明了我们公司的出纳应该干什么工作，从这点可以看出，每个单位的出纳工作会有一定的差别，这和公司的业务量及财务部门的人员设置有很大关系，如果收付款量非常大，出纳就不再做别的工作，但在我们公司，出纳还需做现收、现付、银收、银付 4 种凭证。

1.1.5 出纳岗位职责的 8 个方面

小鲁翻开公司的财务管理制度，其中规定的出纳岗位职责，主要有以下 8 个方面。

（1）按照国家有关现金管理和银行结算制度的规定，办理现金收付和银行结算业务。

（2）办理现金和银行存款收付业务时，要严格审核有关原始凭证，根据编制的收付款记账凭证逐笔顺序登记现金日记账和银行存款日记账。

（3）按照国家外汇管理和结汇、购汇制度的规定及有关批件，办理外汇出纳业务。

（4）掌握银行存款余额，不得签发空头支票，不得出租、出借银行账户为其他单位办理结算。

（5）保管库存现金和各种有价证券的安全与完整。

（6）保管有关印章、空白收据（发票）和空白支票。

（7）填制现收、现付、银收、银付 4 种凭证。

（8）办理银行账户的开立、变更和撤销业务，协助相关人员办理营业执照、企业代码证和贷款卡年检工作等职责。

看完上述内容，小鲁对其他方面没有说什么，都记到了本子上，有一项内容他不理解，于是向王部长请教。

鲁　泽 王老师，出纳还要做凭证，这个是我以前没有想到的。

王部长 你做的都是和钱有关的凭证，也和你的工作内容有关，每天做凭证的过程也是对自己当日工作的梳理，但转账凭证和钱无关，是由刘会计来做，另外要记着月底和会计的总账核对现金日记账、银行存款日记账，也就是我们所说的账账相符。

小鲁点点头，把话记到了心里。

1.2　出纳是有“意识”的

小鲁妈妈叮嘱小鲁的几句话，小鲁也深深地记在了心里。

鲁　妈 常言说亲兄弟，明算账，到出纳工作岗位就要把工作做得一清二白，该是怎么回事就是怎么回事。

虽然小鲁是个懂事的好孩子，但是王部长还是决定给他也讲讲工作中必须具有的意识方面的事。

对于出纳工作，人的素质是关键。出纳员可以说是会计岗位中最基本的岗位之一，但是出纳员位低责不低，企业所有款项进出、现金收付都得经过出纳员之手，因此人们也把出纳员称为“过路财神爷”。

也正因为出纳员是“过路财神爷”，所以这一岗位必须选择道德品质好，见钱不眼开的人担任，在任期间能做到“常在河边走就是不湿鞋”。

王部长 当初面试的时候，大家正是觉得你有这样好的素质基础，因此才对你投了信任票。出纳和会计人员一样，也要具有以下几个方面的良好意识。

1.2.1 良好意识：熟悉法规

国家的相关财经法律、法规、规章和国家统一会计制度内容是很多的，不可能也没有必要仔细关注，但常用的必须进行认真学习，这样在工作中才会有分寸可以把握，因为法律始终是我们工作的底线。出纳工作法律意识如表 1-1 所示。

表 1-1　出纳工作的法律意识

工作内容	意识事项
法律意识的目的	避免自己产生违法问题
	自己掌握专业知识，通过主动预防，使办事人员不产生违法问题
	自己掌握专业知识，通过主动预防，使单位不产生违法问题
妥善解决上级的违法要求	有分寸且能明确告知上级违法要求将产生的危害
	提出可以避免违法行为产生的另一种办法，请上级参考决定
出纳的“法龙八部”	《中华人民共和国会计法》
	《中华人民共和国税收征收管理法》
	《中华人民共和国票据法》
	《中华人民共和国现金管理暂行条例》
	《企业会计制度》
	《会计基础工作规范》
	《会计档案管理办法》
	《支付结算办法》

1.2.2　良好意识：依法办事

这个法，不仅是国家的法律法规，还有公司的规章制度，如何做好这一点呢？

自己要对公司的制度有彻底的掌握，凡事以制度为准，在别人说三道四时，自己只对他说明规定是这样的，不要再进行其他过多的解释，因为任何事情都不是绝对的，制度肯定也有不合适的地方，但在没修改前，只能按这个执行。出纳工作依法办事意识如表 1-2 所示。

表 1-2　出纳工作的依法办事意识

工作内容	意识事项
一个领导	自己的直接领导就是会计，或者是经公司制度确认的其他人
	总经理交待的公司业务的其他事项，要告知自己的直接领导
执行公司三制度	财务管理制度
	资金收支审批制度
	财务数据编制报告制度
办理支出	书写的支出理由是否合法，是公还是私
	款项付给谁
	金额是多少
	款项是什么性质，是个人借款还是预付款，还是采购款
	是否属于预算内的支出
	申请内容是否规范，有无涂改
	是谁批准的
	是不是授权范围内的批准
	审批程序是否合公司规定
	手续是否齐全，有无合同、协议，或者票据等
	付款给对方，是否收到发票
	票据是不是正规票据
收入取得	是公司应该收的钱吗
	是哪个单位或哪个人交的钱
	收到的金额是多少
	收到的是还借款，还是销售收入，还是预收的货款
	批准收款的人知道钱收到了吗
	给交款人收款收据或发票了吗
	收款手续是否齐全，有无合同、协议

1.2.3 良好意识：敬业爱岗

俗话说，既来之，则安之。既然选择当出纳，就得全身心投入到这项工作中，切不能这山望着那山高。

认真工作和对付着工作都是度过一天，但最终的收获肯定不一样。在职场，比拼的就是积累，而能把一项工作做到极致就是专家。

1.2.4 良好意识：客观公正

这一点在出纳的工作内容中，主要指事实是什么样的，就要记录成什么样的。

另外，对任何人都要一视同仁，不要例外，更不能跟谁的关系好就对谁要求得松。古语有云："公生明。"只有心底无私，才能经得起别人的质询。

1.2.5 良好意识：搞好服务

管理即是服务，在出纳的岗位上，一定不要把自己当成领导者，而要以服务的心态对待工作，尽己所能，为改善单位的内部管理、提高经济效益服务。出纳工作的服务意识如表 1-3 所示。

表 1-3 出纳工作的服务意识

工作内容	意识事项
主动服务的好处	使对方能够理解、配合
	快捷地处理完事宜，让对方满意
主动服务的方法	分清轻重缓急，主动与相关人员人进行沟通
	掌握资金账户的动态变化，主动与付款经办人进行沟通
	主动向上级报告资金结存情况和目前的支付能力
	遇到违反规定的收支，立即停止实施，并向上级反映

（1）清正廉洁。清正廉洁是出纳员的立业之本，是出纳员职业道德的首要方面。古语有云："廉生威。"一个人只要不贪，能够始终坚持君子爱财取之有道，就能取信于人。

（2）坚持原则。不仅对员工要坚持原则，同样对领导也要坚持原则，当然在工作中，对领导坚持原则要更讲究方法，大多数情况下，领导不是

故意的，而是没有意识到该怎样做，这时出纳就要多注意，把该做的工作放在其面前，以示提醒。

（3）保守秘密。出纳要保守本单位的商业秘密，除法律规定和单位领导同意外，不能私自向外界提供或泄露单位的会计信息，在和同事一起时，要做到不打听，不传播。出纳工作保密意识如表 1-4 所示。

表 1-4 出纳工作保密意识

工 作 内 容	意 识 事 项
外人就得保密	除以下人员外，其他人就是外人，需要保密
	1．财务人员
	2．总经理
	3．业务接口人员（仅限经办业务）
	4．统计、税务等法律规定部门
保密的三管	1．管门
	随手关闭房门
	2．管物
	离开时随时将各种工作物品归柜归箱
	3．管口
	不打听，不传播
	多听涉及财务的内容，有则改之，无则加勉
	观察业务往来情况，多考虑存在的风险，并与上级研究对策

小鲁听完这些，有种恍然大悟的感觉，这些提醒就是自己以后工作中脑子里的内存，人的问题首先是思想方面的问题。

1.3 上岗前的培训

根据公司的规定，小鲁工作前也要进行三天的岗前培训。应王部长的安排，岗前培训在财务室小会议室进行，培训内容除前面所说的意识上的事项外，主要要求出纳每天的工作首先要做到点钞准确，填单认真，记账清晰，跑银行要腿勤，办业务要手勤。

王部长 这个是基础中的基础。只有做到这点，你给人的感觉才够专业，才能让人觉得值得信赖。这一点非常重要，凡事良好的开头就等于成功的一半。

出纳工作有什么技巧呢？小鲁想从培训中找到答案。

1.3.1 出纳的三字经口诀

为避免讲述过于抽象，王部长把出纳的业务归纳为三字经，让小鲁过上两月，结合实际工作经历，再重温一遍，这首三字经全文如下。

出纳员，很关键；静头脑，清杂念。
业务忙，莫慌乱；情绪好，态度谦。
取现金，当面点；高警惕，出安全。
收现金，点两遍；辨真假，免赔款。
支现金，先审单；内容全，要会签。
收单据，要规范；不合规，担风险。
账外账，甭保管；违法纪，又罚款。
长短款，不用乱；平下心，细查点。
借贷方，要分清；清单据，查现款。
月凭证，要规整；张数明，金额清。
库现金，勤查点；不压库，不挪欠。
现金账，要记全；账款符，心坦然。

1.3.2 学会说“是”和“不”

说“是”比较容易，尽管点头说“是”就行了。当然，出纳说“是”必须知道为什么这么说，对合理的职责分内的事，就要明确地告诉人家，什么时间能够办理完毕。

真正的出纳的难处，在于怎么说“不”。王部长结合自身体会给小鲁讲了一下。

王部长 其实我这个人也是不太会拒绝别人，从小到大一直对别人能帮的就帮，不是常说送人玫瑰，手留余香吗？（缓了缓）是的，做人要厚道，这个思想本身没有错。但对财务人员来说这却是一个非常大的缺点，所以一定得改正。我的同学就吃过这样的亏，他在一次办事的时候领导要求通融通融，但出事后领导一句他不懂财务，具体的事他不知情，就把我那个同学说了出去了，最后上级处分了我的同学。因此我们这一行必须要做到害人之心不可有，防人之心不可无，要不然只有吃哑巴亏的份儿。

鲁 泽 大家都是成人，自己做的事就能自己担当，为什么会让别人代为受过？

王部长 因为财务的差错通常会带来钱的差错，评价一个人如果用上“贪污受贿，道德败坏”这几个词，那他一辈子就算完了，所以一旦涉及钱的事，每个人都会把责任推给别人的。（叹了口气）这时该如何判断呢，只能讲究证据，所谓“空口无凭，立字为据”就是这个意思，所以不管别人当时嘴上说得多么好，做了多少保证，都不能将这些当作他可以承担责任的依据，必须签字画押。

鲁 泽 这和法院审理案子一样啊。

在出纳岗位，总要面对同事、客户与主管的许多要求。有时碍于公司规定或是工作时间的冲突，必须拒绝那些不合理的要求。但是，一个实诚的人，在拒绝别人时很容易发生一些心理障碍，总觉得说不出口，这能够理解。

另外，由于初入职场，一些事自己也拿不准，不知道该不该说“是”。其实不敢和不善于拒绝别人的人，在实际的工作和生活中，往往会害了自己，有时也会连累别人，这真是个大问题。

1.3.3 说“不”的三种方法

那么如何拒绝他人？在什么情况下可以拒绝别人？怎样做才能使自己不做违心的事，而又不影响同事关系呢？显然“拒绝”的确是出纳在人际交往中的一个至关重要的做事行为艺术，王部长给小鲁讲了 3 种方法。

1. 直接分析法

法规和公司制度明确不可以做的，直接拒绝对方，一般只要说明正确的做法就可以。

只要说明公司的规定，通常这些状况对方也能认同，能理解你的苦衷，自然会自动放弃说服你，并觉得你拒绝得不无道理。

2. 巧妙转移法

如果员工因自己的失误造成损失，要求公司给予补偿时，如果你正面拒绝，会加重他的失落感。

这时可采取迂回的战术，转移话题也好，另有理由也好，主要是利用语气的转折，要温和而坚持却绝不答应，也不至于撕破脸。

比如，先向对方表示同情，对员工为公司做的事予以赞美，然后再提出理由，加以拒绝。由于先前对方在心理上已因为你的同情与你的心理距离拉近了，所以对于拒绝也较能以"感同身受"的态度来接受。

3. 不用开口法

有时开口拒绝对方也不是件容易的事，而且往往也没有必要做过多的解释，时间上也不允许一直争论下去。这个时候，肢体语言就派上了用场。

一般而言，摇头代表否定，别人一看你摇头，就会明白你的意思，之后你就不用再多说了，面对外单位的办事人员时，这是最好的方法。

另外，微笑中断也是一种拒绝的暗示，谈话中突然中断笑容，便暗示着无法认同和拒绝。类似的肢体语言还包括，起身去银行办理事情，或者开始办下一位人员的报销事宜等。

小鲁听到这儿，加问了一句。

鲁　泽 如果对方是总经理呢，该怎么说不，有没有更具有针对性的办法？

王部长 这个问题问得非常好，对于初入职场的人来说这可能是最大的困惑，怕得罪领导。由于中国人传统的官本位思想以及潜意识中对权力的莫名敬畏，使大多数做下级的人对于来自上级的指令唯命是从，这样下去，一旦养成这样的习惯，一个人的人生其实已经注定没有思想和高度，千万不能领导说什么就是什么。

王部长 不只我们出纳岗位，其他所有下级岗位，就算事事顺着领导，做个有求必应的好好先生也并不容易，因为上级的要求永无止境，领导也是人，没有什么特别之处，他的话有时并不合理，如果你总是不好意思当面说"不"，总是轻易承诺自己无法履行的职责，将会带给自己更大的困扰和沟通上的困难。在通常情形下，领导更怕承担责任，所以就更危险，如果领导并不知道这件事这样做不对，你又没有告诉他，这就是你的失职。（歇了歇）其实拒绝上司只是一个表面现象，更重要的是，你要让上司了解你的真实状况，让他知道这种做法是违反公司规定的，如果你不能把自己的真实情况有效地传递给上司，就会使情况对自己不利。

最后，王部长总结如下。

王部长 如何对领导说不？最简单的方式还是把领导当普通人看，毕竟在企业里还是以效益为重，为工作说“不”表明你对工作负责，也是为领导负责。一般来讲，领导既然能当上领导，更应能比别人善于倾听和自省，知道自己不做到，就没法要求别人，所以你说“不”也没有什么风险。

鲁　泽 如果万一遇上那种“什么都得听我的”专制领导，怎么办？

王部长 如果一个领导容不得下属说“不”，甚至到了听“不”必怒的地步，那就会很危险了，这个时候就会出现“上之所好，下必甚焉”的情况，领导也就听不到不同的声音，公司也就没有发展的可能了。这时只有两条路：要么改变领导，要么改变自己。说得更明白点，一是等待更换领导，另一个就是自己离开这个公司，因为这样的领导跟着也是浪费时间，也不会得到什么发展。

经验谈

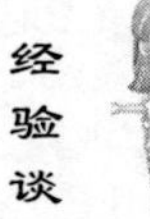

对领导，要会说“不”！

1.3.4 每天 4 个时间点搞定出纳工作

为让小鲁对每一天的工作有个总体上的把握，王部长让原出纳小刘讲解出纳工作的权利和义务。其中权利比较简单，也就是有权拒绝不该办的事，而义务部分财务部归结为一天应当完成的工作，分四步理解，这些内容是结合财政部《会计基础工作规范》和公司有关财务制度制定的。

出纳的权利即是对于违反国家财经纪律和公司财务制度有关规定的事项有权拒绝办理；有权抵制外单位和个人借用银行账户。小刘向小鲁介绍了出纳的一天应该如何度过。

1. 打卡后的前 5 分钟

（1）先检查办公设施是否被人移动或打开过，然后打开保险柜，清点保险柜中的物品，包括印章、现金、支票等票据，看是否有丢失。

（2）向刘会计请示当天需要新增支付的资金计划。

（3）对自己当天的工作计划进行完善，分出轻重缓急，进行合理安排，避免误事。

2. 工作的7小时25分钟

（1）本着先来后到的顺序开始办理各项对内和对外的收款和付款业务。

（2）收付款时，要审核发票等原始凭证和收付款的审批手续，付款手续一定要有总经理签字，同时在支付现金时要让领款人签字确认，支票领取要在支票领取簿上签字。

（3）在没人办理业务的空档，填写记账凭证，登记现金日记账和银行日记账。

3. 离下班还有30分钟

（1）用网上银行系统查询银行账户里还有多少钱，并与自己记载的“银行日记账”进行核对。

（2）清点手里的现金，并与现金日记账进行核对。

（3）如果发生账款不符，要立即查清原因，如果自己觉得查不清楚，立刻让刘会计帮助，并做出调整。

这就是所谓的日清月结。只要做到这一点，基本上不会出现说不清的差错，从而大大缩小检查的范围。

（4）将完成的当天现金和银行存款余额报表交给刘会计，以便和她整理完的总账及明细账核对。

4. 马上要打卡下班了

（1）将当天放在办公桌上的所有凭证、账簿、报表和其他涉密资料放入文件柜并加锁。

（2）将现金、支票、印章等贵重物品放入保险柜。

（3）再环视一遍，确认是不是该锁的物件都已完全锁好。

（4）整理桌面和办公环境，做到物品摆放井井有条。

当然，一天还有其他的事要做，因为每月末、每季末、每年末都会有些特殊的事要做，上面只是一天工作的大体流程。

1.3.5 公私财产要区分

小刘给小鲁讲了在自己身上发生过的两件事。

事件一：刚参加工作当出纳时，为了发工资方便，单位统一给我们每个人办了一张储蓄卡，同时还有本储蓄存折，由于平时是用卡来取款，存折放着也没有动过，后来自己怕放在什么地方忘记了，就顺手放到了保险柜里。

事件二：单位给董事每月发一笔津贴，其中有一位在其他单位任总经理职务，这里的董事，除了开董事会，通常见不到他，每次发津贴都是派他的司机过来取，但这月司机没有来，我把津贴装在信封里，也放在了保险柜中。

非常巧合的是这月的一天上级审计部门来检查，我打开了保险柜。

审计人员一下子就发现了这两个问题，当作重大问题记录下来，还汇报了上去，虽然后来经核实没有什么大事，但还是传得沸沸扬扬，这件事情给了我非常惨痛的教训，那就是职场中自己要小心。

鲁 泽 你当场没有说明吗？

小 刘 我当场是说明了，但没有用，人家让我不要解释，此事需要调查核实。

鲁 泽 这样明确的事情会有这么严重吗？（更加吃惊）

小 刘 调查的人倒是没有说什么，但传来传去就变味了，说的时候可大可小，往小可以说成工作的经验不够，往大可以说成私设小金库，听的人哪知道事情的真相，很可能以讹传讹，好在领导没有听信别人的传言。当然公私财产要区分不仅指不能把自己的钱和公司的钱放在一起，还有也不能把公司的钱放到自己的口袋里，即使目前这笔钱还没有记到账上，也不能先拿回家再说，若这样，你就是跳进黄河也洗不清了。

鲁 泽 看来真要做到公私分明啊。

小 刘 此外，分清公私财产，不仅可以减少自己的麻烦，也可以方便把握和处理业务，因为公司在经营过程中，一直要求严格区分个人费用支出与企业费用支出，要区分个人资产与企业资产的存放。支出方面，要知道为公司办理业务发生的费用可以报销，而若是为自己办事所花费用，就不能拿到公司来报销。比如，同样的餐费发票，如果是请客户的，就可以报销，而如果是请自己女朋友的，就不能了。员工不能把办公用品拿回家里使用，比如把笔记本电脑拿回家——这也就不对了。

1.3.6 职场不怕起点低

作为优秀的大学生，从小到大，小鲁听到的都是亲人的赞扬，父母也肯定是望子成龙，对他寄予很大的希望。

也许在他的梦想中，想过到政府部门去上班，第一次回家就开着小车，一进村子便闹得左邻右舍的狗汪汪叫，这大概就是所谓的衣锦还乡了。但是现实是，他只是在一个 50 多人的公司上班，离有车有房还有相当大的距离。

小鲁会感到失落吗？王部长想给小鲁打打气，鼓励下小鲁。

王部长 有句话是这么讲的，一个人起点低并不可怕，怕的是境界低。依我看，一个人越是计较自我，便越没有发展前景；相反，他越是主动付出，他就越会快速发展。比如王永庆，开始创业时只有 200 元，开了一个小得不能再小的米店，最后做成了大事业。这样的例子就不用多说了，其实很多成功人士在职业生涯初期都是从零开始，共同之处是他们能把自己沉淀再沉淀、倒空再倒空、归零再归零，人生才一路高歌，一路飞扬。

看小鲁很认真地在听，王部长又接着说。

王部长 刚入行要抢着做事，不要怕吃亏，不要在乎是否公平，如果自己一天牢骚不断，心比天高，要知道老会计凭什么要教你？如果你连自己都不在乎，谁还会在乎你，所以要时刻注意吸收任何可能对自己有帮助的信息，这才是快速成长的必由之路，而钱则必然会随着你的职业发展、能力提升接踵而来。（停顿了一下）小鲁，相对于其他岗位，出纳由于时常接触老板，比别人更有让领导了解你才华的机会，只要你表现得足够好，有想法，领导一定会提拔你，因为谁当领导都一样，一定会选自己了解又能领会自己意图的人担当重任。因此就我的观点来看，出纳其实是个不错的职业开端，就看你的心态和努力了。在这一行，你完全可以从出纳升职到会计，再到财务总监，如果你有很好的管理才能，完全可以顺利地走到经理级别的管理岗位。

听了王部长的一席话，小鲁能感觉到在这个团队里，每个人都是真心实意地在跟他说话，小鲁觉得很温暖，在这样的集体里，他一定会工作得很开心。

1.3.7 职场寓言：飞翔的蜘蛛

一天的雨后，我发现一只黑蜘蛛在后院的两檐之间结了一张很大的网。我很诧异，它是怎么完成的呢？没听说过蜘蛛会飞啊？从这个檐头到那个檐头，中间有一丈余宽，要说其他的线可以顺着前面的线来完成，那么第一根线是怎么拉过去的呢？

后来经过细心观察，我发现蜘蛛其实付出了很多次努力，它先从一个檐头起，先打结，然后顺墙而下，一步一步向前爬，小心翼翼，翘起尾部，以免蜘蛛丝挂到地面的沙石或别的物体上，再走过空地，接着再爬上对面的檐头，等感觉高度差不多了，最后把丝收紧，周而复始，最后织成了不可思议的大网。

蜘蛛不会飞翔，但它能够把网凝结在半空中，完成这个梦想的是它的勤奋、敏感、沉默而坚韧。我们就是要做这样的人，在财务岗位上，做沉默寡言的人和深藏不露的智者。奇迹是执着的人创造的，因为信念是一种顽强的力量，当你坚信自己能成功时，你就一定能成功。

职场上虽然没有永远的公平，但绝对不是是非颠倒的，是金子就会发光，是人才领导就会看得到。

CHAPTER

2 出纳必备基础知识 1

小鲁就要正式到出纳岗位了，对于出纳工作，小鲁现在打心眼儿里理解了，原来出纳也必须要具有财会专业知识，并且必须由持有会计从业资格证书的人担任。

出纳可真不像别人说的那样——只要坐得住，不要什么专业知识，只要细心一点儿谁都可以干得了。

2.1 财务部门基本分工

小鲁 7 点半就到了公司，在介绍财务人员之前，王部长先让小鲁熟悉一下自己所在的工作团队，知道这个团队的每个成员是如何分工协作来完成工作的，这样就知道遇到什么事需要找谁来处理。

2.1.1 部门岗位图

鲁 泽 为什么要设岗位图，有什么用呢？

因为以前对这个问题没有做过太深的研究，王部长想了想。

王部长 按我的理解，公司先是有岗位需要才会需要人。如同飞机，首先是飞行必须具有动力设备，所以才需要安装发动机，而不是先把发动机买回来，再看飞机需不需要。财务岗位图表明公司对财务工作的需求，设置了这些岗位，就能保证公司的财务正常运行，相对来讲，岗位是静止的，而人是流动的，所谓铁打的营盘流水的兵。

见小鲁似乎听明白了，王部长接着说。

王部长 公司管理不能因人设岗，比如说某个上级领导给老板介绍一个

人，而现有的岗位哪个都不适合他，这时如果特意给他设置一个无用的岗位，就会带来混乱。财务部岗位的设置，表明我们财务部只有这些岗位，人事部门的职责是按这些岗位的要求找到胜任这些岗位的人。我们公司的财务岗位图是这样的（如图 2-1 所示），如果是大的集团性公司，就要比这复杂得多。

王部长一边说，一边简单地给小鲁画了个图。

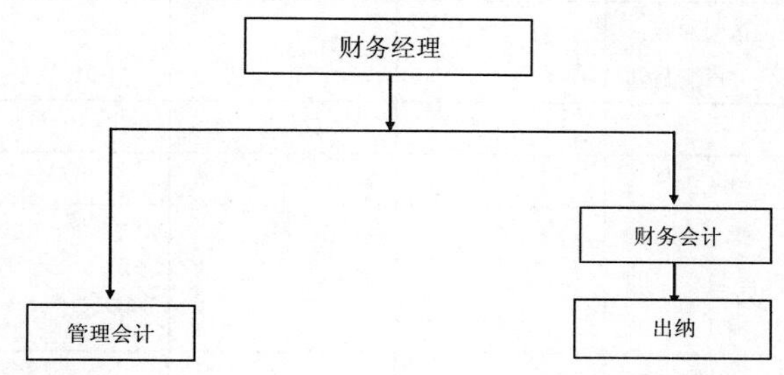

图 2-1　财务部门岗位图

2.1.2　财务的人员分工表

鲁　泽 我还是不太清楚大家的分工是什么样的，我的工作到底和其他人是如何衔接的呢？（看着岗位图）

王部长 麻雀虽小，五脏俱全，我们人员虽然少，但工作也很杂，和大型集团公司比较起来，区别主要在量没有那么大，分析不需要那么深，但一个单位财务工作该有的枝枝叶叶，我们也都有，因此也就要求每个人的知识结构面更全面。至于你提的这个问题，在我们的职能分配表中可以看到，看完了这个表格，你就会对每个人的工作分工清楚很多，你现在仔细地看一下财务部职能分配表（如表 2-1 所示），这个对你的工作非常重要。

鲁　泽 好的！（认真地看起来）

表 2-1　财务部职能分配表

工作职责	部长 王子杰	财务会计 刘丽	管理会计 李炜	出纳 鲁泽
全面负责财务部的各项工作	●			
全面负责成本管理及费用管理	●			
负责全公司资金管理工作	●			
合同的管理		●		

续表

工作职责	部长 王子杰	财务会计 刘丽	管理会计 李炜	出纳 鲁泽
劳保、营业外收支的管理		●		
收付转三类凭证的审核		●		
财务部各类报表的审核		●		
负责账务处理、财务核算		●		
印鉴分离后，负责主管章的管理		●		
协助部长搞好日常工作		●	●	
现金、银行账户的管理，按时对账，出具日报并保证账实一致，日清月结				●
付款凭证二次录入、装订				●
负责银行贷款及还款手续的办理		●		●
每月末按时核对银行存款，并出具余额调节表，由开户银行盖章，同时要将对账单及调节表存档		●		●
协助出纳办理日常业务，出纳有事外出代开支票			●	
负责财务部及会计部6S考核、汇总	●		●	
负责办事员、会计部、财务部工资报单及主管会计出勤表及财务部日常零星行政事务			●	
进行成本管理及成本核算	●		●	
编制成本报表			●	
考核报送每月经营情况指标表	●		●	
核算收入、工程管理，定期编报工程账单，定期与建设单位核对工程款，保证余额准确无误		●	●	
负责编制应收账款余额明细表			●	
固定资产管理、核算		●		
公司管理费用核算，销售部包干费的核算		●		
公司财务费用核算		●		
负责计算机的日常管理及维护			●	
纳税申报及税务局日常业务				●
财务报表编制，报表汇总			●	
科目余额明细表编制		●		

续表

工作职责	部长 王子杰	财务会计 刘丽	管理会计 李炜	出纳 鲁泽
档案管理				●
转账凭证制证、二次录入		●		
凭证装订，报表装订				●
付款凭证的制证				●
暖气费的审核报销、煤气费的审核报销				●
福利费、劳保费用、职教经费的核算、借款及报账				●

2.1.3 财务的职务说明书

看完职能分配表后，小鲁对王部长说。

鲁　泽 以前听老爸说过，出纳都是老板的亲戚，要不然老板把钱放在他手里不放心。从我目前了解的情况来看，这个说法不成立，一来我不是领导的亲戚也做了出纳，二是出纳岗位受到了如此严格的限制，不是想把钱拿出去花就能花的，我回家得给老爸纠正一下。

小鲁接着说。

鲁　泽 另外，我有一件事不是很明白，在参加招聘会的时候，看到各单位的展台上写出招聘岗位，但对应聘人员的要求写得不是很详细。那是不是公司人事部门只管收简历，到时挑一个相对顺眼的就成了？因为我觉得面试时提的问题也没有什么专业性很深的东西。

王部长 常言道，功夫在身外，其实单位对每个岗位都有详细的要求，人事部门在招聘时也需按这个标准来选择，绝不能走马观花，要不然他们就不专业了。公司发展得怎么样，人的素质都非常重要，就像你想种树，如果选的苗不行，再怎么栽培，最后也成不了参天大树啊。

说到这儿，王部长停了一下。

王部长 拿我们财务部的三个岗位类别为例，财务部长、会计、出纳，我都给出了详细的职务说明书，通过这个，公司可以很好地检查人员的工作是不是称职，是不是做到了分内的事。同时我们也可以对照反省自问，是不是达到了公司的要求。而作为人事部门来说，招聘前由于看过这个说明书，对每个岗位要求的专业和综合素质他们已经非常熟悉，因为已经心中有数，所以不会出现拉壮丁式的招聘。要相信脱颖而出的人，不仅是运气好。当然，运气这东西也确实存在。

王部长歇了口气。

王部长 既然说到这里，我再给你看一下咱们财务部门的职务说明书（如表 2-2 所示），这样你就会知道在财务这个行业上自己努力的方向，知道自己如果担任更高一层的职位，还需要什么能力。

表 2-2　财务部门的职务说明书

职务名称	财务部部长	财务（管理）会计	出纳
所属部门	财务部	财务部	财务部
直接上级	总经理	财务部部长	财务会计
工作目的	做好参谋，避免风险，资产的保值增值；实现企业价值的最大化	作好参谋，避免风险、资产的保值增值；实现企业价值的最大化	做好本职工作，为公司节约成本
工作要点	1．负责领导本公司的会计人员办理会计事项，进行会计审核，正确计算和分配公司收益，协调和其他部门的关系	1．正确计算和处理会计工作，协调处理好各主面的账务工作	1．办理现金收付和银行结算工作
	2．负责各种报表的审核	2．负责各种税务报表	2．日常报销工作
	3．编制和执行公司预算、财务收支计划，成本管理，拟定资金筹措方案和使用方案，开辟财源，有效地使用资金	3．日常账务的审核	3．保管库存现金和各种票据
工作要求	良好的职业道德，对工作认真负责	良好的职业道德，对工作认真负责	良好的职业道德，对工作认真负责
工作责任	1．进行成本费用预测、计划、控制、核算、分析和考核，督促各部门降低消耗，节约费用，提高经济效益	1．进行成本费用预测、计划、控制、核算、分析和考核，督促各部门提供发生经济业务的单据	1．办理现金支付工作和银行结算业务
	2．建立健全经济核算制度，利用财务会计资料进行经济活动分析	2．记账、对账、编制会计报表	2．日常登记账目和支付报销单据

续表

职务名称	财务部部长	财务（管理）会计	出纳
工作责任	3．协助公司主要行政领导人对企业的生产经营及基本建设投资等做出决策，参与公司生产经营管理方案的制订和重大经济合同、经济协议的洽谈、审查、签订工作	3．编制纳税申报表	3．保管库存现金和各种票据
	4．审查公司财务收支计划、成本费用计划、财务专题报告和会计核算报表	4．各种账目进行装订和存档	4．清缴各种费用
	5．审查涉及财务收支业务的有关费用、经济合同、经济协议和项目建议书	5．接收出纳交来的原始单据、支付证明单	5．保管好法人印章
	6．组织会计人员进行培训，支持会计人员依法行使职权	6．各项收入的核算	6．按计划支付或开出期票
	7．负责本公司职员和各部门主任以上的工资发放的制表	7．各类原始凭证的整理、分析、编制记账凭证	7．办理与客户之间的收汇结算工作
	8．承办公司主要行政领导人交办的其他工作	8．把各类记账凭证录入计算机并分类整理汇总、核对及编制分类汇总	8．向领导汇报资金的使用情况
	9．编制公司的财务预算和收支计划		9．完成领导交办的其他事项
	10．各类资料分类归档进行存放		
衡量标准	1．对外报表及时报送（速度快，准确度高，不出差错、漏洞）	1．报表及时报送（速度快，准确度高，不出差错、漏洞）	1．各类应收的款项在报表传递到的十天内收齐
	2．对内报表准确及时，分析有条理	2．报表准确及时，分析有条理	2．库存现金和各种票据无丢失现象
	3．对内核算清楚 、条理分明、账目清晰	3．核算清楚 、条理分明、账目清晰	3．按计划支付供应商账款
	4．不折不扣完成公司的要求及任务	4．每月 30 日前完成前月各类数据的核对工作	4．各种报表及时准确无错漏
	5．一切从公司利益出发，代表公司利益	5．各种报表在每月的 29 日前完成	5．根据现金使用计划有计划地报销一切应报之单据
	6．从全局出发，协调生产、销售等各部门关系，平衡各方面的关系	6．每月无账目错漏	6．从全局出发，协调生产、销售等各部门关系，平衡各方面的关系

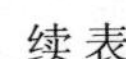

职务名称	财务部部长	财务（管理）会计	出纳
衡量标准	7．活账本，账账清，数数有依据	7．分析各类报表成本和改善建议	
	8．了解财务状况，及时发现隐患		
基本要求：	1．年龄：33~40 岁	1．年龄：33~40 岁	1．年龄：21~25 岁
	2．性别：男女不限	2．性别：男女不限	2．性别：男女不限
	3．其他：为人大方、作风正派、具有敬业精神、对企业忠诚	3．其他：为人大方、作风正派、具有敬业精神、对企业忠诚	3．其他：为人大方、作风正派、具有敬业精神、对企业忠诚
知识和技能要求	1．本科以上学历（财会或金融专业）	1．本科以上学历（财会或金融专业）	1．本科以上学历（财会或金融专业）
	2．会计师职称和注册会计师资格 3．有英语四级或日语二级证书	2．会计师职称 3．有英语四级或日语二级证书	2．有在外资企业一年以上相同职位的工作经验者优先
	4．有在外资企业三年以上相同职位的工作经验	4．有在外资企业三年以上相同职位的工作经验	3．熟悉银行结算业务、外汇核销工作流程者优先
	5．熟悉国家政策和劳动法规	5．熟悉国家政策和劳动法规	4．熟悉各类办公软件
	6．熟悉各类办公软件	6．熟悉各类办公软件	
特殊技能	1．语言能力： 能清楚、准确地向提问者解答每个问题	1．语言能力： 能清楚、准确地向提问者解答每个问题	1．语言能力：能清楚、准确地向提问者解答每个问题
	2．文字能力： 能用准确的文字表达出每件事情	2．文字能力： 能用准确的文字表达出每件事情	2．能用准确的文字表达出每件事情
	3．观察能力：能清楚地了解即将发生的事情，并能找出解决办法	3．观察能力：能清楚地了解即将发生的事情，并能找出解决办法	3．观察能力：能清楚地了解即将发生的事情，并能找出解决办法
	4．逻辑处理能力：根据事情的主次，有序安排工作	4．逻辑处理能力：根据事情的主次，有序安排工作	4．根据事情的主次，有序安排工作
	5．熟悉涉外会计、税务审计等政策法规，具有企业财务工作流程优化能力	5．熟悉涉外会计、税务审计等政策法规，具有企业财务工作流程优化能力	5．各类凭证的归档工作
综合素质	1．有良好的职业道德，保守企业秘密	1．有良好的职业道德，保守企业秘密	1．有良好的职业道德，保守企业秘密
	2．有良好的沟通协调能力	2．有良好的沟通协调能力	2．有良好的沟通协调能力
	3．能独立开展工作	3．能独立开展工作	3．能独立开展工作
	4．工作细心、认真	4．工作细心、认真	4．工作细心、认真
	5．社会背景良好	5．社会背景良好	5．社会背景良好

2.1.4 财务的部门文化

王部长 我一直觉得一个好的部门应该有自己的文化，因此我一直在努力建立一个在企业文化下面的部门文化，也许细推敲起来，可能算不上真正的文化，就算我结合企业文化和个人的职场心得进行的一个总结吧。

王部长认为他们渐渐形成的这个共识，属于什么并不重要，从这些年大家的反映来看，这些约定的文字，算提醒也好，算规则也罢，字里行间传递的都是职场人的正能量，大家也还是比较认可的。

王部长 丑话说在前面，这句话在工作中很重要，为什么要这么讲呢？因为每个人都有两面，好的一面和坏的一面，如果身旁有监督、提醒，犯错的概率就小些，特别是面对钱的事，如果没有约束，很多人容易犯错误。这些错误可能是有意的，也可能是无意的，但有一点是相同的，即不管有意还是无意，出现了钱上的纠纷都是坏的结果。（歇了口气）管理的根本在于监督，这种监督不是拿着鞭子在后面跟着你，而是能让人清楚事情的底线，违反后将带来的后果，比如在出纳岗位的柜台上有一段温馨提示，这是每天来财务办事的内部员工都能看到的一句话：公司各员工，您来财务所报销的凭据必须真实及符合《公司财务报销规则》，如果不是，则将成为您欺骗、违规甚至违法的证据，将受到公司的惩罚。如果您因记忆模糊自己不能确认本次报销的真实性，请再一次认真回忆并确认凭据无误，然后开始报销，这是极其严肃的问题，一旦有误，这个污点将伴随您一生。

鲁　泽 这真是一个好的提醒，告诉每个人财务来不得半点虚假，也告诉了我一个办事的准则。

为打消小鲁在职场上的顾虑，王部长又接着说。

王部长 在这里，你不用担心大家会给你穿小鞋，你也不用讨好谁，因为你是具体的执行者，只有你做好了第一步，接下来的工作才能做得好，所以不管是会计还是我，只要你做得对，我们应该感谢你才对。这一点在咱财务是这样，就是上级也要真诚感谢下级的成绩，而不能将成绩归为己有，将错误推给下级，因为理由这东西，只要是找，总会找到那么一点的。

王部长接着告诉小鲁。

王部长 另外，不要和其他员工议论公司的制度、处理问题的方法和其他一切与公司有关的事情，出纳要记着祸从口出。如果你对公司有意见和建议，可通过书面的方式向公司反映，也可以向我提出这个要求，这样在公司召开专门会议时，我汇报给领导，让他找时间倾听你的陈述，以便公司做出好的判断。（歇了歇）还有，财务部门倡导员工之间的关系简单化。大家之间不得谈论其他员工的工作表现，不得发表对其他员工的看法，更不得探听其他员工的报酬及隐私。如果你有事需要请假，属个人隐私，你可以直接向我报告，注明是私人原因，我也不会再问，这样我会安排他人替岗。但公务方面的事，一定要记着要说实话，万万不要说谎，因为说谎会破坏大家彼此之间的信任，一旦失信，同事们之间合作的基础就失去了。

鲁　泽 我这个人也烦传递小道消息，不愿意跟别人吵架什么的，在公司，不会跟别人争吵是不是会吃亏呢？

王部长听后笑笑。

王部长 爱哭的孩子有奶吃，有时候确实是这样，老实人容易吃亏，但在我们财务部，不容许大家通过吵架的方式解决问题。如果吵架了，第一次是严重警告，第二次会被公司调离财务部门，如果其他岗位合适，还可以在公司做，如果没有合适的岗位，只有离职。

看小鲁听得神情严肃，王部长又解释说。

王部长 为什么要建立这种部门文化呢？因为在普通岗位上，每个人需要的是敬业，要将99%的关注点集中于自己的本职工作，不用操其他岗位的心。公司规定小改进大奖励，大建议只鼓励，我们不是高级管理者，公司管理方面的事，甚至战略方面的事，不是我们要考虑的，或者说我们考虑了，也不会很全面，一个人要把自己和公司的关系简单化，就是雇佣关系，公司聘用你到这个岗位，只要把这个岗位的活干好了就基本可以，每个人都该要清楚做好自己分内工作就是对公司最大的贡献。

王部长语重心长地说道。

王部长 还有，职场上的新人要切记绝对的公平是没有的，有时候一些事

你看起来觉得不公平，比如说奖金，你可能比别人少，虽然你的工作时间有可能比别人长，比别人累，你觉得不公平，但毕竟你是职场上的新人。不过要相信在我们这里，肯定不是黑白颠倒的地方，人要看大的发展和得失，否则，很容易让自己不开心。还有，这里有公司 4 条规定，我认为很好，你要仔细地看一下。

王部长一边说一边指着墙上贴的 4 条规定。这 4 条规定如下。

（1）汇报工作时报喜不报忧，对同事及上级进行偏离实际的恭维及溜须拍马的，每次罚款 100～200 元，全年受处罚超过 3 次的，解聘。

（2）对公司及公司员工（包括管理者）的缺点及错误不能正面提出而在私下进行议论的，解聘，重犯者开除。

（3）对公司职能部门及有关人员在行使权利时不理解又不通过正常渠道申诉，或由于其他原因，而扬言“不想干了”等类似语言的，解聘。

（4）管理人员对通过正确方式指出自己的缺点、错误及提出批评的员工采取不理智地穿小鞋、泄私愤或打击报复时，每次罚款 500～1 000 元，并给予免职、解聘处理，情节严重者予以开除。

鲁　泽 嗯，虽然部门文化看起来与业务无关，但我还是受益颇深。您的讲解消除了我很大的顾虑，谢谢王部长。

2.2　什么是凭证和账簿

小鲁的右侧是财务主管刘丽，王部长对小鲁说。

王部长 业务上的事小刘跟你接触得最多，有不明白的地方，要多跟小刘沟通。

鲁　泽 好的，麻烦刘姐了。（对刘丽点点头）

刘　丽 别客气，有事尽管说话。（拍了拍小鲁的肩膀）

王部长心里想，放低自己的姿态，小鲁这么做就对了。

王部长 小刘，你给小鲁找些凭证和账簿来，先让他有个直观的认识，要在一周之内，让小鲁学习完这些东西。

2.2.1 什么是原始凭证

什么是凭证呢，小鲁想：

上学时老师讲过，凭证是会计上专用的名词，它可以证明经济业务事项的发生，能够明确经济责任并据以登记账簿，是具有法律效力的书面证明，在财务上分为原始凭证和记账凭证。

刘　丽 原始凭证和记账凭证有什么不同？（进一步启发小鲁）

小鲁摇了摇头，这个问题他也不清楚。

刘　丽 原始凭证又称单据，这里的原始不是说它是原始社会来的，而是指在经济业务发生或完成时取得或填制的，它记录或证明经济业务的发生或完成情况，是一种客观的文字凭据。是进行会计核算工作的原始资料和重要依据，也是最具有法律效力的一种文件。为什么这么讲呢？比如说你去商场买一台冰箱，你在那天花多少钱，商场会给你开那一天相同金额的发票，这个发票就是原始凭证。

鲁　泽 那这个发票一定就是真实的原始凭证。

刘　丽 那倒不一定，一般来讲，对方单位越大越正规，办事的人越陌生，作假的可能性就越小，所有的证据都不是单一的，遇到具体问题，还得具体分析。比如商品的价格，财务人员也得掌握一定的信息，公司常见采购物品大致价格处于什么水平，心里也得有数，这个东西，不用特意记，我们有物品价格表，你可以抽空看一下。需要注意的是，工作计划、购销合同、购料申请单等，因为都不能证明经济业务发生或完成情况，所以这些单证不能作为原始凭证，更不能据以记账，因此原始的东西并不一定构成原始凭证，当然在需要时，它们可以构成原始凭证的附件，有了这些附件，原始凭证会更有说服力，我给你简单地画个图，来加深你对原始凭证的了解吧（如图 2-2 所示）。

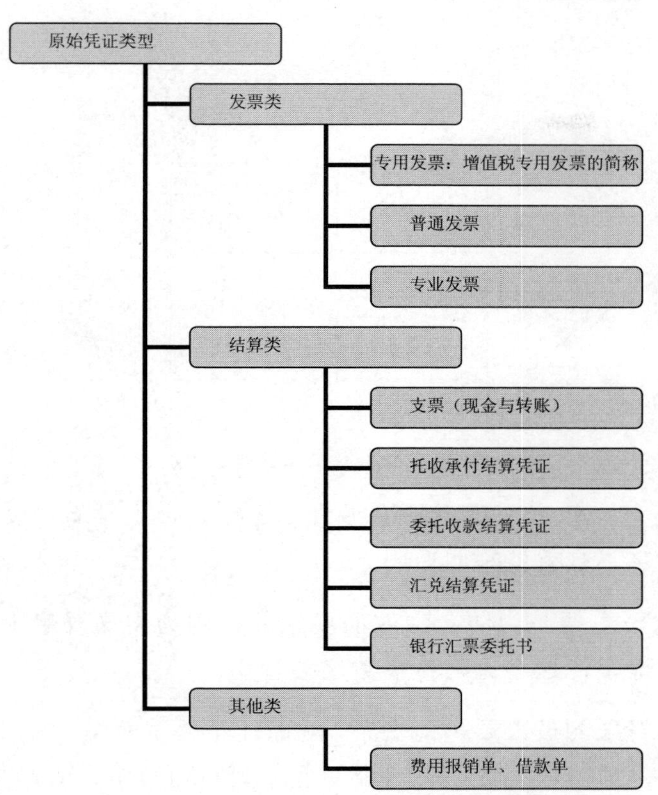

图 2-2　原始凭证认识技能图

鲁　泽　专业发票是指什么呢？（看着图有点儿不解）

刘　丽　专业发票是指国有金融、保险企业的存贷、汇兑、转账凭证，保险凭证；国有邮政、电信企业的邮票、邮单、话务、电报收据；国有铁路、国有航空企业和交通部门、国有公路、水上运输企业的客票、货票等。

鲁　泽　这些不都是国有企业吗，是不是由于它们的特殊性才形成了专业发票呢？

刘　丽　我想是这样的，这些行业都是国家基础设施方面的，目前也确是国企占主导地位，总之跟一般企业相比，特殊性还是非常明显的。

鲁　泽　有一次我到学校的财务部门去办事，发现填发票用的是圆珠笔，这个还有规定吗，是不是用钢笔也行呢？

刘　丽　不同的原始凭证有约定的用笔要求，你要注意哦。填写凭证用

笔要求，如图 2-3 所示。

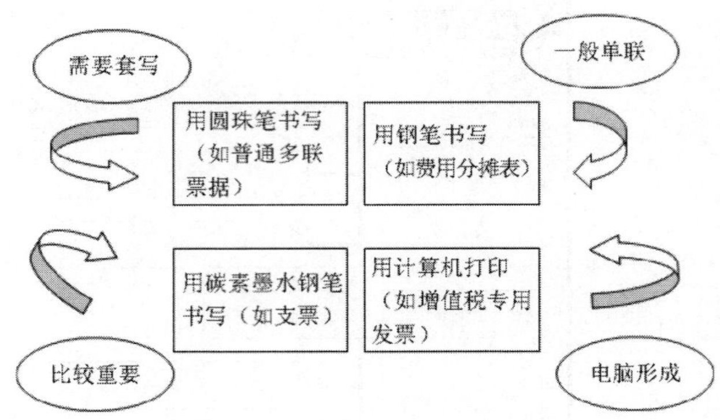

图 2-3　填写凭证用笔要求图示

鲁　泽 还有一件事，我不是很明白，银行柜台上粘有中文汉字大写，用阿拉伯数字不是就能写明白吗？

刘　丽 这个主要是为防止涂改而要求的，因为中文汉字大写后，就没有更改的余地了，这个比阿拉伯数字要管用。

这时刚好采购员来要申请支票，刘丽让小鲁试着填一张支票。小鲁很快就写完了，但错误之处是将日期写成了阿拉伯数字，看起来很不协调，刘丽给他指出错误后，小鲁自己都不好意思地笑了。

凭证的大小写规律如图 2-4 所示。

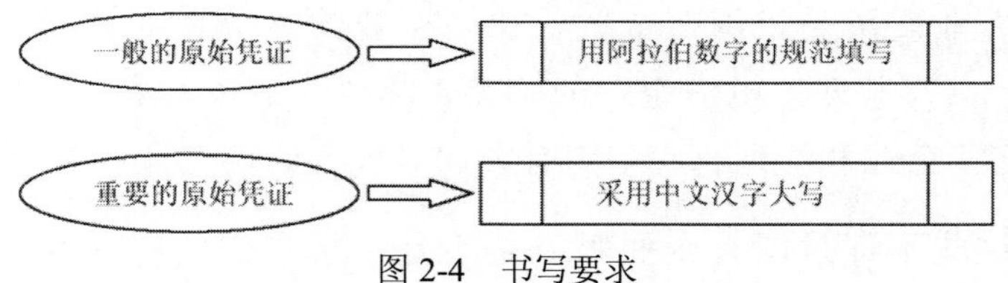

图 2-4　书写要求

另外，在书写日期时，要注意以下几点：

1~10 月应写为	零壹月，零贰月，零叁月，零肆月，零伍月，零陆月，零柒月，零捌月，零玖月，零壹拾月
11~12 月应写为	壹拾壹月，壹拾贰月
1~10 日应写为	零壹日，零贰日，……零壹拾日
11~19 日应写为	壹拾壹日，壹拾贰日，……壹拾玖日
20~30 日应写为	零贰拾日，贰拾壹日，……零叁拾日

2.2.2 什么是记账凭证

王部长 现在你已了解什么是原始凭证，我们再来看一下小刘拿过来的这些装订好的凭证，比如其中的这些页，有什么共同点呢，就是上面很明显地印着记账凭证 4 个字，这说明它们就是记账凭证了。（边翻着凭证边给小鲁说）记账凭证的含义书上是这么说的，所谓记账凭证，就是指会计人员根据审核无误的原始凭证，以及有关资料，按照发生的经济业务事项的内容和性质，加以归类，并确定会计分录，作为登记会计账簿依据的会计凭证。

鲁　泽 为什么不用原始凭证记账呢？这样不就省去记账凭证了吗？

小鲁说完这句话，大家都笑了。

王部长 实际工作中，在报销支付的时候，一是要按流程进行审批，这个业务是由谁经办的，经过了哪些人批准的，整个过程必须有书面签字，这样才能分清责任，另外，一项业务取得的原始凭证，通常不会是一张，需要归类整理到一起。此外，这些业务会计在记账时记到了什么账上，走了什么科目，也必须记录清楚，方便以后查账，综合这些因素，我们才设置了记账凭证。

鲁　泽 那记账凭证也是统一的格式吗？

王部长 记账凭证总体上内容差不多，大同小异，但各单位可以根据自己的要求进行印置，比如印上公司名称、公司特有的签字审批等。记账凭证的种类如图 2-5 所示。

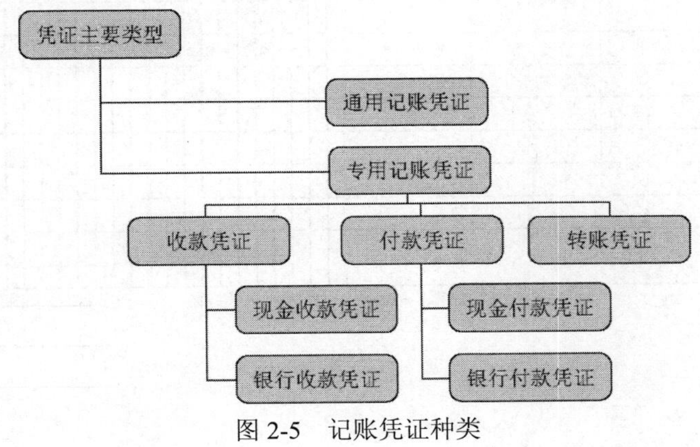

图 2-5　记账凭证种类

开完会回来的王部长问道。

王部长 小刘，你正在做记账凭证吗？

刘　丽 是啊。

王部长 小鲁，你去看看我们公司的记账凭证吧，让小刘给你讲一下实际操作的各环节，这样关于原始凭证、记账凭证，你就全明白了。

刘　丽 这一张记账凭证记录的是什么呢？你看摘要里，写的是王东报差旅费，很明显，就是王东出差回来，把相关的票据拿到财务报销了，记账凭证反映了什么内容呢，在总账科目里，一个是销售费用，一个是现金，说明王东是销售部门人员，领走了现金，金额是 1 492 元。

刘丽拿起一张凭证对小鲁说。

刘　丽 当然，这个信息还不是很丰富，比如王东是什么时候去的什么地方，车费多少，住宿费多少，补贴多少，是一个人还是多人去的。这些内容，就得看后面粘贴的原始发票，有火车票，住宿费发票，餐费发票等，这些原始票据粘在公司的差旅费报销单上，是业务的直接证据。（仔细地讲道）

小鲁认真地看着公司的记账凭证，这次算是认识了。

记　账　凭　证

2012　年 4　月 1　日　　　　凭证编号 002

摘要	总账科目	明细科目	借方金额											贷方金额											记账
			亿	千	百	十	万	千	百	十	元	角	分	亿	千	百	十	万	千	百	十	元	角	分	
王东报差旅费	销售费用	差旅费						1	4	9	2	0	0												
王东报差旅费	库存现金																		1	4	9	2	0	0	
附单据 4　张	合计					¥	1	4	9	2	0	0	0				¥	1	4	9	2	0	0	0	

核准：王子杰　　复核：　　记账：刘丽　　出纳：鲁泽　　制单：刘丽

2.2.3　什么是会计账簿

小鲁想：做完凭证，应该是记账，但是既然原始票据都已归聚在记账凭证上了，发生的业务也都记录并保存下来了，为什么还要设置和登记账簿呢？带着这个疑问，小鲁查了一下资料，知道凭证和账簿还是有明显的不同之处，它们虽然都是用来记录经济业务的，但作用不同。

企业日常发生的会计核算中，每一项经济业务都必须要取得原始凭证并由会计填制记账凭证。显而易见，企业在持续运营，在不停地采购和销售，这样不仅原始凭证会很多，即使记账凭证数量也会很多，而且很分散。由于凭证的大小及标准格式的限制，只能记载个别经济业务的内容，造成所提供的资料也是零星的。

这样有什么缺点呢？仅有凭证，它不能全面、系统、连续地反映和监督公司在一定时期内的全部经济业务活动情况，而且由于数量多，归类不精，日后不便于查阅。

基于上述原因，为给企业的经营管理提供系统的会计核算资料，各公司都要求在凭证的基础上设置和运用登记账簿，通过规定的方法，把分散在会计凭证上的大量核算资料集中和归类整理后，再形成有用的会计信息，登记在账簿上，这样就为编制会计报表、进行会计分析以及进行外内审计提供了主要依据。

刘　丽 会计账簿很多（它们的分类如图 2-6 所示），但由出纳管理的比较少，通常只是管好两本账：现金日记账和银行存款日记账。

小鲁看了看公司的账簿。

鲁　泽 这些账本好像不一样呢，有的是活页，有的不是。

刘　丽 不是活页的那种叫订本式，会计制度规定，只应该或只需要一个人登记的账簿，如现金日记账、银行存款日记账以及总分类账，必须使用订本式账簿。（停了停）出纳使用的订本式的这两种账，特点在于启用前进行了顺序编号，并固定装订成册。因此账簿的账页固定，既可以防止散失，又可以防止抽换账页，较为安全；而且这种账簿，在同一时间内只能由一人登记，所以不便于记账人员分工，使用起来欠灵活。因此，订本式账簿一般适用于重要的现金账和银行账。

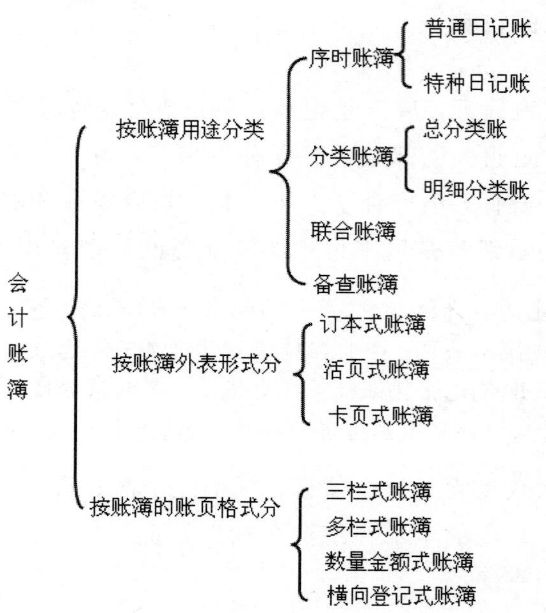

图 2-6　会计账簿分类图

小鲁翻开办公桌上的前任出纳交接的账本——银行存款日记账和现金日记账。

现金日记账格式如图 2-7 所示，银行日记账格式如图 2-8 所示。

现 金 日 记 账

20××年度　　　　第 1 页

××年		凭证		摘要	对方科目	收入										支出										金额									
月	日	字	号			千	百	十	万	千	百	十	元	角	分	千	百	十	万	千	百	十	元	角	分	千	百	十	万	千	百	十	元	角	分
4	1			月初余额																										4	0	0	0	0	0
	2	收	2	零售收现	主营业务收入						8	0	0	0	0																				
		付	3	预支差旅费	其他应收款																4	0	0	0	0										
		付	4	付困难补助	应付福利费																6	0	0	0	0										
		付	11	购办公品	管理费用															1	3	6	0	0	0										
4	2			本日小计							8	0	0	0	0					2	3	6	0	0	0					2	4	4	0	0	0
				……	……																														
				本月合计					2	2	6	8	0	0	0				1	2	0	8	0	0	0				1	4	6	0	0	0	0

图 2-7　现金日记账格式

银行存款日记账

2013 年度

2013 年		记账凭证		摘要	对方科目	借方	贷方	借	余额
月	日	字	号						
12	1			月初余额				借	420 000
12	1	银付	001	存入汇票存款	其他货币资金		100 000	借	320 000
12	1	银付	002	提取现金	现金		42 000	借	278 000
12	5	银收	001	销售产品	产品销售收入 应交税金	50 000 8 500		借	336 500
12	9	银收	002	收回应收账款	应收账款	600 000		借	936 500
12	10	银付	003	支付商业承兑汇票	应付票据		291 720	借	644 780
12	12	银付	004	购买材料	材料采购 应交税金		20 000 3 400	借	621 380
12	13	银收	003	借入短期借款	短期借款	200 000		借	821 380
12	14	现付	024	存入现金	现金	1 800		借	823 180
12	16	银收	005	收到货款	应收账款	468 000		借	1 291 180
12	20	银付	005	采购材料	材料采购 应交税金		300 000 51 000	借	940 180
12	24	银付	006	支付运杂费	材料采购		24 000	借	916 180
12	28	银付	007	缴纳增值税	应交税金		76 000	借	840 180
12	30	银收	005	收到投资利润	投资收益	240 000		借	1 080 180
12	31	银付	008	预交保险费	待摊费用		2 000	借	1 078 180
				本月合计		1 568 300	910 120	借	1 078 180
				本季合计		5 007 600	4 626 720	借	1 078 180
				本年合计		19 620 400	18 802 220	借	1 078 180
				年初余额		260 000			
				结转下年			1 078 180		
				合计		19 880 400	19 880 400		

图 2-8　银行日记账格式

这时候，王部长给小鲁几页纸，首页第一行写着“出纳账簿工作的武林秘笈”。

王部长 这是前任出纳总结的东西，你参考一下。

小鲁很高兴，仿佛习武之人一下子得到武功秘诀似的。

2.2.4 出纳账簿的启用

01 账簿封面上写上本单位的名称和账簿名称“现金日记账”或者“银行日记账”。

02 账簿扉页上的“经办人员一览表”内，填写单位名称、账簿名称、账簿页数、启用日期、记账人员（出纳员姓名）和会计机构负责人、会计主管人员姓名，并加盖名章和公章。出纳人员调动工作时，应当注明前后出纳人员交接的日期、接办人员和监交人员姓名，并由交接双方签名或者盖章。

03 将购买的面值 5 元的印花税票粘贴在扉页上。注意订本式账簿印花税票贴在印花税票栏内，活页式账簿粘贴在右上角。

04 依次编写页码，不得隔页、跳行、缺页。

2.2.5 出纳账簿的更换

账簿的更换，是指在年度结账完毕后，以新账代替旧账。现金日记账、银行存款日记账和大部分明细账都应每年更换一次，不要省这点钱。

对于在年度内业务发生量较少，账簿变动不大的部分明细账，如固定资产明细账和固定资产卡片账，可以连续使用，不必每年更换，另外其他各种备查账簿也可以连续使用。

2.2.6 账簿更换注意要点

第二年出纳在更换新账时，要注明现金日记账和银行存款日记账的使用年份，要在第一行日期栏内写明 1 月 1 日；在摘要栏内注明“上年结转”或“上年余额”字样，把上年年末余额数抄过来直接写在“余额”栏内。

这样就可以再接着登记新年度所发生的相关会计事项。

2.2.7 认识三栏式日记账

三栏式日记账设有借方、贷方和余额三个基本的金额栏目，一般将其分别称为收入、支出和结余三个基本栏目的日记账。

在金额栏与摘要栏之间常常插入“对方科目”。

例如，有收入现金 100 万元，那么对应科目是“短期借款”或者“实收资本”，在账簿记录中可以明确看出它们的对应关系。

三栏式日记账与明细账的差别就是日记账必须有当日小计。三栏式日记账分为三栏式现金日记账和三栏式银行存款日记账。

（1）三栏式现金日记账：是按照现金、支出和结余在日记账中分别设置借方栏、贷方栏和余额栏。

三栏式现金日记账设借方、贷方和余额三个基本的金额栏目，一般将其分别称为收入、支出和结余三个基本栏目。在金额栏与摘要栏之间常常插入“对方科目”，以便记账时标明现金收入的来源科目和现金支出的用途科目。每天发生的现金收支业务和库存现金，在现金日记账里表现为现金的增加、减少和余额（金库实存现金数），故称三栏式现金日记账。可根据收、付款原始凭证，也可根据记账凭证记账。

- 优点：不仅解决了分工记账的问题，而且把大量重复发生的同类经济业务（如上例的现金收、付业务）都集中在一本账中予以序时地反映。
- 缺点：不能把对应账户分类汇总地加以反映。

（2）三栏式银行存款日记账，是设置有“收入栏”“支出栏”“余额栏”并由出纳员根据银行存款收、付款记账凭证和现金付款凭证（记录将现金存入银行业务），按经济业务发生的顺序逐日逐笔登记的一种特种日记账。

2.2.8 账簿登记7个窍门

（1）登记账簿时，记住必须用蓝黑色墨水钢笔书写，不能拿铅笔或者圆珠笔记账。这是为什么呢，这是由于账簿归档保管的时间一般都在一年以上，甚至有些重要经济资料的账簿，更要长期保管，因此要求账簿记录保持清晰、耐久，以便长期查核使用，防止涂改，这一点只有蓝黑色墨水钢笔才能满足（现在更多使用的是碳素签字笔）。

（2）登记账簿时，应当根据记账凭证，将凭证上的日期、编号、业务内容摘要、金额和其他有关资料逐项记入账内。每张凭证登记完后，出纳人员要在记账凭证上签名或盖章，并注明已经登账的标记（如打√等），表示已经登记入账，以避免重记或漏记。

（3）登记账簿时，应按账户页次顺序连续登记，不得跳行、隔页。如果发生跳行、隔页现象，应在空行、空页处用红色墨水划对角线注销，注明“此页空白”或“此行空白”字样，并由记账人员盖章，注意不能将此页撕毁。

（4）账簿中书写的文字或数字不能像我们平常写字那样随意，注意不要顶格书写，并且占格距的二分之一，这样就可以留有改错的空间，即使写错了，也可以在同一行内再写。

（5）记账时不能用红色墨水，除非是结账、改错、冲销记录。这是因为在会计工作中，红色数字表示对蓝色数字的冲销、冲减或表示负数。

（6）账簿登记，难免出错，对于登错的记录，不得刮擦、挖补、涂改或用药水消除字迹等，不要怕在账簿上留下更正的痕迹，也不允许重抄，这跟写作业不一样，要采用正确的错账更正规则进行更正。

（7）现金日记账或银行日记账，如果需要在一张账页登记完毕结转下页时，应当结出本页合计数和余额，然后写在本页最后一行和下页第一行有关栏内，并在本页最后一行的“摘要”栏内注明“转次页”字样，在下一页第一行的“摘要”栏内注明“承前页”字样，这样一目了然地说明了账簿记录的连续性。

2.2.9　出纳结账的前提

- 所有的货币资金业务全部入账；
- 和会计对账完毕，没有差错。

2.2.10　日记账结账方法

1. 日结

按日自然结出余额，在每日的最后一笔后计算出当日余额，不必另起一行，也不必画线（现金和银行存款需要每日结出余额）。

2. 月结

在当月最后一笔记录下面画一条通栏单红线，并在下一行的“摘要”栏中写“本月合计”字样，同时在该行计算填写本期发生额合计及余额，然后，在“本月合计”行下面再画一条通栏单红线。

3. 年结

年末，应在 12 月份月结的下一行进行年结：在“摘要”栏内注明“本年合计”字样，同时在该行计算填写全年的发生额累计数，并在下面画双红线。

2.2.11　错账查找的方法

鲁　泽 账记错了，查找主要是凭经验学，还是有一些技巧呢？怎么有次我觉得账错了，找了半天也没找出来，而你 5 分钟就找到原因了？

刘　丽 会计工作，什么时候经验都很重要，但查账还是有很多技巧的。（对小鲁耐心地讲）

总的来讲，查找错账一般有两种方法：抽查法和详查法。抽查法与详查法比较起来，速度快，抽查法又分为三种。

1. 差数法

差数法即是根据错账的差数，比如说差数为 10 000 元，先回忆查找发生的经济业务和账簿、凭证中，有无与错账相同的 10 000 元数字。这种办

法对于发现漏记了，或者相反多记了较有效，有可能它形成的差数即是漏记或多记账目的数字。

2. 除2法

即先将差数用2来除尽，比如将差数10 000元除2，得出5 000元，有可能是一方重复记录的错误，且商数5 000元就可能是重记的数字。

根据会计有借必有贷的原则，如果记账记错了方向，如应记贷方的，记成了借方或者相反，就使一方的合计数加大，而另一方面的合计数减少，其差数正好是记错了方向数字的一倍。

已查明借方合计数大于贷方合计数10 000元，除以2得5 000。这时就可查找有无一笔5 000元的贷方记录被错记为借方记录。如果差数不能被2整除，显然这种方法就不适用。

3. 除9法

除9法即先将差数用9来除，如果能除尽，可能属于下列两种情况之一。

（1）顺序错位

例如，将400写成4 000或40 000，40以及4等，这样就将原来数字扩大或缩小了9倍、99倍等。因此，如果差数能被9或99以及999等除尽，则所除得的商数就是错位的数字。

根据商数或者将商数扩大或者缩小10倍、100倍、1 000倍等之后，就能查找到写错的数字。例如，已查明，借方合计数大于贷方合计数3 600，用9来除商数为400倍，这时就查有无一笔4 000的贷方记录错记为400。

（2）相邻两个数字颠倒

例如，将98写成89，将345写成354或者435等，它包括以下两种情况。

第一种情况：两位数的两个数字颠倒，其差数都是9的倍数，被9除以后的商数正好等于这个两位数中的两个数字的差额。

例如，把98颠倒为89，其差数为9（98－89），差数除以9所得商数为1，颠倒的两个数字之差也为1；又如，把13颠倒为31，其差数为18，用18除以9所得商数为2，颠倒的两个数字之差也为2。

这种情况很多，为了使用方便，可以制作“两位数颠倒便查表”。当出现错账时推断有哪些两位数中的两个数字之差，等于所发生的差数除以9后的商数，并据以查找记账金额中的这样颠倒数。

第二种情况：三位及三位以上的数中相邻两个数字顺序颠倒。正确数与错误数的差数也是9的倍数，被9除后的商数其百位数字以下的数字都是0，且商数的百位数字正好等于颠倒的两个数字之差。

特别提醒第二种情况，若将三位及三位以上的数中相邻两个数字进行颠倒，得到的差数被9除以后，商数是两位数，个位是0，那么就是这个数中的千位与百位颠倒了。由此类推。

例如，经计算查明，借方合计数大于贷方合计数630，除以9商数为70，下一步就查记账金额中是否有一笔三位或三位以上的数中百位与十位数弄颠倒了。

2.2.12　错账的更正技能

如果抽查法还不能找出错误所在，那么就得使用详查法。详查法顾名思义就是要全面检查，它又分为顺查法和逆查法。

（1）顺查法

顺查法是按照记账的顺序，从原始凭证开始，一张一张逐步检查到账户发生额，和余额试算平衡表。

01 核查记账凭证是否与所附原始凭证相符，以及凭证中数字与合计的计算是不是正确。

02 将记账凭证及所附原始凭证与有关总分类账、明细分类账及日记账逐笔进行核对，检查当初有无漏记、重记及错记等各种情况。

03 要检查账户发生额及余额试算表的抄写是否正确，以及结算是否正确。

（2）逆查法

逆查法与顺查法相反，是按照日常记账的相反顺序，从账户发生额及余额试算平衡表开始，一直查到原始凭证为止。

01 核查账户发生额，以及余额试算平衡表中的数字及抄写是否正确。

02 逐笔核对有关账簿记录与记账凭证是否相符；最后核查记账凭证与所附原始凭证是否相符。

上面的内容可以总结为一句话：顺查是从凭证开始，逆查是从账户开始，其区别还是明显的。

2.2.13 错账的更正方法

基本要求：不准涂改、挖补、刮擦或者用药水消除字迹；不得重新抄写；出纳错账要按照规定的方法进行更正。

（1）划线更正法。记账凭证无错，仅是在登记日记账的文字或金额时出现笔误。

适用范围：在结账前发现账簿记录中文字或数字错误，而记账凭证没有错误。

方法：在账簿中将错误的文字或数字画一条红色横线注销，在画线的上方用蓝字或黑字将正确的文字或数字填写在同一格的上方位置，并由更正人员在更正处盖章，以明确责任。

画线时，文字只画错字，数字须全部画销，且均应保持原有字迹仍可辨认。

（2）补充登记法。如图 2-9 所示。

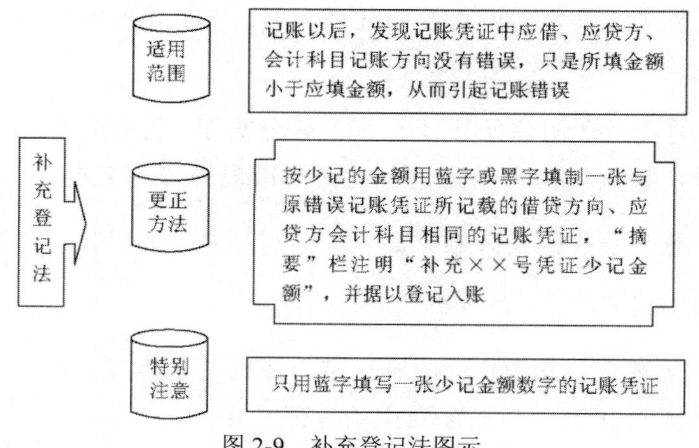

图 2-9　补充登记法图示

（3）红字冲销法，如图 2-10 所示。

记账以后，发现记账凭证中应借、应贷方、会计科目记账方向错误，从而造成账簿记录错误（两张凭证）

先用红字填制一张内容与错误凭证完全相同的记账凭证，在摘要栏内注明“冲销××号凭证”，并据以用红字金额登计入账，冲销原有的记录；再用蓝字填制一张正确的记账凭证，在摘要栏内注明“更正××号凭证”，并据以登计入账

特别注意：填制两张凭证第一张用红字写金额，第二张用蓝字写金额

图 2-10　红字冲销法图示

经验谈

在整个会计核算过程中，会计凭证是第一个关口，如果使用的凭证是虚假的或者是不合法的，那么整个会计核算就不可能是真实的。

CHAPTER

3 出纳必备基础知识 2

细心的小鲁暗暗给自己定下第一天的计划，先熟悉一下工作环境，包括财务部门岗位设置、财务人员的分工，然后再对出纳要面对的凭证、账簿等具体对象，仔细地研究，免得让自己看起来笨手笨脚的。

这时，小鲁已经把自己投入到“角色”中去了。

3.1 发票的基本知识

说到发票，小鲁就会想到在火车站和地铁出口等地方，冷不丁凑过来问要不要发票的人。从上大学起，每次外出遇到这样的事，小鲁都会不吭声地快步离开。不过小鲁心里一直想不明白，这些从外地来务工的人，他们手里的发票是怎么来的，发票是真的还是假的。另外，人们买到发票后拿到单位，会有什么用？

经过王部长前面的讲解，小鲁觉得现在的单位，会计审核这么严，大家的经验又这么丰富，随便哪个员工都不能把买来的发票编个理由进行报销吧，万一被发现，就算不被开除，也会被罚很多钱，怕是没人会冒这个险。

于是，小鲁自己推测一下，有一种可能是员工和领导合起来蒙蔽会计，另一种可能是会计得到了领导的授意，可以这么做。

刘　丽 我们公司给对方单位开具的发票是国税的增值税专用发票，采购部门在采购材料时，对方给我们开具的也大多数是国税增值税专用发票，也有些是国税的普通发票，在其他业务中，还会收到地税的服务业发票等。

鲁　泽 为什么有的税务局叫国家税务局，而有的又叫地方税务局呢？

税务局和发票是什么关系？是不是国家税务局管理的是国税发票，地方税务局管理的是地税发票呢？

刘 丽 你的理解是对的，由于发票的重要性，财务部也整理了一些发票样板，我们结合实例来看一下，这样你就会有一个感性的认识，对于我们财务工作人员来说，发票管理环节相当重要，真是台上一分钟，台下十年功，如果有人用不合格的发票报销，即便事后发现，处理起来也会非常困难。另外，如果我们不能很好地识别发票存在的问题，也容易被人看不起，认为我们的业务能力不行。

刘丽接着给小鲁讲起常见的发票种类：

（1）按行业进行分类，大致可分为工业、加工修理修配业、收购业、水电业、服务业，建筑安装业等。

（2）按发票是否印有单位名称来划分，可分为衔头发票和统一发票。

（3）按发票版面设计及开具方式分类，可分电脑版、手工版、定额。

3.1.1 实物图图解国税发票样板

小鲁看到在财务部整理的发票资料中有一张国税发票，于是他仔细地看起相关内容来。国税发票分为普通发票和增值税专用发票，其中增值税发票是最主要的发票，如图 3-1 所示，图中为增值税专用发票样板。

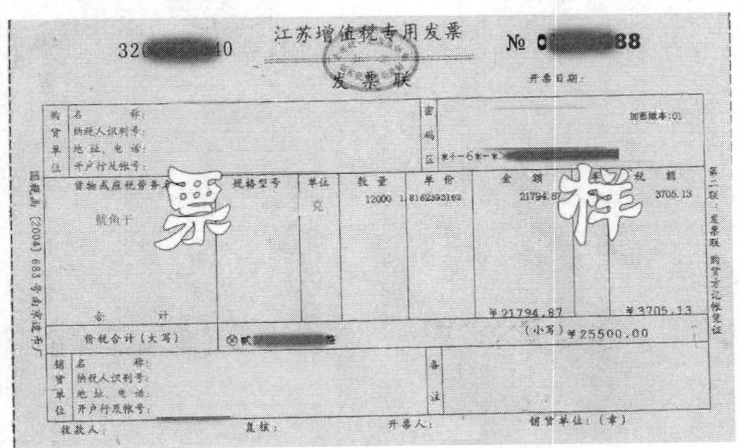

江苏增值税专用发票

发票联

开票日期：

购货单位 名称： 纳税人识别号： 地址、电话： 开户行及帐号：

密码区 加密版本：01

货物或应税劳务名称	规格型号	单位	数量	单价	金额	税率	税额
鱿鱼干		克	12000	1.8162393162	21794.87		3705.13
合计					￥21794.87		￥3705.13
价税合计（大写）					（小写）￥25500.00		

销货单位 名称： 纳税人识别号： 地址、电话： 开户行及帐号：

备注

收款人： 复核： 开票人： 销货单位：（章）

第二联：发票联 购货方记帐凭证

图 3-1 增值税专用发票样板

除增值税专用发票外，还有通用发票，而通用发票，有机打的，也有手工开具的，目前，机打的发票已成主流。通用机打发票样板如图 3-2 所示。

山东省国家税务局通用机打发票

密码

发票代码 137000000000

发 票 联

发票号码

开票日期：　　　　行业分类：

鲁国税发票字[XX]XX号XX份 190×101.6×3
XX印刷厂X年X月印

第一联　发票联(购货单位付款凭证)(手开无效)

票面尺寸为 190mm×101.6mm(其中内框尺寸150mm×57mm)
票头字体为方正仿宋体,17.5 磅
发票联字体为方正黑体,17.5 磅
票面上其他字体为方正楷体,10 磅(其中:脚码为 7 磅)
“手开无效”为方正黑体,7.5 磅

图 3-2　通用机打发票样板

另外，几种常见的定额发票，主要集中于涉及金额小，但对象广泛的事宜，定额发票样板如图 3-3 所示。

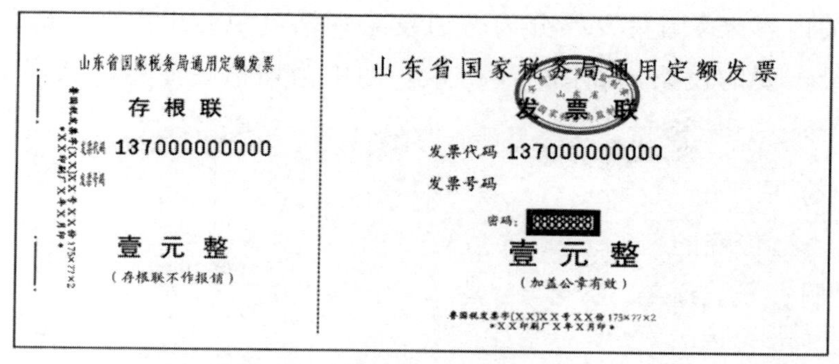
山东省国家税务局通用定额发票

存 根 联

发票代码 137000000000

发票号码

壹 元 整

（存根联不作报销）

鲁国税发票字[XX]XX号XX份 175×77×2
XX印刷厂X年X月印

山东省国家税务局通用定额发票

发 票 联

发票代码 137000000000

发票号码

密码：

壹 元 整

（加盖公章有效）

鲁国税发票字(XX)XX号XX份 175×77×2
XX印刷厂X年X月印

外框尺寸：175mm × 77mm

左面文字说明：	右面文字说明：
存根联票面尺寸65mm × 77mm	发票联票面尺寸110mm × 77mm
票头字体为方正仿宋体，12磅压缩至70%	票头字体为方正仿宋体，16磅
存根联字体为方正黑体，14磅	发票联字体为方正黑体，16磅
票面上其他字体为方正楷体，9磅（其中：脚码为7磅）	票面上其他字体为方正楷体，9磅（其中：脚码为7磅）
金额字体为方正黑体，16磅	金额字体为方正黑体，19磅

图 3-3　定额发票样板

通用发票，除机打的外，还有手工开具的，如图 3-4 所示。

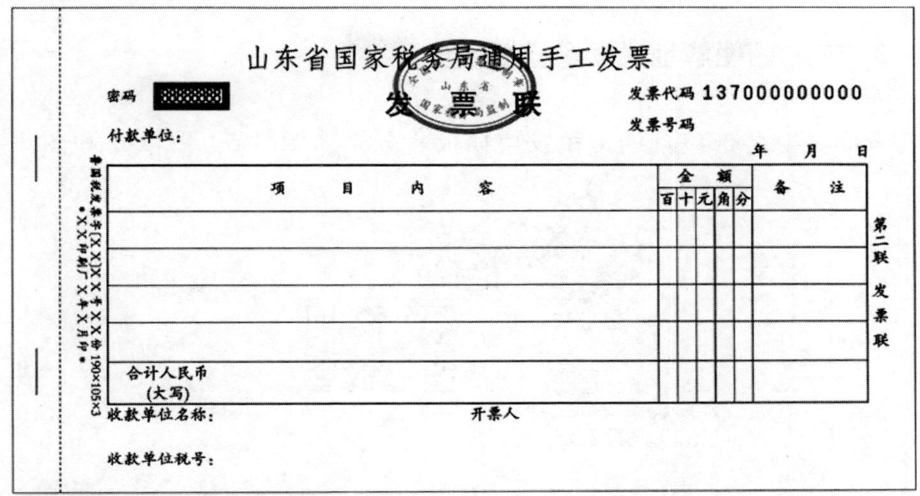

山东省国家税务局通用手工发票

发票联

密码

发票代码 137000000000

发票号码

付款单位：

年 月 日

项目内容	金额 百	十	元	角	分	备注
合计人民币（大写）						

收款单位名称： 开票人

收款单位税号：

第二联 发票联

票面尺寸为 190mm×105mm(其中内框尺寸160mm×51mm)

票头字体为方正仿宋体,17.5 磅

发票联字体为方正黑体,17.5 磅

票面上其他字体为方正楷体,10 磅(其中:脚码为 8 磅)

图 3-4 通用手工发票样板

3.1.2 地税发票是什么样的

在看完了国税发票后，小鲁又找到相关的地税发票进行观察。

刘丽看小鲁看得挺认真，便对他说。

刘 丽 地税发票包括广告业服务发票、汽车专用发票、服务业发票、房地产专用发票、租赁服务业发票、建筑业专用发票、货物运输业专用发票等。这些是传统的分类方法，这几年一些地方为简化发票种类，更多的是采用通用发票。通用发票使用后，就方便多了，要不然，光发票都够让人眼花缭乱的，而且各地的发票还不一样，要都记住可不是容易的事。

王部长 公司的发展就是一个积累的过程，但很多单位都没能充分认识这件事的重要性，因为没有对经验的记录，所以员工一遍又一遍地重复查阅资料，一遍又一遍地重复犯着同样的错误。

小鲁听到他们的话心里想：如果公司的事都像财务部一样，不仅对工作中发生的业务进行整理，而且还会注明要点，这对后面的业务人员帮助

实在很大，也能避免公司很多的损失，真是一举多得啊。

3.1.3 实物图图解地税发票样板

下面是财务部整理的地税发票样板，分别如图 3-5、图 3-6 和图 3-7 所示。

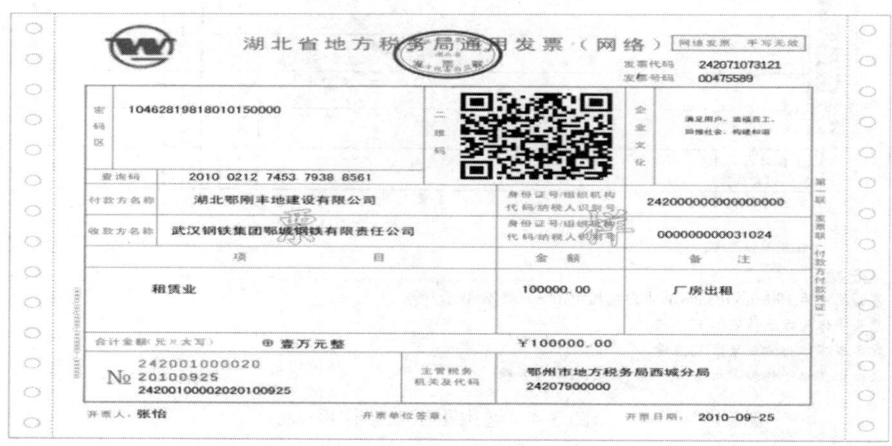

湖北省地方税务局通用发票（网络） 网络发票 手写无效

发票代码 242071073121
发票号码 00475589

密码区	10462819818010150000	二维码		企业文化	满足用户，造福员工，回报社会，构建和谐
查询码	2010 0212 7453 7938 8561				
付款方名称	湖北鄂刚丰地建设有限公司		身份证号/组织机构代码/纳税人识别号	242000000000000000	
收款方名称	武汉钢铁集团鄂城钢铁有限责任公司		身份证号/组织机构代码/纳税人识别号	000000000031024	
项目			金额	备注	
租赁业			100000.00	厂房出租	
合计金额(元)(大写)	⊕壹万元整		¥100000.00		
№ 242001000020 20100925 242001000020201009 25		主管税务机关及代码	鄂州市地方税务局西城分局 24207900000		

开票人：张怡　开票单位签章：　开票日期：2010-09-25

第一联 发票联（付款方付款凭证）

图 3-5　湖北省地方税务局通用发票

河南省地方税务局通用机打发票

发票联

密码

发票代码 241001010140
发票号码 00000000

开票日期：　行业分类：

票样

第一联 发票联（手写无效）

图 3-6　河南省地方税务局通用机打发票

武汉市地方税务局通用税控发票

发票联

发票代码 242011005030
发票号码 20100925
机打号码 00009701
机器编号 001030002773　收款员 许敏
收款单位 宜昌市香岛餐饮有限责任公司
税务登记号 420551753445346
开票日期 2010-09-25
付款单位(个人) 个人

项目	单价	数量	金额
进餐	1000.00		1000.00

小写合计 ￥1000.00
大写合计 壹仟圆整
税控码 1395 6976 5522 9400 0574

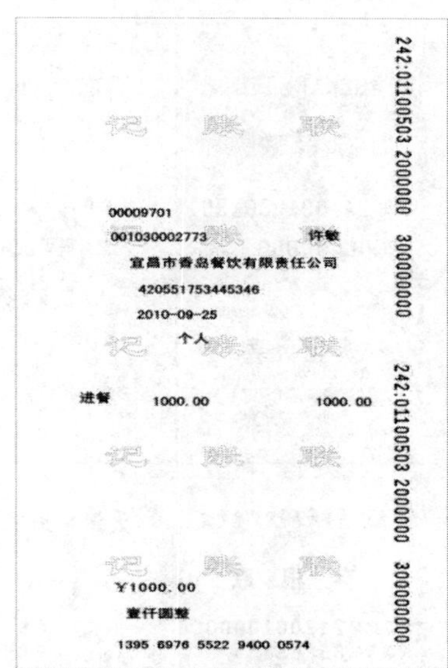

242:0110503 2000000 30000000

记账联

00009701
001030002773　许敏
宜昌市香岛餐饮有限责任公司
420551753445346
2010-09-25
个人

进餐 1000.00 1000.00

￥1000.00
壹仟圆整
1395 6976 5522 9400 0574

图 3-7　武汉市地方税务局通用税控发票

和国税发票一样，地税也有一些通用定额发票，如图 3-8 所示。

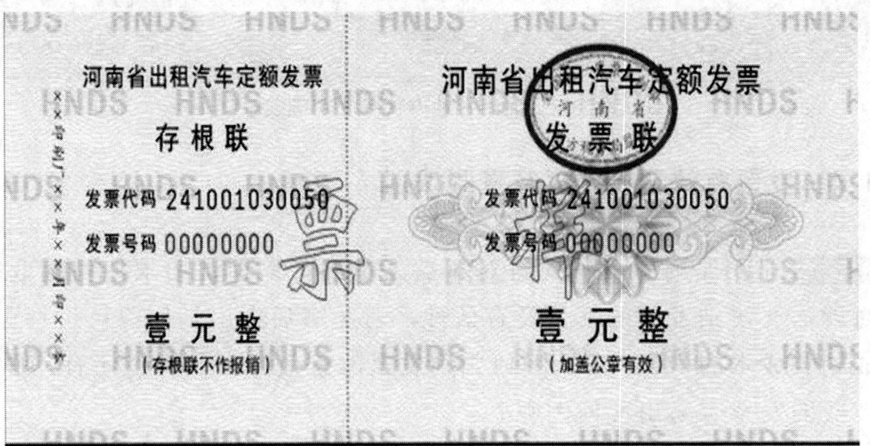

河南省出租汽车定额发票

存根联

发票代码 241001030050
发票号码 00000000

壹元整

（存根联不作报销）

河南省出租汽车定额发票

发票联

发票代码 241001030050
发票号码 00000000

壹元整

（加盖公章有效）

成品规格：175mm×70mm

本发票面额分为：1元，发票代码：241001030050；2元，发票代码：241001030060；
5元，发票代码：241001030070；10元，发票代码：241001030080；
20元，发票代码：241001030090；50元，发票代码：241001030100；
100元，发票代码：241001030110。

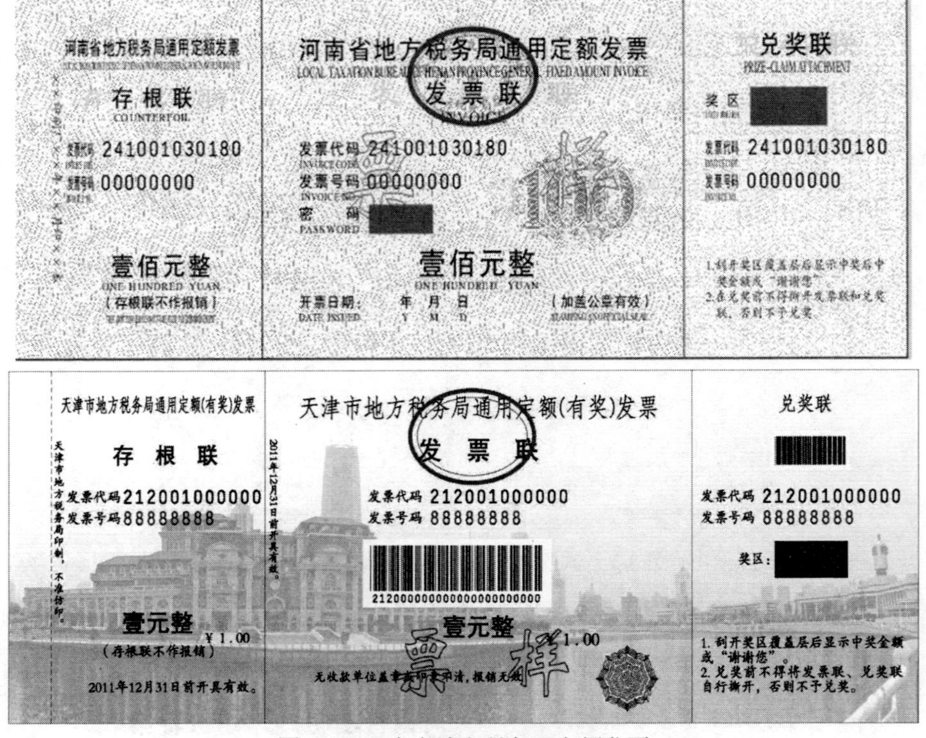

河南省地方税务局通用定额发票

存根联

COUNTERFOIL

发票代码 241001030180

发票号码 00000000

壹佰元整

ONE HUNDRED YUAN

（存根联不作报销）

河南省地方税务局通用定额发票

LOCAL TAXATION BUREAU OF HENAN PROVINCE GENERAL FIXED AMOUNT INVOICE

发票联

INVOICE

发票代码 241001030180

INVOICE CODE

发票号码 00000000

INVOICE NO.

密　码

PASSWORD

壹佰元整

ONE HUNDRED YUAN

开票日期：　年　月　日　（加盖公章有效）

DATE ISSUED　Y　M　D

兑奖联

PRIZE-CLAIM ATTACHMENT

奖区

发票代码 241001030180

发票号码 00000000

1.刮开奖区覆盖层后显示中奖后中奖金额或“谢谢您”。

2.在兑奖前不得撕开发票联和兑奖联，否则不予兑奖。

天津市地方税务局通用定额(有奖)发票

存根联

天津市地方税务局印制，不准仿印。

发票代码 212001000000

发票号码 88888888

壹元整

￥1.00

（存根联不作报销）

2011年12月31日前开具有效。

天津市地方税务局通用定额(有奖)发票

发票联

2011年12月31日前开具有效。

发票代码 212001000000

发票号码 88888888

212000000000000000000000

壹元整

￥1.00

无收款单位盖章或印章不清，报销无效

兑奖联

发票代码 212001000000

发票号码 88888888

奖区：

1. 刮开奖区覆盖层后显示中奖金额或“谢谢您”。

2. 兑奖前不得将发票联、兑奖联自行撕开，否则不予兑奖。

图 3-8　河南省地方税务局定额发票

3.1.4　发票有效和无效以及真假识别

鲁　泽　是不是财务人员还得对相关人员进行培训，要求他们在取得发票时就需要辨别发票的真伪及有效性，避免事后查出是假票再进行更换，造成相关成本的增加。那么如何判别发票的有效和真假呢？还有，哪些事项涉及的发票容易出现问题呢？

刘　丽　我们所说的发票无效是发票本身是真的，但开具的不规范，这里面有业务不熟的原因，也有的是故意为之。

经验谈

虚假发票以定额发票、手写发票居多。贸易公司、茶叶店提供虚假发票的情况较多。

1. 识别无效发票的方法

（1）已超过发票使用期限的发票（发票有使用期限的标识）无效，如图 3-9 所示。

山东省定额专用发票
SHANDONG QUOTA SPECIAL INVOICE
发票联
INVOICE
发票代码 137010660293
发票号码 00637625
密码
PASSWORD
付款单位(个人)
PAYER
经营项目
SERVICE ITEM
贰佰元　¥200.00元
TWO HUNDRED YUAN
收款单位(盖章有效)
PAYEE(SEAL)
开票日期 2010年6月25日
DATE ISSUED Y M D
Notice:The invoice be valid if issued before Dec 31, 2008.

图 3-9　超过使用期限的无效发票

这张发票上，已经明确说明在 2008 年度前开具有效，但开票期是 2010 年 6 月 25 日，所以说发票无效。

（2）发票要素不全、错误或涂改的发票无效。发票要素包括：开票单位发票专用章、抬头、开票日期、商品名称、数量、单价、金额、规格、型号、大小写（是否一致）、开票人、税务监制章等。

正面例子：要素齐全，盖章清晰，如图 3-10 和图 3-11 所示。

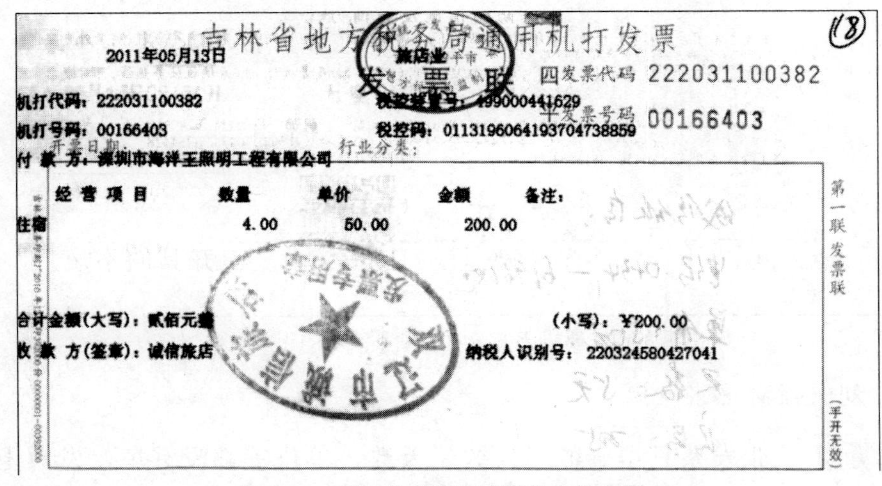

吉林省地方税务局通用机打发票
2011年05月13日　旅店业
发票联　发票代码 222031100382
机打代码：222031100382
机打号码：00166403　税控码：01131960641937047388 59　发票号码 00166403
开票日期：　行业分类：
付款方：深圳市海洋王照明工程有限公司

经营项目	数量	单价	金额	备注：
住宿	4.00	50.00	200.00	

合计金额(大写)：贰佰元整　(小写)：¥200.00
收款方(签章)：诚信旅店　纳税人识别号：220324580427041
第一联 发票联
(手开无效)

图 3-10　要素齐全印章清晰的有效发票 1

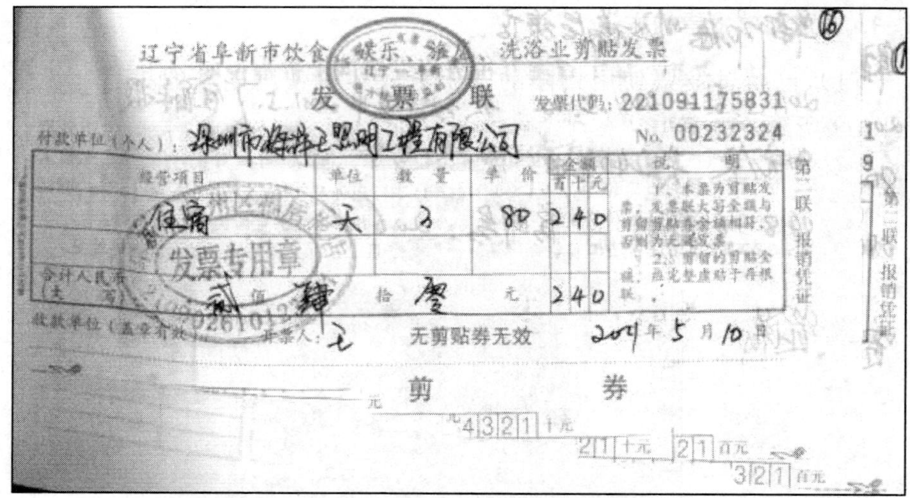
辽宁省阜新市饮食、娱乐、旅店、洗浴业剪贴发票

发票联　发票代码：221091175831

付款单位（个人）：深圳市海洋王照明工程有限公司　No. 00232324

经营项目	单位	数量	单价	金额 百 十 元	说明
住宿	天	3	80	240	1、本券为剪贴发票，发票联大写金额与剪留剪贴券金额相符，否则为无效发票。2、剪留的剪贴券应完整虚贴于存根联。
合计人民币（大写）	贰佰肆拾零元			240	

收款单位（盖章有效）　开票人：　无剪贴券无效　2011年5月10日

第二联　报销凭证

剪　券

图 3-11　要素齐全印章清晰的有效发票 2

再看一个反面例子，要素填写不全，章不清晰，造成发票无效（如图 3-12 所示）。

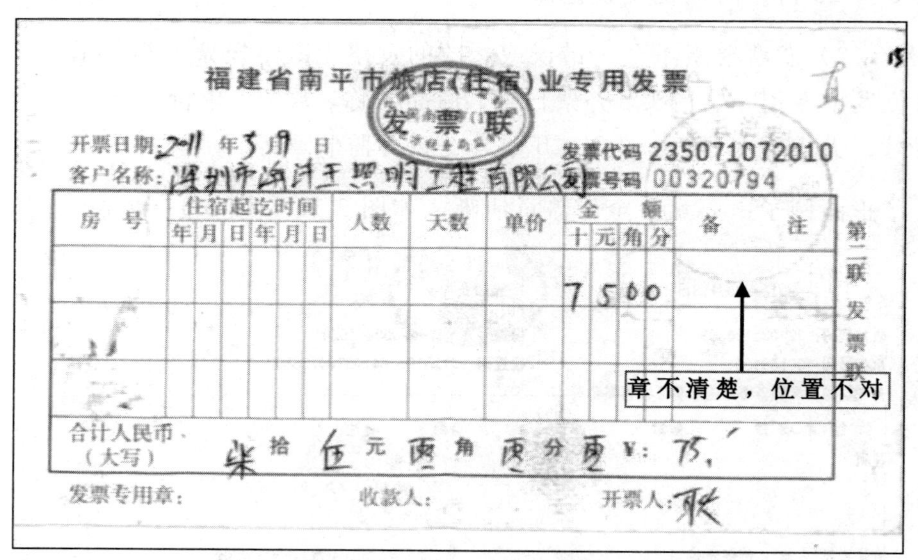
福建省南平市旅店(住宿)业专用发票

发票联

开票日期：2011年5月9日　发票代码 235071072010

客户名称：深圳市海洋王照明工程有限公司　发票号码 00320794

房号	住宿起讫时间 年 月 日 年 月 日	人数	天数	单价	金额 十 元 角 分	备注
					7500	
合计人民币（大写）	柒拾伍元零角零分零 ¥：75.					

发票专用章：　收款人：　开票人：

第二联　发票联

图 3-12　要素不齐全、印章不清晰的无效发票

刘丽指着这张发票。

刘　丽 这张发票只填金额，人数、天数、单位等都没有填，发票上的章不清楚，而且没有盖到发票专用章的位置，就是有问题的，所以这张发票也是无效的。还有一种，要素填写不全和上面一样，另外一个问题是品

名过于笼统且无清单或小票，仅写“办公用品”。

餐饮业常见的无效发票还有不同发票号密码区相同的情况，如图 3-13 所示。

图 3-13　不同发票号密码区相同的无效发票

发票抬头不是公司的名称，而是地名，也是无效的发票，如图 3-14 所示。

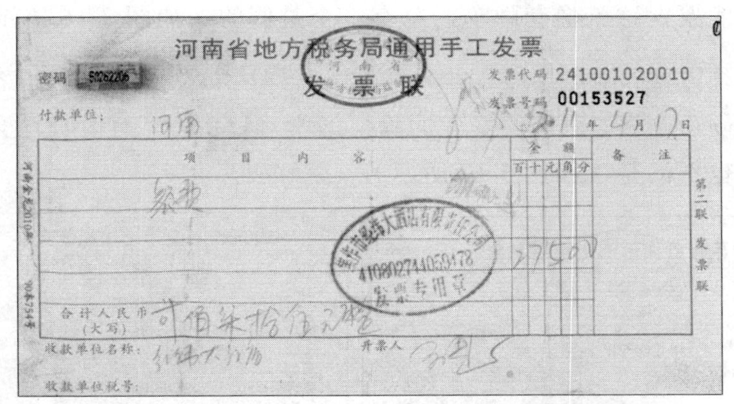

河南省地方税务局通用手工发票

发票联

密码

发票代码 241001020010

发票号码 00153527

付款单位：河南

2011 年 4 月 17 日

项目内容	金额	备注
餐费	27500	

合计人民币（大写）：贰佰柒拾伍元整

收款单位名称：

开票人：

收款单位税号：

第二联 发票联

图 3-14　发票抬头不是公司的名称而是地名的无效发票

刘　丽 公司印章有重要的作用，一般由专人保管和使用，由于是专人，所以通常能避免不规范的使用，因为印章不清或根本没有印章的发票都会使发票无效。既然这样，为什么会出现印章不清和没有印章的情况呢？（刘丽像自问自答）原因之一是有的经营单位为了推卸责任保护自己，在出具

假发票时，故意不将印章印清或拒绝盖章，消费者事后无法再去索要真票。（进一步强调）另外，不是发票上有个章就行，发票就得使用发票专用章，如果加盖的不是发票专用章，而是盖其他类型的章，则发票也是无效的，如“现金收讫”章（如图 3-15 所示）。

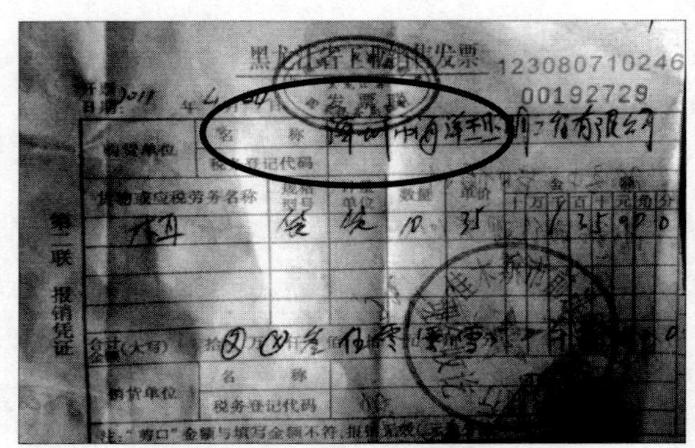

图 3-15　仅用现金收讫章的无效发票

2. 识别虚假发票的方法

刘　丽 上面说的是无效发票，这也是比较常见的，当然还有一些是虚假发票，这个识别起来就更困难，我们总结了以下几种方法，还是比较实用的。

第一种方法，看同一次消费的几张发票的发票号码是否相同，如相同则为虚假发票，这就像套牌车，总有一个是假的（如图 3-16 所示）。

第二种方法，刮涂层鉴别法，真发票密码区和兑奖区涂层很容易就能用指甲或硬币刮开，而虚假发票的涂层通常难以刮开，有时甚至会把纸刮破，字迹也不清楚（如图 3-17 所示）。

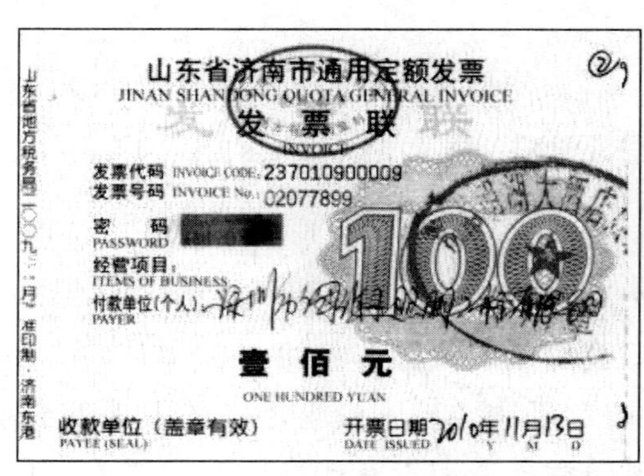

山东省济南市通用定额发票
JINAN SHANDONG QUOTA GENERAL INVOICE
发票联
INVOICE
发票代码 INVOICE CODE: 237010900009
发票号码 INVOICE No.: 02077899
密码 PASSWORD
经营项目: ITEMS OF BUSINESS
付款单位(个人): PAYER
壹佰元
ONE HUNDRED YUAN
收款单位（盖章有效） PAYEE (SEAL)
开票日期 2010年11月13日 DATE ISSUED Y M D

山东省济南市通用定额发票
JINAN SHANDONG QUOTA GENERAL INVOICE
发票联
INVOICE
发票代码 INVOICE CODE: 237010900009
发票号码 INVOICE No.: 02077899
密码 PASSWORD
经营项目: ITEMS OF BUSINESS
付款单位(个人): PAYER
壹佰元
ONE HUNDRED YUAN
收款单位（盖章有效） PAYEE (SEAL)
开票日期 2010年11月13日 DATE ISSUED Y M D

图 3-16　发票代码相同的假发票

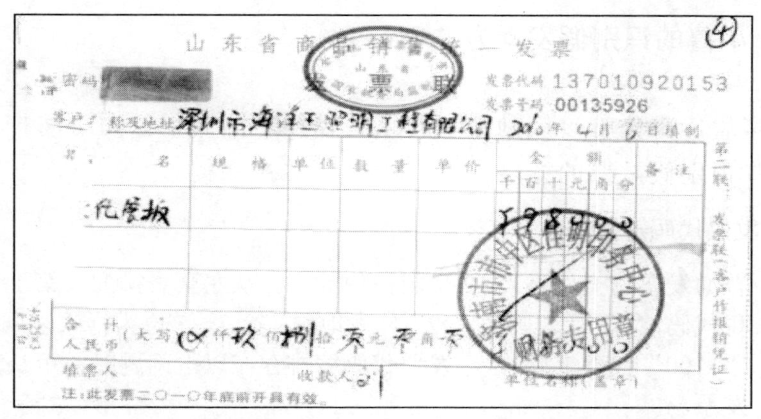

山东省商品销售统一发票

发票联

发票代码 137010920153

发票号码 00135926

密码

客户名称及地址 深圳市海洋王照明工程有限公司 2010 年 4 月 6 日填制

品名	规格	单位	数量	单价	金额（千百十元角分）	备注
汽保板					¥980.00	
合计人民币（大写）						

填票人　收款人　单位名称（盖章）

注：此发票二〇一〇年底前开具有效。

第二联：发票联（客户作报销凭证）

图 3-17　密码区难以刮开的假发票

鲁　泽　我有次看到发票上根本没有印章，那是怎么回事呢，是忘了盖印吗？

刘　丽　是的，这个有可能是漏盖，但产生这样的问题还有可能是经营单位为了推卸责任保护自己，在出具假发票时，故意不将印章印清或拒绝盖章，消费者事后无法再去索要真票（如图 3-18 所示）。一般来说，掌握了以上知识，发票的事就解决得差不多，还有一些小常识，你可以自己查阅税务网站等来进一步了解，如真发票的密码是机器随机生成的编码，两张不同发票密码不会相同。

河北省沧州市饮食业定额发票

发票联

发票代码:213090770017

发票号码:00565212

密码:

付款单位(个人):

伍拾元 ¥:50.00

收款单位(盖章有效)　开票日期　年　月　日

第二联 发票联

图 3-18　没有发票专用章的无效发票

鲁　泽　真是学无止境啊！现在我更加认识到出纳真不是一件轻松活儿。（感慨）

3.1.5 小鲁的识别假发票方法笔记

回家后，小鲁吃过饭到楼下转了转，然后回到租住的房间打开电脑，记下这些识别假发票的方法。

1．发票代码辨别法

- 普通发票分类代码为12位阿拉伯数字。从左至右排列：第1位为国地税代码，“1”代表国税，“2”代表地税；第2～5位为行政区域代码（如“3100”代表上海）。当发票代码编排存在以下问题时，可认定为虚假发票。
- 地税发票使用国税代码；
- 国税发票使用地税代码；地域代码虚假；
- 发票的地域代码与发票章上的地域名称不能对应。如餐饮发票代码以1开头，则属于虚假发票。

2．从发票的行业类别上识别

有的商家在开具虚假发票时忽视对行业类别的对照，造成发票的行业类别与经营行业的矛盾。比如，有的发票开具内容是“服装”而使用的却是建筑行业的发票；有的发票开具内容是“房屋维修”，而使用的却是商品零售行业的发票等。

3．看发票所盖的章与消费场所是否吻合

如果不吻合，认定为假票。如在餐厅用餐，提供的发票所盖的章却是商店的章。

4．网络或电话查询法

现在多数省份国税和地税发票都开通在线查询服务，因此通过各地国税或地税部门网站的发票查询栏目，或拨打纳税服务热线12366，可验证发票真伪。

经验谈

有些地方的12366不能自助语言查询发票的真伪，只能通过人工服务查询。但12366只有在正常的上班时间才提供人工服务。

有些发票号码虽然通过网络或电话可以查询到，但领用单位可能与开票单位不一致，这是违法企业套用真发票号码仿制的虚假发票，因此一定要核实发票领购人是否与盖章单位一致。

如图 3-19 所示开票单位为：厦门市思明区兴轩新海鲜大排档。网站查询结果如下：厦门市思明区八面川香菜馆。

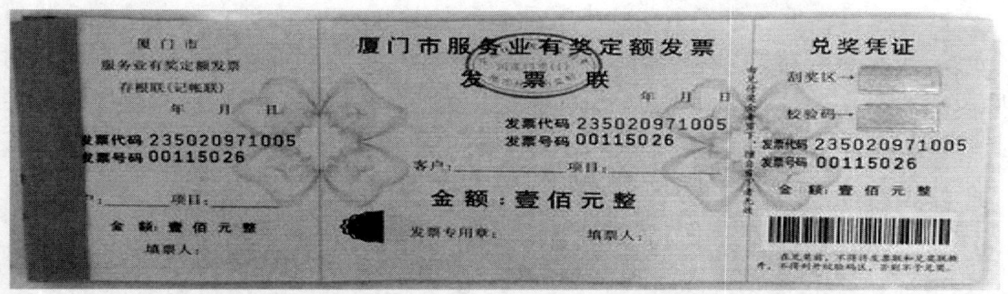

发票查询			
发票代码	发票号码	发票基本情况	发票状态
235021171006	00489394	发票领购人名称：厦门市思明区八面川香菜馆 发票专用章号码： 510232197312272413	正常
		举 报　返 回	

图 3-19　网站查询开票单位不一致的无效发票

5. 增值税专用发票防伪与鉴别

企业取得增值税专用发票发生虚假现象，大部分都是由于三方付款而产生的，如企业在甲方购货，而将货款付乙方，由乙方开具发票（此种方式一般都有三方协议），如果对方发生意外，你取得的发票，就是善意取得，做进项转出处理。

或是在甲方购货并将货款付给甲方，而甲方以各种借口让乙方给企业开具专用发票，此种情况就有可能取得虚假增值税专用发票，给企业造不必要损失。

为防止专用发票的伪造，专用发票设有特殊的防伪标记，其防伪标志与鉴别方法有 3 个地方：

（1）水印防伪图案，专用发票发票联（第二联）和抵扣联（第三联）使用带防伪图案的水印专用纸印制。

检查时如将发票联和抵扣联背面对光，这时可以看见水印防伪图案。细部特征为每组图案外边由四个长33毫米，宽为25毫米的标准税徽图案组成的环形，中间为正反“税”字拼音字母SHUI，左右两组图案连环构成整体画面。

（2）红色荧光防伪标记，专用发票发票联（第二联）和抵扣联（第三联）使用红色荧光油墨印全国统一发票监制章。

检查时用专用发票鉴别仪检查发票联和抵扣联，可以看到大红色荧光反应的全国统一发票监制章。“全国统一发票监制章”形状为椭圆形，规格长轴为3厘米，短轴为2厘米，边宽为0.1厘米，内环加细线，上环刻制“全国统一发票监制章”字样，下环刻制“税务局监制”字样，中间刻制监制税务机关所在地省（市、区）、市（县）的全称或简称，字体为正楷，印色为大红色。

（3）无色荧光防伪标记，专用发票发票联（第二联）和抵扣联（第三联）使用无色荧光油墨套印“国家税务总局监制”字样和相应的团花图案。只有用专用发票鉴别仪检查，才可以看见这一防伪标记。专用发票应同时印有上述三项防伪标记，缺一不可。

6．普通发票防伪与鉴别

普通发票的真假识别方法如下。

（1）普通发票联发票采用专用水印纸印刷，水印图案为菱形，中间标有SW字样，发票联不加印底纹。

（2）发票监制章和发票号码采用有色荧光油墨套印，印色为大红色，在紫外线灯下呈现橘红色。

（3）普通发票必须套印全国统一发票监制章，“发票监制章”的形状为椭圆形，长轴为3厘米，短轴为2厘米，边宽为0.1厘米，内环加刻一细线，上环刻制“全国统一发票监制章”字样，下环刻制“地方税务局监制”字样，中间分别刻制：“××省××市”或“××省××县”字样。“发票监制章”环内字样均为楷体。

（4）普通发票的基本联次为三联，第一联为存根联，开票方留存备查；第二联为发票联，收执方作为付款或收款原始凭证；第三联为记账联，开票方作为记账原始凭证。

（5）普通发票中的定额发票的联次一般为单张三联，第一联为存根联；第二联为发票联；第三联为记账联。

（6）普通发票各联字色为：第一联为白纸黑字；第二联为发票专用纸，字棕色；第三联为白纸，字淡红色。其他根据需要增减联次的，各联字色可任定，但不得与一、二、三联字色相同。

（7）地税机关开具建安发票，按营业税暂行条例规定，建安业大都在业务发生地就地缴纳营业税，因此发票大都为企业所属地地税机关所开，如果发票为其他税务机关所开就应详细检查，但对取得金额较大的发票都应进行上网联查或电话查询。

小鲁记完这些，不由得发一声感慨：没想到一张发票当中的学问，比自己经常面对的人民币还要深。

3.2 纳税常识

转眼间，小鲁到财务部工作已半个多月，有一天，税务局打电话来，说有一份报表需要申报，刘丽让小鲁到税务局取一下材料。

小鲁知道税务和企业的关系非常重要，刘丽说纳税是企业经营的家常便饭，看来也得了解下纳税常识。

鲁　泽 种类那么多，是不是都缴同样的税呢？

刘　丽 不是的，我们先来看一张税收分类图（图 3-20），然后再讨论什么样的业务需要缴纳什么样的税，从整个社会而言，涉税的种类确实很大，但由于企业通常只是主营一类业务，所以单个企业缴纳的税种倒不是很多。

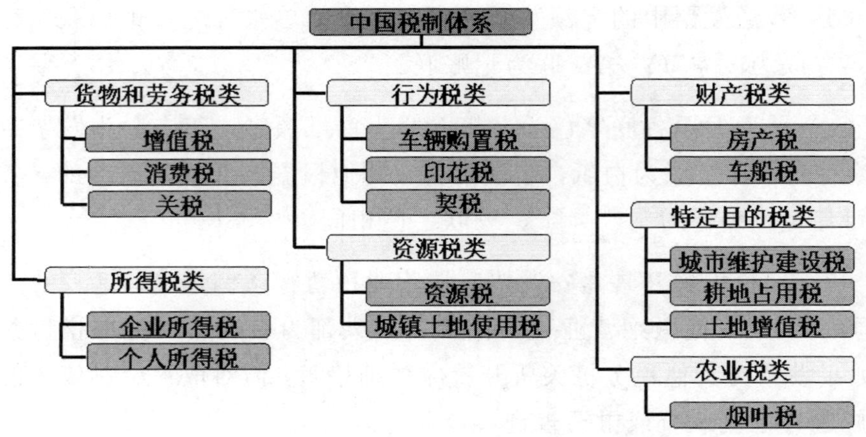

图 3-20 我国税制体系

3.2.1 什么业务要交增值税

鲁 泽 开具增值税发票就要缴增值税吗？

刘 丽 缴什么税是从企业的角度来看的，企业发生的业务内容构成征收对象，是税收制度最基本的要素，也是一种税区别于另一种税的主要标志，这个跟发票有关系，但不是必然的关系，

缴纳增值税的业务，如表 3-1 所示。

表 3-1 增值税征税范围的总结

一般规定	（1）销售进口的货物（有形动产） （2）提供的加工、修理修配劳务（应税劳务与非应税劳务划分）
特殊规定	（1）特殊项目 （2）特殊行为：①视同销售货物行为；②混合销售行为；③兼营非增值税应税劳务行为
增值税征税范围的其他特殊规定	（1）《增值税暂行条例》规定的免税项目：7 项 （2）财政部、国家税务总局规定的其他征免税项目：20 项 （3）增值税起征点的规定 （4）放弃免税规定：放弃免税后，36 个月内不得再申请免税

说明：

销售或者进口的货物：货物是指有形动产，包括电力、热力、气体在内。销售货物，是指有偿转让货物的所有权。

提供的加工、修理修配劳务：加工是指受托加工货物，即委托方提供原料及主要材料，受托方按照委托方的要求制造货物并收取加工费的业务；修理修配是指受托对损伤和丧失功能的货物进行修复，使其恢复原状和功能的业务。

3.2.2 3 种属于征税范围的特殊行为及其实例

特殊规定：属于征税范围的特殊行为分 2 种：视同销售行为；混合销售行为。

1．视同销售行为

视同销售行为包括以下情况：

（1）将货物交付他人代销。

（2）销售代销货物。

（3）设有两个以上机构并实行统一核算的纳税人，将货物从一个机构移送至其他机构用于销售，但相关机构设在同一县（市）的除外。

（4）将自产或委托加工的货物用于非应税项目。

（5）将自产、委托加工或购买的货物作为投资，提供给其他单位或个体经营者。

（6）将自产、委托加工或购买的货物分配给股东或投资者。

（7）将自产、委托加工的货物用于集体福利或个人消费。

（8）将自产、委托加工或购买的货物无偿赠送他人。

例 3-1 2012 年 6 月，大连爱乐机电有限公司将其生产的不锈钢保温杯作为福利发放给职工，保温杯的单位成本 30 元，市场价 70 元，适用的增值税率为 17%，公司有职工 200 名，其中一线职工 170 名，管理人员 30 人。以上行为即属于将自产、委托加工的货物用于集体福利或个人消费的视同销售行为。

2．混合销售行为

一项销售行为如果既涉及增值税应税货物又涉及非应税劳务，为混合销售行为。

混合销售行为的特点：销售货物与提供非应税劳务是由同一纳税人实现，价款是同时从一个购买方取得的。二者之间是紧密相连的从属关系。

例 3-2 大连古典家具有限公司销售家具 30 000 元，同时送货上门，并单独收取 1 000 元运费，从公司的行为我们可以看到增值税混合销售业务的特点：

（1）此企业的主业是销售业务。

（2）送货业务从属于销售业务。

（3）货款和运费向同一方收取。

分析：从事货物生产、批发或零售的企业、企业性单位和个体工商户的混合销售行为视同销售货物，应征收增值税，所以公司的增值税销项税额为[30 000+1 000÷（1+17%）]×17%=5 245.3（元）。

3.2.3 营业税改征增值税

经国务院批准，自 2016 年 5 月 1 日起，在全国范围内全面推开“营改增”试点，建筑业、房地产业、金融业、生活服务业等全部营业税纳税人，纳入试点范围，由缴纳营业税改为缴纳增值税。根据《营业税改征增值税试点实施办法》及相关规定，应税行为包括在我国境内销售应税服务、销售无形资产和销售不动产。

营改增涉及的税目：

一、销售服务

销售服务,是指提供交通运输服务、邮政服务、电信服务、建筑服务、金融服务、现代服务、生活服务。

（一）交通运输服务

交通运输服务，是指利用运输工具将货物或者旅客送达目的地，使其空间位置得到转移的业务活动。包括陆路运输服务、水路运输服务、航空运输服务和管道运输服务。

（二）邮政服务

邮政服务，是指中国邮政集团公司及其所属邮政企业提供邮件寄递、

邮政汇兑和机要通信等邮政基本服务的业务活动。包括邮政普遍服务、邮政特殊服务和其他邮政服务。

（三）电信服务

电信服务，是指利用有线、无线的电磁系统或者光电系统等各种通信网络资源，提供语音通话服务，传送、发射、接收或者应用图像、短信等电子数据和信息的业务活动。包括基础电信服务和增值电信服务。

（四）建筑服务

建筑服务，是指各类建筑物、构筑物及其附属设施的建造、修缮、装饰，线路、管道、设备、设施等的安装以及其他工程作业的业务活动。包括工程服务、安装服务、修缮服务、装饰服务和其他建筑服务。

（五）金融服务

金融服务，是指经营金融保险的业务活动。包括贷款服务、直接收费金融服务、保险服务和金融商品转让。

（六）现代服务

现代服务，是指围绕制造业、文化产业、现代物流产业等提供技术性、知识性服务的业务活动。包括研发和技术服务、信息技术服务、文化创意服务、物流辅助服务、租赁服务、鉴证咨询服务、广播影视服务、商务辅助服务和其他现代服务。

（七）生活服务

生活服务，是指为满足城乡居民日常生活需求提供的各类服务活动。包括文化体育服务、教育医疗服务、旅游娱乐服务、餐饮住宿服务、居民日常服务和其他生活服务。

二、销售无形资产

销售无形资产，是指转让无形资产所有权或者使用权的业务活动。无形资产，是指不具实物形态，但能带来经济利益的资产，包括技术、商标、著作权、商誉、自然资源使用权和其他权益性无形资产。技术包括专利技术和非专利技术。自然资源使用权包括土地使用权、海域使用权、探矿权、

采矿权、取水权和其他自然资源使用权。其他权益性无形资产包括基础设施资产经营权、公共事业特许权、配额、经营权(包括特许经营权、连锁经营权、其他经营权)、经销权、分销权、代理权、会员权、席位权、网络游戏虚拟道具、域名、名称权、肖像权、冠名权、转会费等。

三、销售不动产

销售不动产，是指转让不动产所有权的业务活动。不动产是指不能移动或者移动后会引起性质、形状改变的财产，包括建筑物、构筑物等。建筑物包括住宅、商业营业用房、办公楼等可供居住、工作或者进行其他活动的建造物。构筑物包括道路、桥梁、隧道、水坝等建造物。

转让建筑物有限产权或者永久使用权的，转让在建的建筑物或者构筑物所有权的，以及在转让建筑物或者构筑物时一并转让其所占土地的使用权的，按照销售不动产缴纳增值税。

3.2.4 企业所得税入门知识

鲁 泽 是不是我们企业不缴企业所得税呢，因为我看 5 月的凭证里没有企业所得税的完税凭证。

刘 丽 不是的，我们的企业所得税按季缴纳的，和增值税不一样，企业所得税的征税对象是企业取得的各项应税所得，包括销售货物所得、提供劳务所得、转让财产所得、股息红利等权益性投资所得、利息所得、租金所得、特许权使用费所得、接受捐赠所得和其他所得。（休息了一下）企业所得税的税基是企业的应纳税所得额。应纳税所得额是企业每一纳税年度的收入总额，减除不征税收入、免税收入、各项扣除以及允许弥补的以前年度亏损后的余额。基本公式为：应纳税所得额=收入总额－不征税收入－免税收入－各项扣除－允许弥补的以前年度亏损。

鲁 泽 意思是说不是按收入征税？

刘 丽 是的，简单一点讲，企业所得税是按利润来征税的，如果企业经营亏损了，就不用缴税。当然，不缴企业所得税也不是一件好事，做企业就是要赚取利润。（看了看小鲁）企业所得税涉及企业全年的经营情况，

方方面面很多，没有系统的会计及税收知识一下子也难以掌握，我们主要来看两个表格，做个简单的了解。（歇了一下）有些收入并不征税，有些收入还是免税的，在计算时要注意从企业的收入中减掉，避免企业多缴所得税，另外，费用扣除也有原则和范围，有的费用能扣除，有的不能，如果把不应扣除的给扣除，就会少缴企业所得税，税务检查需要补税，也要被征收滞纳金，这个费用是比较高的。

不征税收入和免税收入的范围如表 3-2 所示，如表 3-3 所示为税前扣除的原则和范围。

表 3-2　不征税收入和免税收入

收入种类	范　围
不征税收入	（1）财政拨款 （2）依法收取并纳入财务管理的行政事业性收费、政府性基金 （3）国务院规定的其他不征税收入
免税收入	（1）国债利息收入 （2）符合条件的居民企业之间的股息、红利等权益性投资收益 （3）在中国境内设立机构、场所的非居民企业从居民企业取得与该机构、场所有实际联系的股息、红利等权益性投资收益 （4）符合条件的非营利性收入 符合条件的非营利性组织的下列收入为免税收入（新增）： ①接受其他单位或个人捐赠的收入；②除《中华人民共和国企业所得税法》第七条规定的财政拨款以外的其他政府补助收入，但不包括因政府购买服务取得的收入；③按照省级以上民政、财政部门规定收取的会费；④不征税收入和免税收入滋生的银行存款利息收入；⑤财政部、国家税务总局规定的其他收入

表 3-3　税前扣除的原则和范围

要点	具体规定	
扣除原则	权责发生制原则、配比原则、相关性原则、确定性原则、合理性原则	
基本范围	成本、费用、税金、损失、其他支出	
具体项目和标准	按照实际发生额扣除 （在符合扣除原则的前提下）	工薪、社保、财险、向金融机构借款利息、汇兑损失、劳动保护费
	限定比例扣除	职工福利费、职工教育经费、工会经费、招待费、公益捐赠广告费、向金融机构以外的借款利息、手续费及佣金
	限定比例扣除	总机构分摊的费用、资产损失
	限定用途扣除	环境保护专项基金

3.3 出纳的领导是谁

每天忙完自己的工作后，小鲁总是会看看财务部其他人，也会将自己同他们比较。觉得自己既没有工作经验，也没有深厚的专业背景，仿佛每个人都比自己强。

还有在这里办事的人，很多人都是其他部门的部长、副部长什么的。出纳属于基层岗位，没有行政级别，那么是不是他们都是自己的领导呢，还有总经理是领导，王部长是领导，刘姐和李炜两个会计是不是也是自己的领导呢？

小鲁现在对自己在单位的角色已基本上明确，由于单位规模不算大，出纳工作量也不大，自己是专设的专职出纳员，但是，由于行政人员更少，自己还要承担年检、人事等业务。

3.3.1 出纳的地位和上级

王部长 单位对直接领导的界定是非常清晰的，要不然肯定会产生混乱，虽然一天跟你打交道的大大小小的领导看似很多，但你不能认为他们都是领导，你要分清三个层次。

1. 会计和你只是不同的岗位、地位上等同

出纳与会计是同属于一个独立核算单位的两个财会工作岗位，在地位上是等同的，在业务上是互相协作、密不可分的。

工作上只是在实际操作方面存在区别，出纳人员专管货币资金的收付以及与之相关的现金日记账和银行存款日记账的登记；会计人员则是专管除货币资金之外的总账和其他明细账。

由于出纳人员管理的是公司的货币资金，出问题的风险大，会计记错账，一般调整一下就行，但出纳如果把钱弄错，这个损失就很难弥补。另外，会计的经验要比出纳丰富些，所以出纳应在以下两个方面主动地接受会计的监督：

- 主动为会计监督盘库提供条件，绝不能认为监督盘库是对出纳人员的不信任。

- 对账时主动为会计人员报出现金库存数，由会计员核对账款是否相符。

2. 出纳的直接上级是财务部长

遇到业务上需要请示的事，直接领导只有财务部长，也只有财务部长才能对出纳进行业务的上考核，决定着出纳的绩效工资，遇到拿不定主意的，尽管是别的部门领导，也不能听从他们的意见。

3. 总经理签字是支付的唯一笔迹

总经理是财务负责人，即最终的支出责任由他承担，所以在批准人栏里，只有总经理签字才可以，也就是说只有总经理签完字，才可以对外支付款项。

对于一支笔的事，争论很多。但是在企业，由于实行总经理聘任制，董事会和监事会的监督力度也较完善，所以基本上没有什么大权在握，想干啥就干啥的事。

不过，为了避免不透明，除总经理、财会人员、经手人签字以外，公司还增加了部门负责人签字，以增加财务开支的透明度和制约力，体现多角度的参与监督。

当然总经理的签字也是受制约的，重大的经济开支要事先经董事会或者股东会讨论，形成决议。

比如，全年奖金发放，工资的调整，超过 5 万元以上的对外借款、股利分配等。还有公开账目，在一段时间里，将费用账目向员工公布，充分体现员工的知情权。

3.3.2　钱账分管原则

这天小鲁要去银行，临走时他对刘丽说。

鲁　泽 我把保险柜的钥匙给你，有人来交钱，你先收一下啊。

刘　丽 替你收一下钱可以，你回来后，我们点一下你走后我收的钱，核对一下我开的发票，但钥匙我不能拿，这是我们要避免的事，也就是说作为会计，我是不能管钱的。

鲁　泽 这就是会计不相容工作岗位吧。

刘　丽 对，会计工作中，有些岗位是不能由一个人兼任的（如表 3-4 所示）。

表 3-4　会计不相容工作岗位

会计工作岗位	不相容工作岗位
出纳	不得兼管审核、会计档案保管
出纳	不得兼管收入、支出、费用、债权债务账目的登记
保管支票簿人员	不得同时负责现金支出账与银行存款账
填制会计凭证人员	不得兼任会计凭证审核
登记总账人员	不能登记日记账

小鲁听了刘丽的讲述后，才明白自己刚才差点儿犯错，暗自庆幸还好有刘丽的提醒。小鲁默默地把这些记在心里后，就拿上东西去银行了。

CHAPTER

4 一分一毛有出处——现金管理

小鲁知道：出纳管理的不仅仅是钞票，用会计人士专业的话说，还有一些现金等价物，如支票、汇票等。但刘丽对小鲁说，在出纳的日常工作中，其实主要还是跟现金打交道，因此现金管理方面出错的概率也比较大。

4.1 现金管理的“识、数、提”

明天就是25日，公司在这一天集中报销差旅费和部门借备用金。下班前一小时，刘丽问小鲁。

刘丽 保险柜里还有多少现金？

由于这两天业务不是很多，基本上小鲁是做完凭证付完款后，就及时登记了现金日记账。一有时间，小鲁就练习点钞票，所以对库里的现金数记得很清楚。

鲁泽 还有15 364元。

刘丽 那明天一早去取些现金，准备8万元。

这些天，小鲁学习百元人民币的防伪知识，向银行的人学如何点钞，收获还是很大的。

4.1.1 识——百元人民币的防伪

刘丽 掌握识假币的方法是出纳应当具备的基本功，虽然公司有验钞机，但机器毕竟是机器，也有出错的时候，那么如何练就这个技能呢？方法就是熟能生巧，时间长了，单凭感觉也能分辨出来。

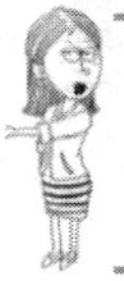

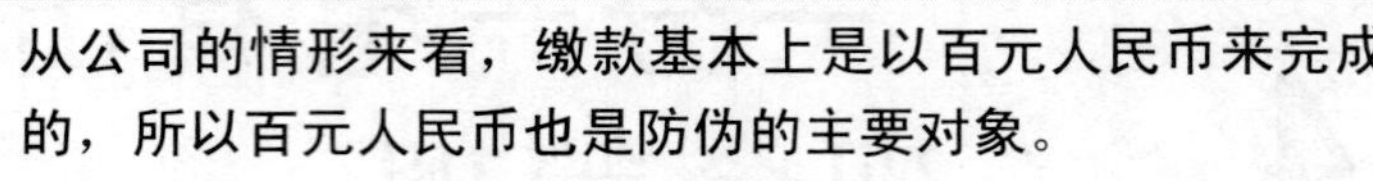

从公司的情形来看，缴款基本上是以百元人民币来完成的，所以百元人民币也是防伪的主要对象。

刘丽给小鲁一份资料，先让小鲁自己对照着钞票进行识别，图 4-1 所示为辨别真假币的要点。

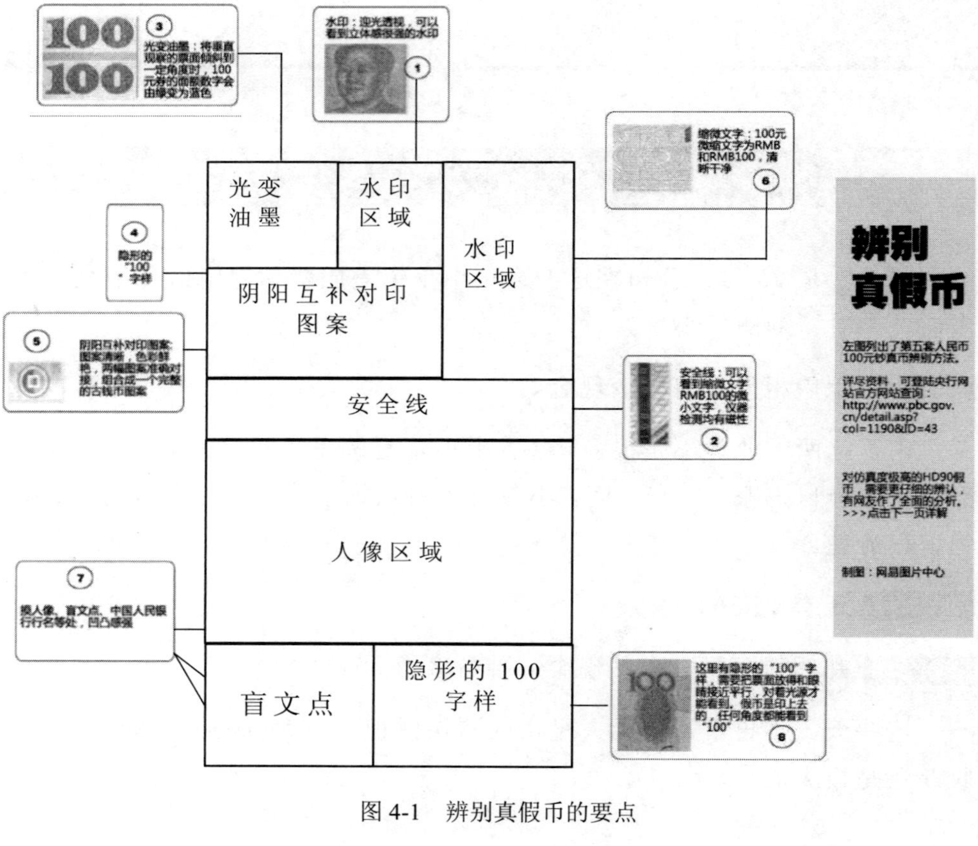

图 4-1　辨别真假币的要点

4.1.2 第五套人民币假币识别技巧

结合图 4-1，刘丽说根据银行工作人员的总结，归纳起来，以百元为代表的第五套人民币 100 元假币特点和识别技巧如下。

（1）票面的纸张由普通胶提版纸印制而成，纸质略厚、较光滑、无弹性，在紫外光源下观察时具有较强的兰白色荧光反应。

（2）票面上图纹、线条用放大镜观察，可清晰辨别呈现为多色点状结构，整体图案模糊，凹印线纹凸出的手感较差。

（3）票面正面无“面额”字样的无色荧光油墨（但仍发现有些假人民币有无色荧光油墨反应）和背面主景的有色荧光油墨。

（4）票面表面和内部无红、蓝彩色纤维和黄、蓝无色荧光纤维，即使有也是直接印刷在纸面上。

（5）票面正面左侧的“水印”多为图案轮廓浮于纸面或双层纸符合加盖水印图案，迎光透视，没有明暗层次和立体感，失真较大。

（6）票面黑色冠字号码排列不齐，且无磁性。

（7）票面正面右上角无折光“面额”隐形图案。

（8）票面油墨偏色无光泽，大多数古钱对印图案错位。

（9）票面正、背面“RMB”和“人民币”缩微文字呈模糊状。用普通书写纸，在紫外灯光照射下，票面呈蓝白色荧光反应。

4.1.3 假币识别方法：一看

识别人民币纸币真伪，通常采用“一看、二摸、三听、四对比”的方法。第一种方法是：眼看。

1. 眼看的主要方法

（1）仔细观察票面的外观颜色、图案、花纹是否与真币相同。颜色是否纯正，图案是否清晰。

（2）看光变面额数字，假钞一般无光变油墨印刷，所以倾斜钞票时面额数字不变色。

（3）看水印、看安全线、看正背对印，看印刷特征、彩虹印刷效果、冠字号码效果、图像的立体感等，找出破绽、漏洞及伪造痕迹。

（4）看票面图案是否清晰，色彩是否鲜艳，对接图案是否可以对接上。

第五套人民币纸币的阴阳互补对印图案应用于100元、50元和10元券中。这三中券别的正面左下方和背面右下方都印有一个圆形局部图案。迎光透视，两幅图案准确对接，组合成一个完整的古钱币图案。

有条件时，用5倍以上放大镜观察票面，看图案线条、缩微文字是否清晰干净。第五套人民币纸币各券别正面胶印图案中，多处均印有微缩文字，20元纸币背面也有该防伪措施。

100元微缩文字为“RMB”和“RMB100”；50元为“50”字样和“RMB50”；20元为“RMB20”和“20”；10元为“RMB10”；5元为“RMB5”和“5”。

经验谈 

眼看检查最少三重点：一是检查纸张水印，如图4-2所示；二是检查安全线，如图4-3所示；三是检查正背对印。

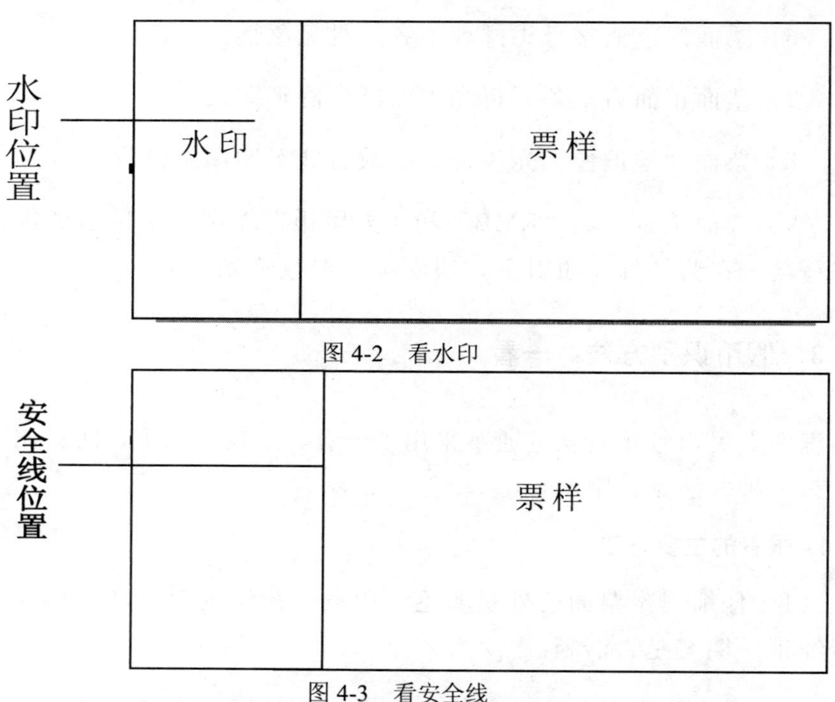

图4-2　看水印

图4-3　看安全线

2. 水印、安全线和光变油墨

（1）水印：第五套人民币各券别纸币的固定水印位于各券别纸币票面正面左侧的空白处，迎光透视，可以看到立体感很强的水印。

100 元、50 元纸币的固定水印为毛泽东头像图案。20 元、10 元、5 元纸币的固定水印为花卉图案。

（2）安全线：第五套人民币纸币在各券别票面正面中间偏左，均有一条安全线。

100 元、50 元纸币的安全线，迎光透视，分别可以看到缩微文字“RMB100”、“RMB50”，仪器检测均有磁性；20 元纸币，迎光透视，是一条明暗相间的安全线，10 元、5 元纸币安全线为全息磁性开窗式安全线，即安全线局部埋入纸张中，局部裸露在纸面上，开窗部分分别可以看到由微缩字符“￥10”“￥5”组成的全息图案，仪器检测有磁性。

（3）光变油墨：第五套人民币 100 元券和 50 元券正面左下方的面额数字采用光变墨印刷。

将垂直观察的票面倾斜到一定角度时，100 元券的面额数字会由绿变为蓝色；50 元券的面额数字则会由金色变为绿色。

4.1.4 假币识别方法：手摸

手摸的主要方法是：

（1）一摸钞票的纸质。人民币是采用特种材料，用专用设备抄造而成，其纸质表面光滑、厚薄均匀，纸张挺括，手感好。

（2）二摸钞票人像、行名、面额数字、盲文面额标记、深色花边等，用手触摸有凹凸感、用手指来回抚摸时发涩，假钞多采用平版胶印或复印机复印，墨层薄，用手指抚摸平滑。

经验谈

手摸检查三部位：一摸手感线与人像衣领下方；二摸大面额数字；三摸盲文面额标记。另外，摸纸币是否薄厚适中，挺括度好。

假人民币的正背面主景图案大多是由细点或实线条组成，图案颜色不正、缺乏层次、明暗过渡不自然。特别是人像图案目光无神，发丝线条模糊，无凹凸感。但是，目前也发现有一部分假币在凹印图案部位涂抹胶水或压痕来模仿凹印效果。

手工雕刻头像。第五套人民币纸币各券别正面主景均为毛泽东头像，采用手工雕刻凹版印刷工艺，形象逼真、传神，凹凸感强，易于识别。手摸检查如图 4-4 所示。

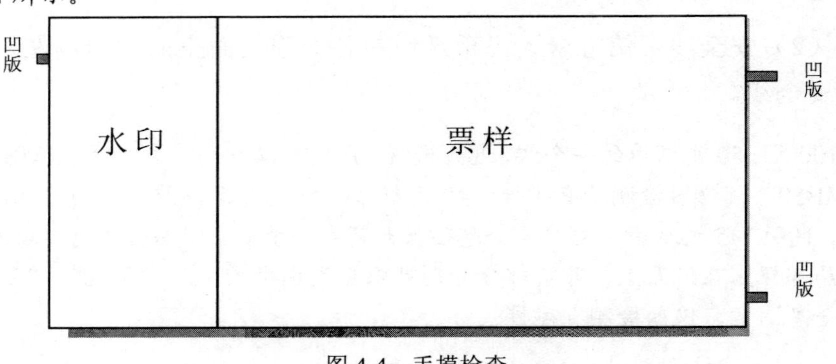

图 4-4　手摸检查

4.1.5　假币识别方法：耳听

耳听的主要方法是：

对于六成新以上的钞票，用手抖、甩、弹时，真钞能够发出清脆的声音，而假钞声音发闷。

耳听检查三个字：“抖”“甩”“弹”。即通过抖动钞票使其发出声响，根据声音来分辨人民币真伪。

人民币的纸张，具有挺括、耐折、不易撕裂的特点。手持钞票用力抖动、手指轻弹或两手一张一弛轻轻对称拉动，能听到清脆响亮的声音。

4.1.6　假币识别方法：对比

对比的主要方法是：

采用真钞与假钞相比较，对比票面的基本印刷特征，对比钞票的纸质、墨色、图案、花纹等。假钞一般采用社会用纸，没有专用雕刻凹印机、专用印码机、专用印版、专用油墨，因而假钞的印制质量低劣，与真钞区别

明显。

经验谈

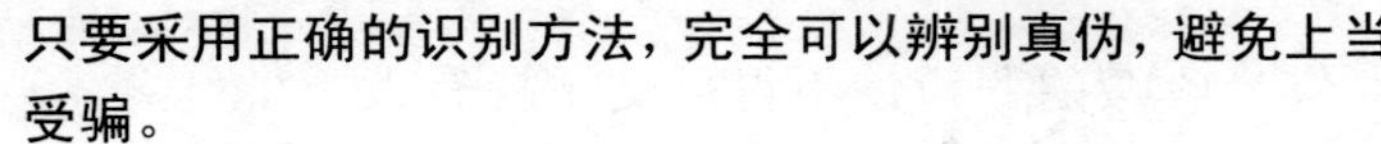

只要采用正确的识别方法，完全可以辨别真伪，避免上当受骗。

刘　丽　眼看、手摸、耳听、对比是银行人员在长期的实践中，总结出来的四个最简便易行的实用方法，也是我们鉴别真假人民币的最基本、最常用的方法，一般的假币采用这四种方法就能够识别出来。但也有极少数伪造水平比较高的机制假币，采用这些方法还难以确定，那就得借助于仪器来进行鉴别。

鲁　泽　我回家好好练练，如果自己掌握这些知识，就再不会被人骗。

第二天早上，小鲁突然又想到一个问题问刘丽。

鲁　泽　那我们收到假币怎么办呢？是不是当场就得收缴销毁，免得再去害别人？但要是对方不肯给怎么办呢？

刘　丽　我们是不能收缴假币的，收付现金时发现假币，要立即送交附近银行鉴别。按照规定，在发现可疑币不能断定真假时，也不得随意加盖假币戳记和没收，而应向持币人说明情况，开具载明面值和号码的临时收据，连同可疑币及时报送中国人民银行当地分支行鉴定。经鉴定确属假币时，按下面的处理方法处理；如确定不是假币的，应及时退还持币人。

4.1.7　银行收缴假币时的处理方式

（1）由该金融机构两名以上业务人员当面予以收缴。

（2）对假人民币纸币，应当面加盖“假币”字样的戳记。

（3）对假外币纸币及各种假硬币，应当面以统一格式的专用袋加封，封口处加盖“假币”字样戳记，并在专用袋上标明币种、券别、面额、张（枚）数、冠字号码、收缴人、复核人名章等细项。

（4）收缴假币的金融机构（简称“收缴单位”）向持有人出具中国人民银行统一印制的《假币收缴凭证》。

（5）告知持有人如对被收缴的货币真伪有异议，可向中国人民银行当地分支机构或中国人民银行授权的当地鉴定机构申请鉴定。

（6）收缴的假币，不得再交予持有人。

（7）收缴人员必须具有鉴定技能并获得上岗资格。

4.1.8 数——练习点钞

小鲁与刘丽说想学习点钞，于是，刘丽给银行的客户经理说一下，由他们给小鲁推荐一位业务能手，教小鲁点钞。利用中午休息的空档，业务能手总结出 4 步开始教导小鲁。

（1）拆把：把待点的钞票按照不同点钞方法的要求拿在手中，然后脱去扎钞纸带，为点数做好准备。

（2）点数：左手持钞，右手点钞，眼睛紧盯过数的钞票，同时记数。

（3）扎把：把整点准确的百张钞票码放整齐，用扎把纸带捆扎牢固。

（4）盖章：在捆扎钞票的纸带上加盖点钞人员的名章，以明确责任。

4.1.9 图解现场点钞

拆把没有多大的技术含量，关键是第二步点数，常用的点钞方法有两种，我们用图解方式展示。

1. 手持式单指单张点钞法

（1）拆把，如图 4-5 所示。

（2）持钞，即如何拿住钞票，如图 4-6 所示。

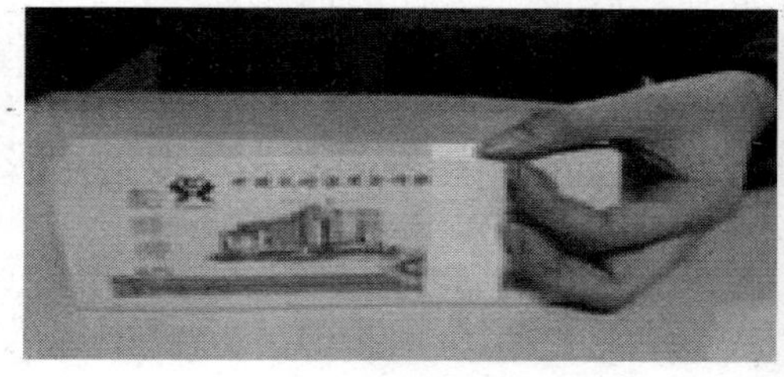

图 4-5　拆把

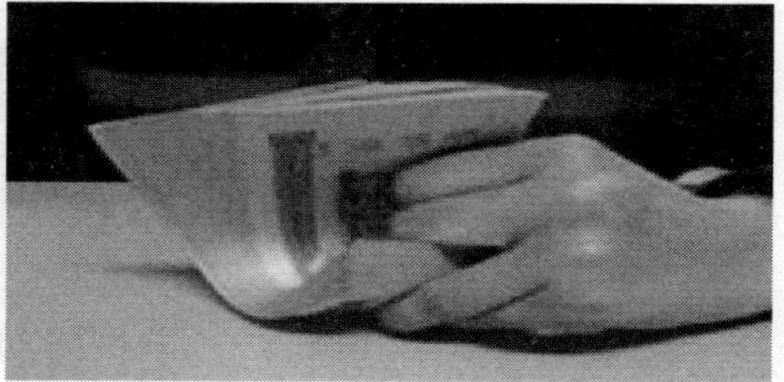
图 4-6　持钞

（3）清点，如图 4-7 所示。

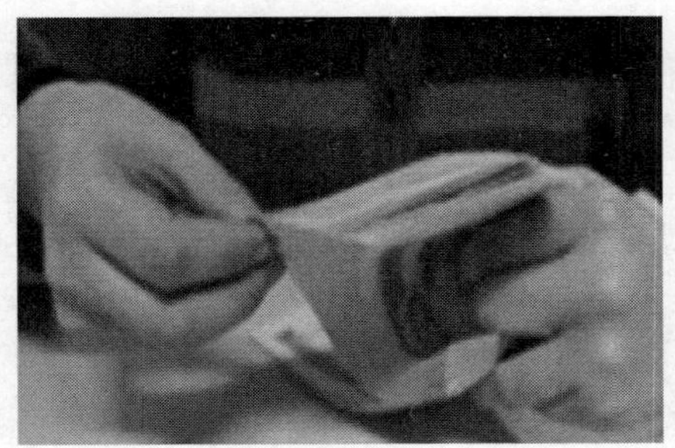

图 4-7 清点

在清点的过程中，要记住点多少张，同时把残破钞票抄出来放在一边，单独标记并送银行。

（4）记数。

（5）挑残破钞票。

（6）扎把。

单指点钞法要点是什么呢？

银行能手 单指点钞想提高速度，记住一定是拇指指尖去捻钞，而不是指肚，而且指尖不能离开票面，手不要抖动过大以致影响点钞。至于无名指是顺势还是轻拨，要看自己，自己习惯怎样就好。右手拇指轻压即可，不要太用劲。

2. 多指多张点钞法

多指多张点钞法其持票和清点方法如图 4-8 所示，其余的过程和单指单张点钞法一样。

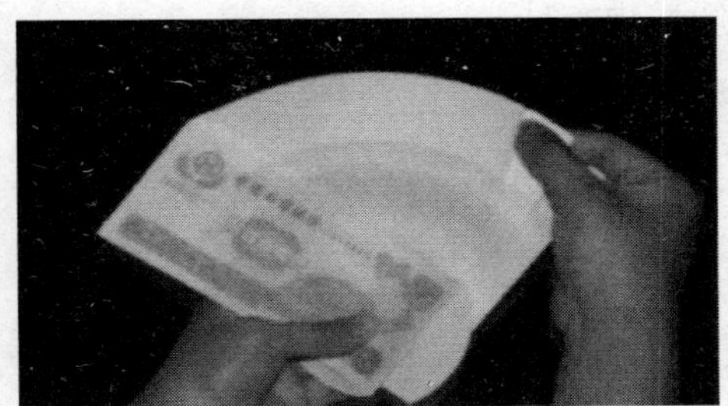

图 4-8 多指多张点钞法

（1）持票。

（2）清点。

（3）记数。

（4）挑残破钞票。

（5）扎把。

教完点钞方式后，银行的这位姐姐还给小鲁说了一下点钞机的使用方法，他们银行使用的点钞机如图 4-9 点所示。

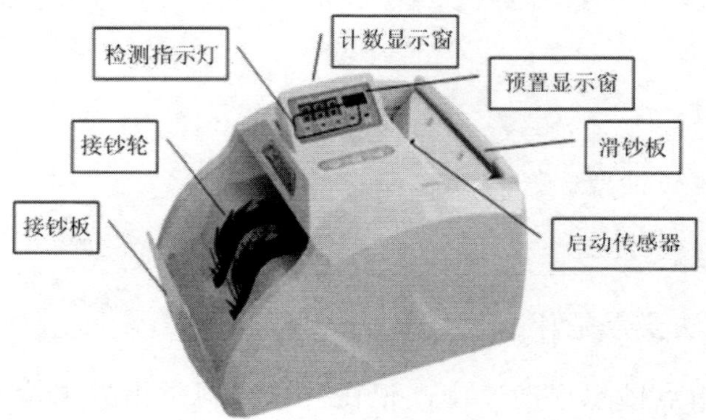

图 4-9　点钞机

点钞机具备的基本功能键包括以下 7 个方面：

- 启动键；
- 清零键；
- 光检键（或光检指示灯）；
- 磁检键（或磁检指示灯）；
- 数码键（或数码指示灯）；
- 累加键；
- 预置键。

如果检测指标灯亮，说明这张钞票有问题，但不一定是假币，如有破损之类的，具体的看说明书上对应的显示代码，不同的代码说明钞票存在的不同问题。

刘丽说，掌握机器点钞的要领，可熟记下列口诀：

认真操作争分秒，左右连贯用技巧；
右手投下欲点票，左手拿出捻毕钞；
两眼查看票面跑，余光扫过记数表；
顺序操作莫慌乱，环节动作要减少；
原钞腰条必须换，快速扎把应做到；
维修保养经常搞，正常运转功效高。

4.1.10 破损人民币的处理

有一天，小鲁遇到一个渔民来交款。渔民交过来的钱不只是脏，还有较大的破损。那么，这钱到底是收还是不收呢？小鲁一时也拿不准，就去问刘丽碰到这种情况该怎么办。

刘丽对他说，什么样的钱属于破损人民币，国家是有标准的。通常说的破损指的是人民币在流通中因自然磨损，保管不善或其他原因引起的，损坏了票面完整性的票币。

1. 出纳人员应挑出的破损人民币的标准

（1）行名、花边、字头、号码、国徽等有破损的。

（2）票面裂口超过 1/3 或损及花边、图案的。

（3）票面纸质较旧，四周或中间有裂缝，或断开而粘补的。

（4）票面脏污面积较大或涂写痕迹过多，妨碍票面整洁的。

（5）票面变色严重影响图案清晰的。

（6）硬币残缺、穿孔、变形、磨损、氧化损坏花纹的。

2. 处理破损、残缺人民币的几种情况

（1）凡残缺人民币属于下列情形之一者，出纳人员可向中国人民银行全额兑换：

- 票面残缺不超过五分之一，剩余部分的图案、文字完好的；
- 票面污损、熏焦、水浸、变色，但能识别真假，票面完整或残缺不超过五分之一，票面其余部分的图案、文字能照原样连接的。

（2）票面残缺五分之一以上到二分之一，其余部分的图案文字能照原样连接的，可向中国人民银行按原面额半额兑换，但不得流通使用。

（3）凡残缺人民币属于下列情况之一者，银行不予兑换，因此，出纳人员在工作中应重点注意以下情况：

- 票面残缺二分之一以上的；
- 票面污损、熏焦、水浸、油浸、变色，不能辨别真假的；
- 故意挖补、涂改、剪贴、拼凑，揭去一面的。

（4）对于不予兑换的人民币，一般做如下处理：

- 不予兑换的残缺人民币由中国人民银行打洞作废，不得流通使用；
- 不予兑换的破损人民币由银行加盖“作废”戳记或打洞作废，不得流通使用；
- 出纳人员可向银行申请退还给本企业不予兑换的票券或硬币。

4.1.11 提——如何取备用金

24 日 4 点下班前，小鲁问刘丽。

鲁 泽 刘姐，取 8 万元银行给取吗？取多少现金银行有要求吗？

刘 丽 其实取多少现金国家也是有规定的，不是我们想取多少就能取多少，一般情况下，由开户银行和开户单位根据具体情况商定，一般按照单位 3~5 天日常零星开支所需现金确定。距离银行远或交通不方便的单位可适当放宽，最高不得超过 15 天。但我们这是差旅费报销，情况比较特殊，所以按差旅费的实际支出情况支取，根据我们的经验，明天大约需要 8 万元的样子，你先跟银行预约一下。

小鲁给银行打了个电话，确认好明天要取 8 万元。开户银行 8:30 才开始办公，由于离得不远，小鲁到 8:20 的时候对刘丽说。

鲁 泽 刘姐，我要上银行取钱去。

刘 丽 好吧，你过去叫一下司机小张，让他开车送你，要注意安全。

小鲁答应一声拎起包就要出门。

刘　丽 等等，小鲁，取款的现金支票你准备好了吗？

鲁　泽 什么支票？

1. 取现金还要签现金支票

小鲁不知道取现金还要办理支票。刘丽给他解释，原来取现金还要签现金支票。

刘丽说现金支票是银行存款人签发给收款人办理结算，或委托开户银行将款项直接支付给收款人的一种票据。

出纳应认真填写支票的有关内容，如支票号码、密码号码、签发日期、开户银行名称、签发单位账号、收款人名称、取款金额、取款用途，并加盖印章。

与一般签发现金支票不同，单位向银行提取现金，其收款人和签发人都是本单位。有关现金支票的格式、使用范围、填写要求等都有详细的规定。

2. 现金支票实物图

那么用现金支票取现金有什么要求呢？刘丽给小鲁拿来一张样票，如图 4-10 所示。

正面：

中国工商银行
现金支票存根
支票号码 XII3573256
科　目
对方科目
签发日期 2008年06月02日
收款人：北京市中环电器公司
金　额 5800.00
用　途 备用金
备　注
单位主管　　会计

本支票付款期限十天

中国工商银行 现金支票（京）　XII3573256
出票日期(大写) 贰零零捌年零陆月零贰日　付款行名称：工行北京长安里支行
收款人 北京市中环电器公司　出票人账号：81451058675081002
人民币(大写) 伍仟捌佰元整　亿 千 百 十 万 千 百 十 元 角 分　¥ 5 8 0 0 0 0
用途 备用金
上列款项请从
我账户内支付
出票人签章
北京市中环电器公司 财务专用章
万平 印
科目(借)
对方科目(贷)
转账日期　年　月　日
密码
复核　记账

背面：

附加信息：
北京市中环电器公司 财务专用章
收款人签章
2008年 06月 02日
身份证件名称：　发证机关：
号码

图 4-10　现金支票图示

根据上面的样式，小鲁开始学着填制现金支票。

3. 小鲁填制现金支票的步骤

由于单位有支票打印机，省去手写的麻烦。刘丽说单位的这个投资值得，可以避免很多书面错误，特别是对刚开始做出纳的人来说，光日期大写和金额大写，就不知有多少次写不对。

小鲁打开支票软件，进行支票打印机软件操作。

刘丽告诉小鲁收款人要输入公司名称，并且一定要是公司的全称：大连佳禾机电设备有限公司；金额在大写位置输入：80 000，按回车键后，这个金额即被软件自动转变为大写；日期是根据电脑日期自动生成的，不用输入；用途输入：差旅费。这时候，支票虚线右侧及“现金支票及存根”，显示一张完整的现金支票就算填制完毕了。

刘丽接过打好的支票，在“现金支票正联”盖上公司财务专用章，让小鲁加盖法人印章，另外指点给小鲁说要注意在支票正联背面加盖公司财务专用章。

另外还有一个地方别忘，就是身份证件名称及号码，在这个地方填写出纳小鲁的个人信息就可以了，表明当时去银行提款的人是小鲁。

带上这张支票，小鲁就到银行取钱去了。银行工作人员接过支票，取出印鉴簿，比对两次，交给小鲁 8 万元现金，虽然有小张在，可小鲁觉得自己第一次带这么多现金，心里多多少少有些紧张。

回到单位后，小鲁把现金放到保险柜里，问刘丽。

鲁 泽 要是别人拿了我们的支票，是不是也可以取出钱来？

刘 丽 那就得看他能不能同时把我们的印章也盖全了，这就是我们把印章分开保管的原因，只要有一个印章不在，就不能开出一张合格的支票来。

鲁 泽 那如果他比照我们的印章私刻一个呢？

看来小鲁对目前的造假心有余悸。

刘 丽 那不会，银行对支票要进行多次不同方向的比对，世界上没有两张完全相同的叶子，刻印章也一样，不会刻出两个完全一样的印章来。

鲁 泽 另外，刘姐，我觉得支票打印机非常好，但如果没有支票打印机而是手写，这时填制现金支票要注意些什么呢？

4.1.12 手工填制现金支票的要点

刘丽总结的手工填制现金支票的要点如图 4-11 所示。

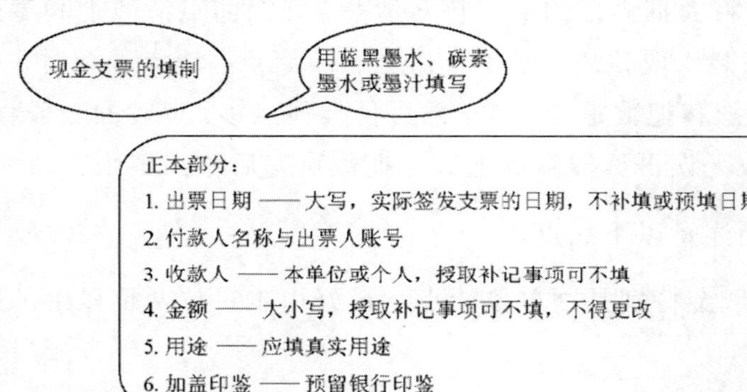

图 4-11 现金支票的填制图示

这些事项和用支票打印机基本上一样，办理的步骤也和使用支票打印机一样，手工填制完毕后，出纳要将现金支票正联剪下，送交开户银行，办理提现手续。

小鲁这次带着填制好的现金支票到银行取款的工作总结为：

（1）先将现金支票交给银行有关人员进行审核，审核无误后将支票交给经办本单位结算业务的银行经办出纳人员，等待取款。

（2）银行经办出纳人员对支票进行审核，核对密码，办理规定的付款手续，手续齐备后呼叫领取单位名称。

（3）银行经办人员呼叫领取单位时，取款人应立即回答，并回答银行经办人员所要取款的数量，无误后银行经办人员即照支票付款。

经验谈

现在单位的工资发放都是打卡。要是以前，为发工资取款就比较复杂了。

鲁　泽 刘姐，银行取款后我还要清点吗？他们是不会数错的吧？这次我就没有再清点。

刘　丽 当然需要清点啊，但并不一定像在单位收款一样清点。你在收到银行出纳人员付给的现金时，应当面清点现金数量，清点无误后再离开柜台，切不可离开柜台后再点数。要是提取的现金数额较大，当面清点确有困难的，应当将大捆大把的数字核对清楚，并当面点清散把和零张钞票后，把现金全部装入取款袋，回单位后进一步清点。清点现金时，一般应先检查封签、类别和把数是否相符，然后再具体点钞。点钞的一般程序是：先点捆数，捆数无误再拆捆复点把数，把数点完后才点零张。

清点时应当注意以下几点。

（1）清点现金特别是回单位清点，最好由本单位两位以上的财务人员共同进行。

（2）清点应逐捆、逐把、逐张进行，做到一捆一把一清。清点时不能随意混淆或丢弃每一把的捆钞纸，只有把全捆所有把数清点无误后才可以将每把的捆钞纸连同每捆封签一起扔掉。

（3）在清点中如发现有残缺、损伤的票币以及假钞应立即向银行要求调换。

（4）所有现金应清点无误后才能发放使用，切忌一边清点一边发放，否则一旦发生差错将无法查清。

（5）在清点过程中，特别是回单位清点过程中，如果发现确有差错，应将所取款项保持原状，通知银行经办人员，妥善进行处理。

4.1.13　图示提取备用金记账凭证

由于公司出纳员还要填制收付款记账凭证，小鲁需要用“现金支票存根”填制记账凭证。刘丽用以前的样式给小鲁做示范性讲解，图 4-12 所示为提取备用金记账凭证。

记账凭证

2013年4月30日　　　　　　　　记字第1号

摘要	会计科目		借方金额	贷方金额	附件
	一级科目	明细科目			
提取备用金	现金		5,000.00		
	银行存款			5,000.00	张
合计			5,000.00	5,000.00	

会计主管　　　　记账　　　　出纳　鲁泽　审核　　　　制单　刘丽

图 4-12　提取备用金记账凭证图示

最后，刘丽说一定要记着把现金支票存根粘贴在记账凭证上面，不然这张记账凭证就没有原始凭证。

4.2　收到现金怎么办

小鲁刚把钱放好，九点半多一点，就有很多员工来办理差旅费报销，第一个来的是采购员马文龙，他是从上海出差回来的。小鲁查了他的借款登记簿，记录是月初他借款 2 000 元，而这次到财务部报销差旅费 1 725 元，应退回财务部门剩余现金 275 元。

这是很典型的公司报销差旅费事项，要点是收到退回借款时要开收据，每个月应集中办理一次，需要熟练掌握。

4.2.1　开具收据办理退（补）款

刘丽跟小鲁说，马文龙出差回来后，首先要持有关发票填写“差旅费报销单”，经总经理批准后，才能到财务交出纳员办理退（补）款手续。

小鲁复核马文龙的差旅费单据后收取退回的现金，并开具收据，如图 4-13 所示。

收 款 收 据

收款日期：　　2012 年 6 月 14 日

缴款单位及（缴款人）	马文龙
款项内容	差旅费报销退回借款现金
人民币（大写）	零佰零拾零万零仟贰佰柒拾伍元 ￥：275

收款单位　　会 计 刘丽　　出纳 鲁泽

图 4-13　收款收据

在办理报销的过程中，有部门的秘书说他是备用金报销。备用金？这个词小鲁觉得似曾相识，但具体也不知是什么，出纳保险柜里存的不也是备用金吗？怎么部门秘书说他们也有备用金？

鲁　泽 刘姐，备用金是怎么回事呢？（在报销间隙问）

刘　丽 在我们公司，部门备用金指预支备作差旅费、零星采购等用的现金，一般由部门秘书按估计需用数额领取，支用后一次报销，多退少补。备用金管理实行前账未清，不得继续预支的管理办法。主要是针对经常出差的销售部门，实行定额备用金制度，即由指定的备用金负责人按照规定的数额领取，支用后按规定手续报销，补足原定额。我们是这样要求的，销售部的何大力秘书在支用备用金后，应根据各种费用凭证编制费用明细表，定期向财会部门报销，领回所支用的备用金，如图 4-15 所示为备用金的借支程序。

经验谈

简单地讲，非定额备用金随借随用、用后报销；定额备用金一次领用、定期报销、简化手续，补足定额。

4.2.2　图解备用金借支程序

如图 4-14 所示为备用金借支程序。

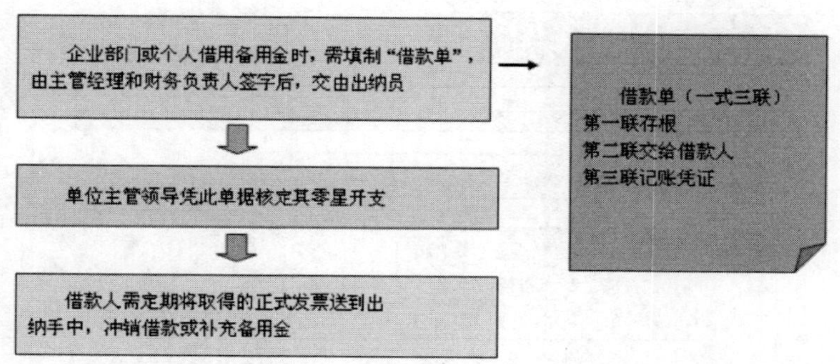

图 4-14　备用金的借支程序

4.2.3　图解定额备用金管理要点

定额备用金管理要点如图 4-15 所示。

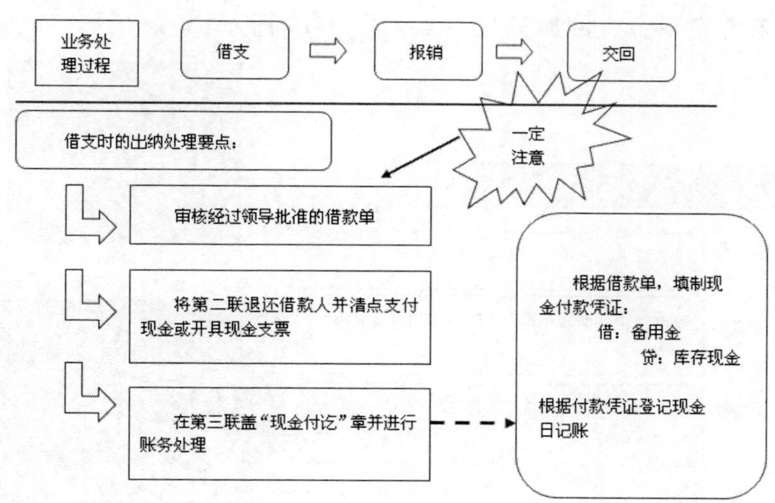

图 4-15　定额备用金管理要点

4.2.4　图解定额备用金报销时处理的要点

定额备用金报销时处理的要点如图 4-16 所示。

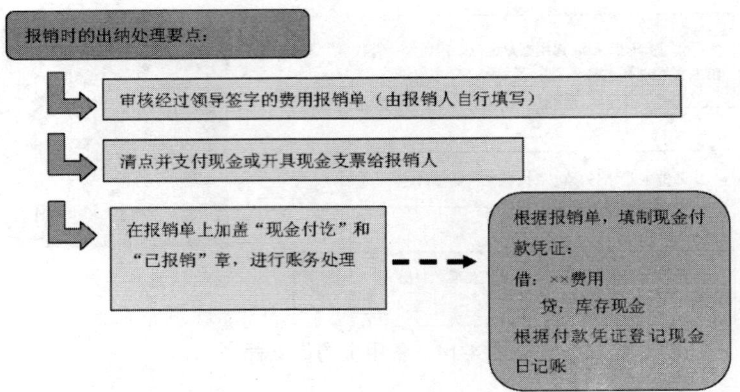

图 4-16　定额备用金报销处理要点

4.2.5　图解未用完现金交回时处理要点

有未用完现金交回时处理要点如图 4-17 所示。

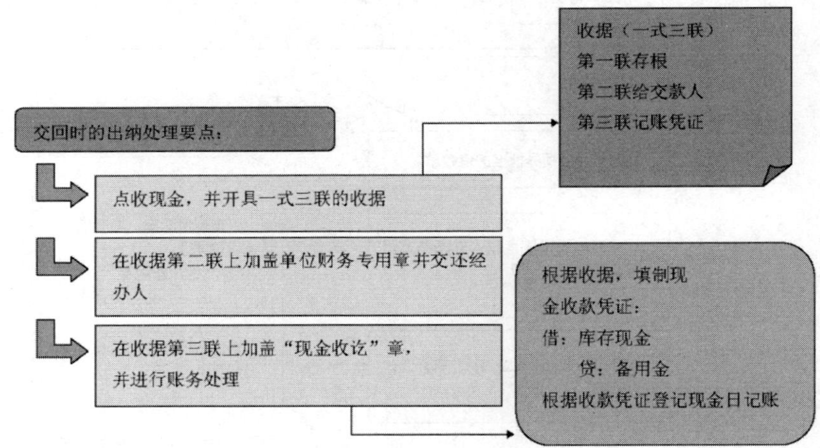

图 4-17　未用完现金交回时处理要点

4.2.6　图解非定额备用金管理和定额备用金区别

非定额备用金管理和定额备用金有些区别，如图 4-18 所示。

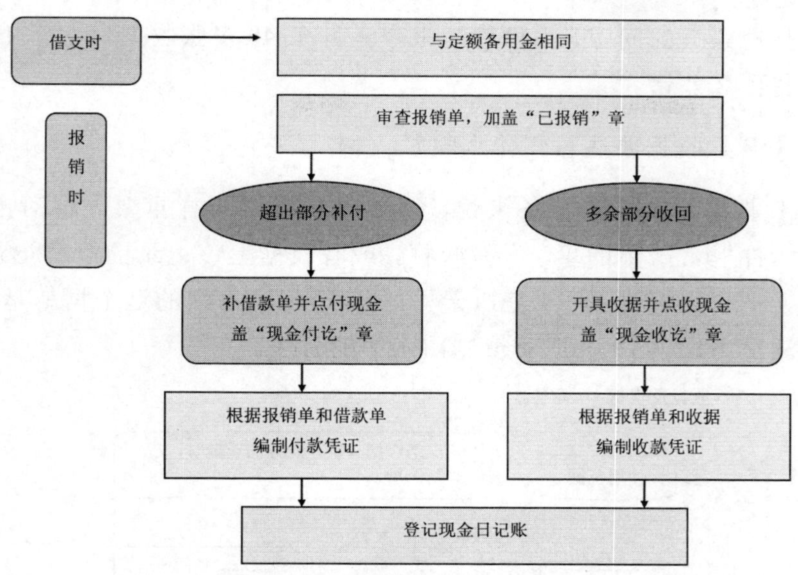

图 4-18　非定额备用金管理图示

马文龙走后，接着又有很多人来办理差旅费报销，当然，并不是单位所有出差的人都会亲自来，更多的是由部门秘书统一办理报销，不过毕竟还不熟悉，小鲁忙得不可开交，幸亏有刘丽帮忙。

好不容易差旅费报销完，又接连有单位来缴货款提货。公司的流程是这样，如果是客户自带款来购买，客户将先到销售部门，由销售开发票并带领客户来缴款。

这些客户有带支票的，这个办理起来速度快，但也有带现金来缴款的，虽然用现金缴款的额度都不大，但一天累积下来，也有 20 多万元。

下班前一个小时，小鲁顺利完成收款工作。

鲁　泽 不是由部门秘书统一来报销吗？怎么有的部门秘书来，又有人自个儿来报销？

刘　丽 单位是规定由部门秘书统一来办理，但在单位，不管你流程制定得多么细，有一些人总会做出例外的事。如果不是原则的问题，不合规定的，第一次提醒他一次，因为大多数人并不是有意的，但如果发生第二次，就坚决不能给他办理了，对于不自觉的人，拒绝是让他长记性的最好办法，要不然规矩就会被这些人搅乱了。

在整理票据的间隙，小鲁想起来今天开了40多张收据，心里很忐忑，生怕出些什么差错。

鲁　泽 开具收据要注意些什么呢？

刘　丽 收据对公司的业务来说，虽然不像发票那样重要，但对出纳来说也是一件非常严肃的事，没有收据，或者收据上该记录的没有记录，出问题时就把自己套进去了，空口无凭，立字为据，出纳的这个据就是收据，因此要注意下图4-19收据及填制图示中的要求。

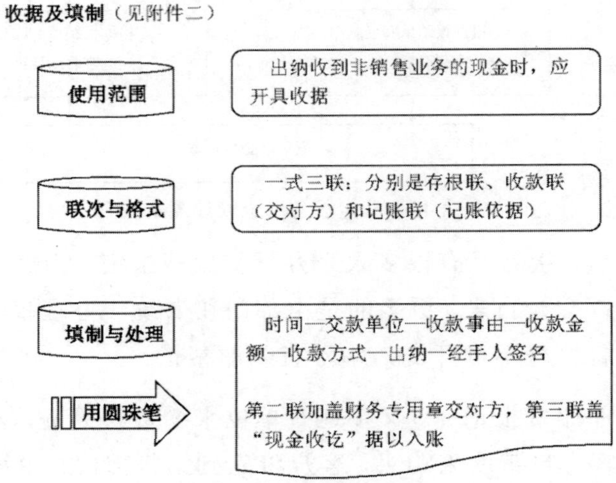

收据及填制（见附件二）

使用范围	出纳收到非销售业务的现金时，应开具收据
联次与格式	一式三联：分别是存根联、收款联（交对方）和记账联（记账依据）
填制与处理	时间—交款单位—收款事由—收款金额—收款方式—出纳—经手人签名
用圆珠笔	第二联加盖财务专用章交对方，第三联盖“现金收讫”据以入账

图4-19　收据及填制图示

4.2.7　现金超限当日要缴到银行

这一天很快就过去了，到下午4点，到财务部办事的人才少起来，趁这个空档，小鲁把当天的现金库清点了一下，发现比早上取的时候多了，总共有228 613元。

刘　丽 现在准备把多余的钱存到银行去吧，这次去存228 000元。

鲁　泽 钱放在单位的保险柜是不是不安全啊，要是安全措施高的话，是不是就可以不存到银行去，留着明天用了呢？

刘　丽 钱晚上放在单位的保险柜确实也存在着风险，说实话，我们那个保险柜，有两个人就能搬走了，这里的安全性毕竟不能和银行的金库相

比，晚上单位不放现金，是对自己最大的保护。（加强语气）但更重要的原因是，这方面国家也有规定，要求各单位在其日常现金收支业务中，除了按规定可以坐支的现金和非业务性零星收入收取的现金可以用于补足库存现金限额的不足外，其他业务活动取得的现金以及超过库存现金限额的现金都必须按规定于当日送存银行。（休息了一下）依据《现金管理暂行条例》及其实施细则的规定，对公款私存的，开户银行有权按存入金额的 30%~50%处罚；对私自坐支的，按坐支金额的 10%~30%处罚；对单位之间互相借用现金的，按借用额的 10%~30%处罚；对保留账外公款的，按保留额的 10%~30%处罚。当日送存银行确有困难的，由开户银行确定送存时间（送存现金的基本程序如图 4-20 所示）。

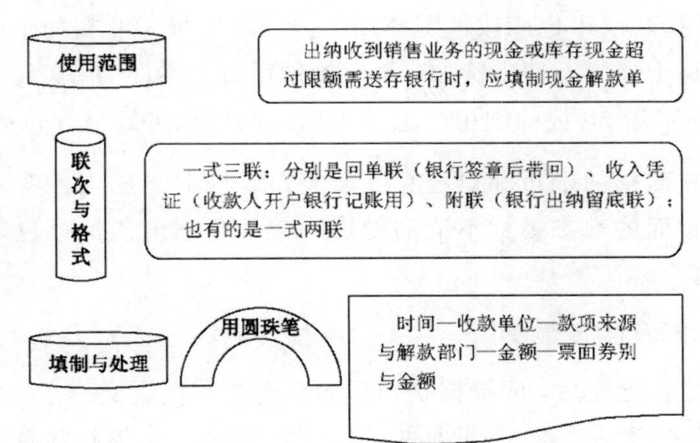

图 4-20 现金解款单及填制图示

鲁 泽 原来把钱放在单位，不仅有被偷的危险，而且还有被处罚的危险（恍然大悟）。

刘 丽 到银行去存现金之前，要做好以下几个工作，这样一方面可以减少差错；另一方面，可以提高工作效率，毕竟在银行开户的单位很多，有时候去了，还得等候一段时间。

4.2.8 银行存现准备工作和办理过程

在刘丽的指点下，以下是小鲁所做的准备工作和具体的办理过程。

1. 现金的整理

整理的方法为：

纸币应按照票面金额（即券别）分类整理。纸币可分为主币和辅币，主币包括100元、50元、10元、5元、2元和1元，辅币包括5角、2角、1角、5分、2分、1分。

整理时应将各种纸币打开铺平，然后按币别每100张为一把，用纸条和橡皮筋箍好，每10把扎成一捆。比如，100元券的纸币一把即为1万元，一捆即为10万元；10元券一把即为1000元，一捆即为1万元。不满100张的，从大到小平摊摊放。

硬币包括1元、5角、1角、5分、2分、1分（分币也可暂不送银行，作流通用）。硬币也应按币别整理，同一币别每100枚为一卷，用纸包紧卷好，每十卷为一捆。例如，5角的硬币每一卷即为50元，每一捆即为500元。不满50枚的硬币，也可不送，或用纸包好另行包放。

残缺破损的纸币和已经穿孔、裂口、破缺、压强、变形以及正面的国徽，背面的数字模糊不清的硬币，应单独剔出，另行包装，整理方法与前同。

2. 填写现金交款单

现金整理完后，应根据整理后的金额填写现金交款单，也称现金解款单。现金交款单一般一式两联，第一联为回单，由银行签章后作为送款单位的记账依据。

其基本格式如图4-21所示。出纳员在填写现金交款单时，要按格式规定如实填写有关内容，包括客户名称、款项来源、开户银行、送款日期、交款金额的大、小写及各券别的数量等，标准见表4-1。

表4-1 填制现金交款单的要求

工作项目	工作要求
日期	填写交存银行时的日期
客户名称	填写本单位的全称
账号	填写本单位的开户银行账号
开户银行	填写本单位的开户银行名称
金额	大小写金额填写正确、规范，对应一致

续表

工作项目	工作要求
款项来源	据实填写
卷别数量	据实填写
版面	字迹规范，无涂改，票面整洁

中国工商银行现金进账单（回单或收账通知）①

年　月　日　　　　　　　　　　　　第 *13* 号

<table>
<tr><td rowspan="2">收款人</td><td>全称</td><td colspan="2"></td><td>开户银行</td><td></td></tr>
<tr><td>账号</td><td colspan="2"></td><td>款项来源</td><td></td></tr>
<tr><td>人民币
（大写）</td><td colspan="4"></td><td>百 十 万 千 百 十 元 角 分</td></tr>
</table>

票面	张数	十	万	千	百	十	元	角	分	票面	张数	百	十	元	角	分	
壹佰元										伍　角							
伍拾元										贰　角							
贰拾元										壹　角							
拾　元										伍　分							
伍　元										贰　分							
贰　元										壹　分							（收款银行盖章）
壹　元																	收银员　复核员

图 4-21　现金进账单图示

3．送存交款

小鲁按规定整理现金并填写“现金交款单”后，还是坐车将现金连同“现金交款单”一起送交银行柜台收款员。

刘丽说去了不要一交了事，在交款时必须同银行柜台收款员当面交接清点，经柜台收款员清点无误后，银行按规定在“现金交款单”上加盖了印章，并将“回单联”退还给小鲁，小鲁确认为本单位交款回单，并且银行有关手续办妥后便离开柜台回来了。

4．记账凭证的会计分录

小鲁回到单位后，根据回单联，小鲁做的会计分录为：

借：银行存款　　　228 000

　　贷：现金　　　　　228 000

刘丽说他会计分录做得对。

在这里，刘丽还说有另外一种情况，即如果现金不是由出纳员汇总后送存银行，而是由客户直接送存银行，则财务部门根据客户拿来的“现金交款单”（回单联）编制银行存款收款凭证，其会计分录为：

借：银行存款　　228 000

　　贷：商品销售收入等　228 000

4.3 现金日记账的登记与核对

已经快五点了，小鲁看了一下整理出来的收付款记账凭证，还好不算多，总共有 54 张，分别要登记到现金日记账和银行日记账，那接下来就赶快记账吧，看来今天得加会儿班了，看看自己这一天工作做得怎么样。

4.3.1 怎样登记现金日记账

关于现金日记账和银行日记账的一些知识，小鲁已经比较了解。在小鲁接手的时候，刚好上本现金日记账还有两行就用完，得启用一本新的。

1. 如何启用一本新账

刘　丽 日记账对出纳非常重要，是证明自己工作质量的直接依据之一，也是单位重要的经济档案之一，为保证账簿使用的合法性，明确经济责任，防止舞弊行为，保证账簿资料的完整和便于查找，在启用时，首先要按规定内容逐项填写“账簿启用表”和“账簿目录表”。在账簿启用表中，应写明单位名称、账簿名称、账簿编号和启用日期；在经管人员一栏中写明经管人员姓名、职别、接管或移交日期，由会计主管人员签名盖章，并加盖单位公章”。如图 4-22 所示。

账簿启用表

<table>
<tr><td colspan="3">单位名称</td><td colspan="6">北京市中环电器公司</td><td colspan="3">单位公章</td></tr>
<tr><td colspan="3">账簿名称</td><td colspan="6">银行存款日记账　　第1册</td><td colspan="3" rowspan="4">北京市中环电器公司 ★ 财务专用章</td></tr>
<tr><td colspan="3">账簿编号</td><td colspan="6">06-02</td></tr>
<tr><td colspan="3">账簿页数</td><td colspan="6">200页</td></tr>
<tr><td colspan="3">启用日期</td><td colspan="6">2008年1月1日</td></tr>
<tr><td rowspan="3">经管人员</td><td colspan="2">会计主管</td><td colspan="3">稽核</td><td colspan="4">记账</td><td rowspan="6"></td></tr>
<tr><td>姓名</td><td>盖章</td><td>姓名</td><td colspan="2">盖章</td><td colspan="2">姓名</td><td colspan="2">盖章</td></tr>
<tr><td>孙立</td><td>孙立</td><td>孙立</td><td colspan="2">孙立</td><td colspan="2">刘浩</td><td colspan="2">刘浩</td></tr>
<tr><td rowspan="3">交接记录</td><td colspan="2">经营人员</td><td colspan="4">接管</td><td colspan="4">交出</td></tr>
<tr><td>职务</td><td>姓名</td><td>年</td><td>月</td><td>日</td><td>盖章</td><td>年</td><td>月</td><td>日</td><td>盖章</td></tr>
<tr><td></td><td></td><td></td><td></td><td></td><td></td><td></td><td></td><td></td><td></td></tr>
</table>

图 4-22　账簿启用图示

2. 如何高质量地登记

刘　丽　现金日记账要根据审核后的现金收、付款凭证，逐日逐笔顺序登记。登记现金日记账的总的要求是分工明确，专人负责，凭证齐全，内容完整，登记及时，账款相符，数字真实，表达准确，书写工整，摘要清楚，便于查阅，不重记，不漏记，不错记，按期结账；不拖延积压，按规定方法更正错账等。

4.3.2　登记现金日记账 9 个具体要求

以上刘丽所说的有些偏重理论，听完刘丽的讲解小鲁自己好好的分析一下，把实务工作总结为 9 个具体的要求。

（1）要根据复核无误的收、付款记账凭证记账。在办理收、付款时，应当对收款凭证和付款凭证进行仔细复核，并要以经过复核无误的收、付款记账凭证和其所附原始凭证作为登记现金日记账的依据。如果刘丽在原始凭证上注明“代记账凭证”字样，经有关人员签章后，也可作为记账的依据。

（2）所记载的内容必须同会计凭证相一致，不得随便增减。每一笔账都要记明记账凭证的日期、编号、摘要、金额和对应科目等。经济业务的摘要填写不能过于简略，应以能够清楚地表述业务内容为度，便于事后

查对。日记账应逐笔分行记录，不得将收款凭证和付款凭证合并登记，也不得将收款付款相抵后以差额登记。登记完毕，应当逐项复核，复核无误后在记账凭证上的“账页”一栏内画上“√”，表示已经登记入账。

（3）逐笔、序时登记日记账，做到日清月结。为及时掌握现金收、付和结余情况，现金日记账必须当日账务当日记录，并于当日结出余额。

（4）必须连续登记，不得跳行、隔页，不得随便更换账页和撕去账页。现金日记账采用订本式账簿，其账页不得以任何理由撕去，作废的账页也应留在账簿中。在一个会计年度内，账簿尚未用完时，不得以任何借口更换账簿或重抄账页。记账时必须按页次、行次、位次顺序登记，不得跳行或隔页登记，如不慎发生跳行、隔页时，应在空页或空行中间画线加以注销，或注明“此行空白”“此页空白”字样，并由记账人员盖章，以示负责。

（5）文字和数字必须整洁清晰，准确无误。在登记书写时，不要滥造简化字，不得使用同音异义字，不能写怪字体；摘要文字紧靠左线；数字要写在金额栏内，不得越格错位、参差不齐；文字、数字字体大小适中，紧靠下线书写，上面要留有适当空距，一般应占格宽的二分之一，以备按规定的方法改错。记录金额时，如是末尾没有角、分的整数，应分别在角分栏内写上“0”，不得省略不写，或以“—”号代替。阿拉伯数字一般可自左向右适当倾斜，以使账簿记录整齐、清晰。为防止字迹模糊，墨迹未干时不要翻动账页；夏天记账时，可在手臂下垫一块软质布或纸板等书写，以防汗浸。

（6）使用钢笔，以蓝、黑色墨水书写，不得使用圆珠笔（银行复写账簿除外）或铅笔书写。但按照红字冲账凭证冲销错误记录及会计制度中规定用红字登记的业务可以用红色墨水记账。

（7）每一账页记完后，必须按规定转页。为便于计算了解日记账中连续记录的累计数额，并使前后账页的合计数据相互衔接，在每一账页登记完毕结转下页时，应结出本页发生额合计数及余额，写在本页最后一行和下页第一行的有关栏内，并在摘要栏注明“过次页”和“承前页”字样。也可以在本页最后一行用铅笔字结出发生额合计数和余额，核对无误后，用蓝、黑色墨水在下页第一行写出上页的发生额合计数及余额，

在摘要栏内写上“承前页”字样，不再在本页最后一行写“过次页”的发生额和余额。

（8）现金日记账必须逐日结出余额，每月的月末必须按规定结账。现金日记账不得出现贷方余额（或红字余额）。

（9）记录发生错误时，必须按规定方法更正。为提供在法律上有证明效力的核算资料，保证日记账的合法性，账簿记录不得随意涂改，严禁刮、擦、挖、补，或使用化学药物清除字迹。发现差错必须根据差错的具体情况采用画线更正、红字更正、补充登记等方法更正。

4.3.3 小鲁登记的现金日记账

这天，小鲁登记的现金日记账如表 4-2 所示。

表 4-2 现金日记账

2012 年		记账凭证		摘要	对方科目	借方	贷方	借或贷	余额
月	日	字	号						
6	25	银付	124	承前页				借	1 200
6	25	现收	093	提取现金	银行存款	80 000		借	81 200
6	25	现收	094	零售产品	产品销售收入 应交税金	8 190		借	89 390
6	25	现付	104	收取设备租金	其他业务收入	5 000		借	94 390
6	25	现付	105	王玉报采购部差旅费	管理费用		42 000	借	52 390
6	25	现收	095	销售科借款	其他应收款		400	借	51 990
6	25	现收	096	马文龙还借款	其他应收款	275		借	52 265
6	25	现收	097	收押金	其他应付款	600		借	52 865
6	25	现付	106	姚红还款	其他应收款	400		借	53 265
6	25	现付	107	李刚报差旅费	产品销售费用		1 952	借	51 313

续表

2012年		记账凭证		摘要	对方科目	借方	贷方	借或贷	余额
月	日	字	号						
6	25	现收	093	何大力借备用金	其他应收款		45 000	借	6 313
6	25	现收	094	零售产品	产品销售收入 应交税金	9 360		借	15 673
6	25	现收	095	零售产品	产品销售收入 应交税金	9 360		借	25 033
6	25	现收	096	零售产品	产品销售收入 应交税金	9 360		借	34 393
6	25	现收	097	零售产品	产品销售收入 应交税金	9 360		借	43 753
6	25	现收	098	零售产品	产品销售收入 应交税金	10 530		借	54 283
6	25	现收	099	零售产品	产品销售收入 应交税金	10 530		借	64 813
6	25	现收	100	零售产品	产品销售收入 应交税金	10 530		借	
6	25	现收	101	零售产品	产品销售收入 应交税金	10 530		借	
6	25	现收	102	零售产品	产品销售收入 应交税金	10 530		借	
6	25	现收	103	零售产品	产品销售收入 应交税金	10 530		借	
6	25	现收	104	零售产品	产品销售收入 应交税金	10 530		借	
6	25	现收	105	零售产品	产品销售收入 应交税金	10 530		借	
6	25	现收	106	零售产品	产品销售收入 应交税金	10 530		借	
6	25	现收	107	零售产品	产品销售收入 应交税金	9 000 1 530		借	
6	25	现收	108	零售产品	产品销售收入 应交税金	10 530		借	
6	25	现收	109	零售产品	产品销售收入 应交税金	10 530		借	170 113
6	25	现收	110	零售产品	产品销售收入 应交税金	11 700		借	

续表

2012 年		记账凭证		摘要	对方科目	借方	贷方	借或贷	余额
月	日	字	号						
6	25	现收	111	零售产品	产品销售收入 应交税金	11 700		借	
6	25	现收	112	零售产品	产品销售收入 应交税金	11 700		借	
6	25	现收	113	零售产品	产品销售收入 应交税金	11 700		借	
6	25	现付	108	零售产品	产品销售收入 应交税金	11 700		借	228 613
				现金存银行	银行存款	228 000		借	613

4.3.4 登记的现金日记账无误吗

26 日早上，小鲁来得有点早，拖了拖地，收拾好卫生才到上班的时间。

鲁 泽 刘姐，怎么知道自己记的账对不对呢？（对自己的工作成果还是有点儿不放心）

刘 丽 这个就是对账的内容，对账工作每年至少要进行一次，但对出纳而言，至少一个月和会计要对账一次，当然，一周一次也好，对账主要有 4 个方面。

（1）账实核对，就是核对会计账簿记录与实物及财产等实有数额是否相符。

（2）账证核对，就是核对会计账簿记录与原始凭证、记账凭证的时间、凭证字号、内容、金额是否一致，记账方向是否相符。

（3）账账核对，就是核对不同会计账簿记录是否相符。

（4）账表核对，就是核对会计账簿记录与会计报表的有关内容是否相符。

现在各单位都是会计电算化，由于使用的是专门的会计核算软件，只要凭证录入正确，账与账之间，账与表之间，基本上不会出现对不上的事，除非是在设置上出现问题。一般情况下，只要第一次能对上，只要不更改设置，一般就不会出问题。当然，为稳妥起见，每月还得对一对，要不然万一错了，耽误领导决策，就有大问题。就出纳的工作而言，现金对账第一是账实核对，就是记完账后，每天要把账上的余额和库里实有的钱数对一下，看是不是一致，即日清，如果一致，基本上可以保证是对的。如果不一致，把现金日记账和凭证再核对一次，看自己记的账和凭证有没有差错，如果没有，再用自己的账和会计的账进行核对，要是还是没有错，那就表明自己在收付款时弄错了，通常是给别人多了。

4.3.5 图解出纳账实核对形式和方法

出纳的账实核对形式和方法如图 4-23 所示。

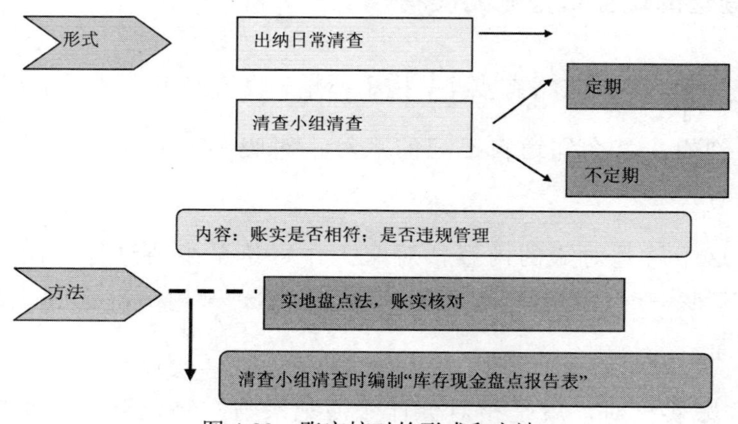

图 4-23　账实核对的形式和方法

鲁　泽 我库里现金也是 613 元，和账上记的一致。

刘　丽 现在我在电脑上登记的现金日记账余额也是 613 元，说明你那儿的账和现金实有数和我的账都一致，也就说明是对的。

鲁　泽 那要是弄错怎么办？

刘　丽 这要看具体情况，日常工作里，对于出纳工作中出现长款或短款现象，通常采取的处理方法有以下 3 种。

（1）属于技术性的差款和一般责任事故的差款，经过及时查找确实无法核对时，可按规定的审批手续处理。即长款归公，短款报损，不得以长款补短款。

（2）属于当事者工作不负责任，玩忽职守，违章操作等原因造成的短款，应追究其经济责任，视情节轻重和损失程度大小，赔偿全部或部分损失，情节严重的要给予行政处分。

（3）属于责任人监守自盗、侵吞公款，或挪用公款的，应以贪污论处，直至追究其刑事责任。

4.3.6　图解现金差错处理办法

图 4-24 所示为现金差错的处理办法。

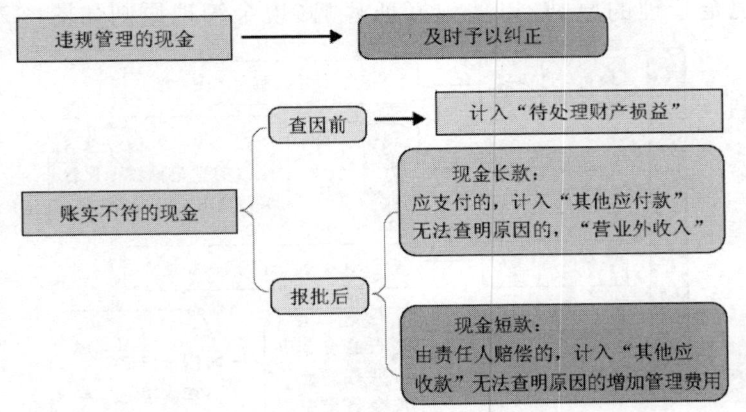

图 4-24　现金差错的处理办法

刘　丽 据我的工作经验，出纳出现长款的情况没有见过，短款的事却会有，大多数情况下，是由数钞票的时候出现差错形成的，所以我们才要求在验钞机过两遍，确定无误后，再手数一遍。

鲁　泽 那天，行政办的小李打电话来，说给他的钱少 300 元，弄得我很不好意思。我可是按你说的，验钞机两遍，又手数一遍才给他的。

刘　丽 这样的事难免会发生，因为办事人员不知道这句话的后果轻重，领走钱后，把自己的钱和单位的钱弄混，一时对不上，就会打电话给财务，问财务是不是弄错。

刘　丽 遇到这样的情况，你可以肯定地告诉他说没有，让他自己找找吧，然后不要过多地解释。另外，在数钱的时候，要提醒业务人员看一下计数器，再让他自己点一下，离开柜台后，责任自负，要养成这样的习惯。

（休息了一下）关键是一定要进行签字，不管是来缴款还是领款，必须进行签字，这样就能经得起查账，最担心的是领款没有签字，出现问题就麻烦，人家说我没有签字就没有领款，即便真实的情况是他领了款没有签字，也只能是天知地知你知他知，没有人会支持你。

4.3.7 现金管理的原则

刘　丽 有关现金的知识讲得差不多了，凡事都会有个原则，那么现金管理中如何把握原则，有哪些原则呢？现在我们总结一下，我用一个图示来说明现金管理的原则，以便你好理解吧（现金管理原则如图 4-25 所示）。

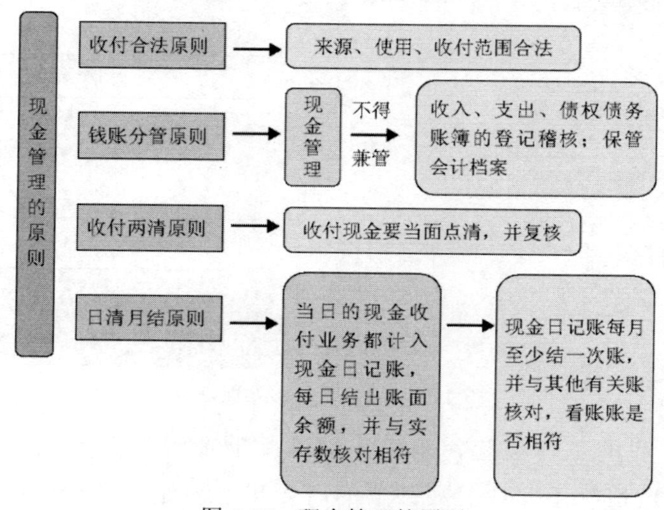

图 4-25　现金管理的原则

小鲁把这个图认真看了十多分钟，点了点头。

鲁　泽 财政局的上周来检查，他们跟王部长说什么小金库，什么套取现金，这些是不是很严重的事啊？

刘　丽 是的，对于财务工作而言，套取现金或设立小金库都是非常严重的违规行为，一旦有这样的定性，财务管理就会被认为是混乱的，可以说是颜面扫地。所谓套取现金，是指假借物资采购的名义或其他名义从银行提取现金以后用于其他消费场合的行为，同时在财务账面上隐瞒提取现金的实际用途，也就是说实际用途和账面上记载的用途不一致，比如，公司找了家卖办公用品的公司，给它 5 000 元的支票，实际上买 1 000 元的

办公用品，其余的 4 000 元，由那家办公用品公司用现金返还回来，总经理拿去请他们的同学吃饭了，这就是套取现金。

鲁　泽 那什么是白条抵库呢？

刘　丽 就像上次，小马说他晚上约人吃饭，下班时发现钱包没带，过来向你借 1 000 元，他写了张简单的借条，如果这钱是你个人的，还了就没事，如果钱是单位的，就属于白条抵库。所谓的白条抵库，就是说支出现金时没有发票或收据等正规付款凭证，只是用白纸写了一个收条或欠条作为现金库存的情况，这是一种典型的出纳违法行为。

鲁　泽 销售部林丽说他买水果花 80 元，水果摊主说没有发票，他自己写了张收据要给我，如果收了，是不是也算呢？

刘　丽 对，也算，所以必须要让他们开发票，那是他们自己应该做的，不能说没有，就把这个责任推给财务部。

鲁　泽 这几天，来办事的有好几个人都要要现金，我说按规定 1 000 元以上必须用支票结算，他们的要求合理吗？

刘　丽 什么情况下用现金支付，国家有规定的现金使用范围，详细规定现金的使用条件。因此，很多人图省事要求我们给现金的做法是不对的，我们要严格按规定办，这样才能很好地保护自己。

现金使用范围如图 4-26 所示。

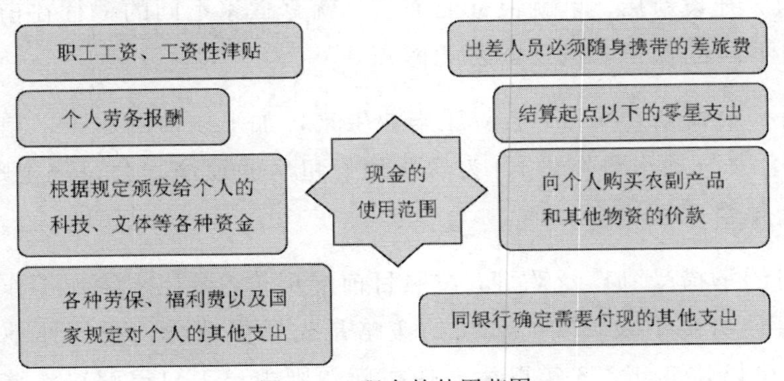

图 4-26 现金的使用范围

除图 4-26 所示的现金使用范围外，一律要用支票结算。有关现金的知识，算告一段落。刘丽说，小鲁已经学了约四分之一的出纳。

CHAPTER

5 公司的第二个财务室——银行存款 1

每天的下午 3 点多，公司的开户银行都会派客户经理小李到财务部，送来银行对账单、客户购买货物的付款电子汇划收款单，以及昨天他拿走的进账单中的回单联，取走今天需要办理的支付材料款的电汇凭证等。

这样一来，如果这天不用取备用金或者有现金需要缴存银行，小鲁就不用去银行了。

5.1 关于开户、销户的知识

小鲁就职的公司在科技园区，园区经过近五年的建设，渐渐地规模越来越大。

由于这里有税收优惠以及政府的鼓励性入住措施，相对于主城区，租金也便宜，因此进驻的企业渐渐多了起来。这样，一些服务性行业也纷纷觅得商机，开设新店。单就银行业而言，就有三家不同的银行在前前后后 500 米的不同位置开了自家的营业网点。

7 月，公司新聘了 15 名应届毕业生来，加上以前的职工，单身职工有 40 多名（包括小鲁在内），为解决他们租房的烦恼，公司决定购 10 套房子作为单身职工宿舍。

公司的举措受到广泛欢迎，按照目前的房价，要让刚参加工作的员工自己购买住房也不太现实。公司的策略是先提供宿舍，象征性地每月收 200 元，可以住 3 年，3 年以后，住宿问题则由员工自己解决，这也算是一个吸引人才的方式吧。

但是这几个月公司的周转资金比较紧，公司决定由短期借款来解决，

王部长联系几家银行进行方案比较，最后谈妥一家，利率也较为优惠，但条件是必须在它家的科技园网点开个一般户。

王部长让小鲁去办理这件事。

5.1.1　图解企业如何办理银行开户

鲁　泽 刘姐，《银行账户管理办法》不是规定存款人可以自主选择银行，银行也可以自愿选择存款人开立账户吗？我的理解是银行间也是平等的，那一般户是什么意思，银行账户不都是存钱取钱的吗？难道还有区别吗？

刘　丽 是的，不同的银行存款账户种类不仅有区别，而且区别很大，银行账户按资金性质、用途的不同分为基本存款账户、一般存款账户、临时存款账户和专用存款账户（如图 5-1 所示）。

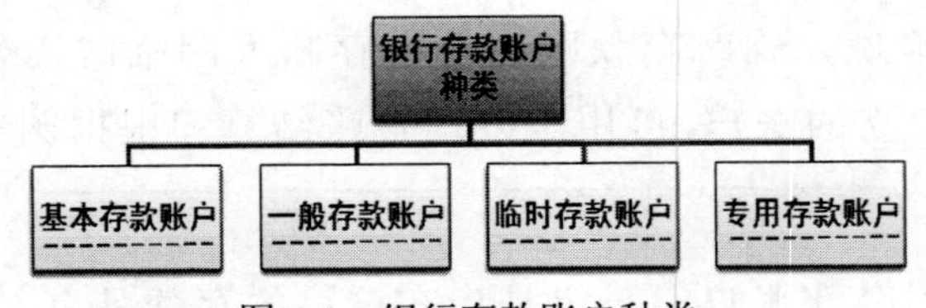

图 5-1　银行存款账户种类

鲁　泽 当初我们选择基本存款账户是出于什么考虑，是不是也因为它们能给我们提供贷款呢？

刘　丽 向银行申请开立账户一定要考虑选择哪家开立银行。考虑的主要因素有三条：

（1）银行与单位是否就近。

（2）银行服务设施及项目是否先进、齐全、能否直接办理异地快速结算。

（3）银行信贷资金是否雄厚，能否在企业困难时期提供一定的贷款支持。

了解开立银行账户的基本程序。开户前一定详细了解有关程序，准备好相关资料，这样有利于提高工作效率。

鲁　泽 基本存款账户是什么意思呢？

刘　丽 基本存款账户是指各独立核算单位或实行独立核算的企业在银行开立的主要账户，它用于办理日常转账结算和现金收付，企业只能有一个基本存款账户。

鲁　泽 那一般存款账户是什么呢？

刘　丽 一般存款账户是指因借款或其他结算需要，在基本存款账户开户银行以外的银行机构开立的银行结算账户。存款人的辅助结算账户，借款转存、借款归还和其他结算的资金收付可通过该账户办理。它的受限处是该账户可以办理现金缴存，但不得办理现金支取。该账户开立数量没有限制。

鲁　泽 临时存款账户是不是用于临时之需的账户，用完就要注销呢？

刘　丽 准确地说，临时存款账户是指存款人因临时需要开立并在规定期限内使用而开立的账户，可用于办理转账结算和根据国家现金管理规定办理现金收付。（笑着点点头）

鲁　泽 那专用存款账户，一定是指在这里的存款是有专门用途的了。

刘　丽 嗯，专用存款账户是指存款人对特定用途资金进行专项管理和使用而开立的账户。特定用途资金主要包括基本建设资金、更新改造资金和其他特定用途、需要专户管理的账户。这个在一般企业是没有涉及的，我们企业就没有专用存款账户。

鲁　泽 原来银行账户也有很多知识呢，我以为银行账户都一样，就是存钱取钱，只是在不同的银行而已。（似有所悟地点点头）

刘　丽 银行账户的管理也有它的原则，我们常听说瑞士的银行保密性最强，世界富翁都愿意把钱存到它那里去，它成了有钱人的首选。在我国，银行账户管理也是有很多条款的（如图 5-2 所示）。

鲁　泽 明天我去办理银行开户手续，需要准备些什么资料呢？

刘　丽 银行开户的程序各个银行的要求大同小异，一般开设程序如图 5-3 所示，具体事宜你去咨询一下银行，现在各银行的服务都很周到，

会有专人指导你完成开户事宜。

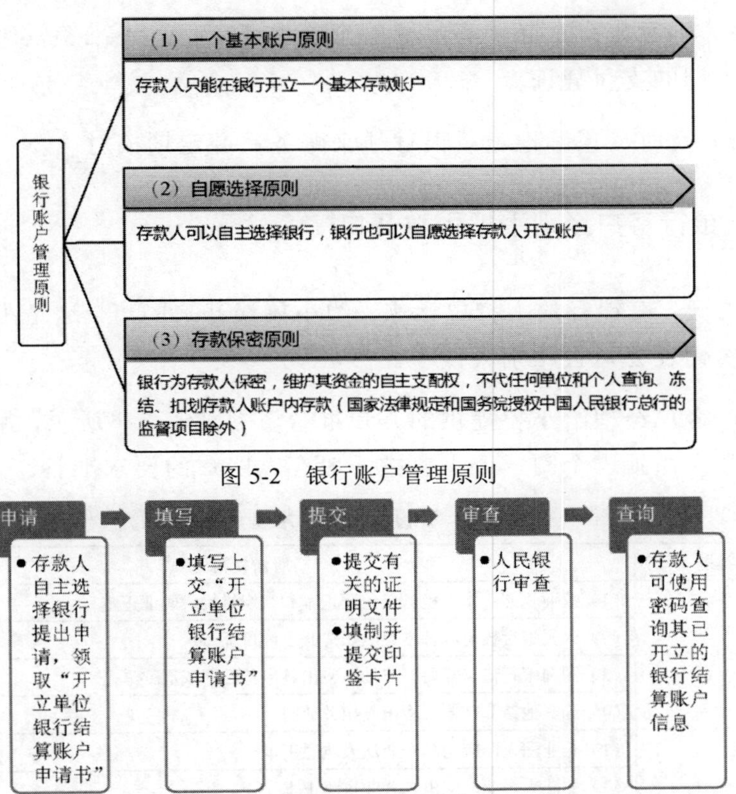

图 5-2　银行账户管理原则

图 5-3　银行账户开设程序

5.1.2　银行账户使用的“四不”及注意事项

鲁　泽 这么说来，银行账户肯定也有管理要求吧？

刘　丽 是的，银行账户也有明确的使用规定，我们把它归结为账户使用的“四不”：不得任意改变原设账户的用途；不得出租、出借银行结算账户；不得利用银行结算账户套取银行信用；不得利用银行结算账户谋取利益。

刘　丽 此外，在工作中注意以下 5 个方面。

（1）认真遵守国家法规、积极配合银行例行检查。

（2）只供本单位业务经营范围内的资金收付，不许出租，出借及转让。

（3）各种收付款凭证，必须如实填明款项来源或用途，不得巧立名

目，弄虚作假；不得套取现金，套购物资；严禁利用账户搞非法活动。

（4）银行账户上必须有足够的资金保证支付，不准签发空头的支款凭证和远期的支付凭证。

（5）及时、正确地记载银行往来账务，并定期核对。

5.1.3 银行客户经理手把手教开户

第二天，有银行的人打电话来，约小鲁谈开户的事。这是小鲁入职以来第一次代表公司去跟别人谈事。

银行客户经理给小鲁提供的开户准备资料如表5-1所示，并特意在一般存款账户栏画一个圈，让小鲁按一般存款账户的要求准备。

表5-1 开设银行账户准备资料表

账户类别	所需材料
一般存款账户	（1）营业执照正本，税务登记证正本和组织机构代码证正本
	（2）人民银行核定的基本存款账户开户许可证
	（3）因向银行借款需要开户的，应出具借款合同或借款借据
	（4）因其他结算需要，应出具相关证明
基本存款账户	（1）企业法人，应出具企业法人执照正本
	（2）非法人企业，应出具营业执照正本
	（3）个体工商户，应出具个体工商户营业执照正本
	（4）均应出具税务登记证正本
	（5）均应出具组织机构代码证正本
专用存款账户	（1）开立基本存款账户规定的证明文件、基本存款账户开户登记证
	（2）基本建设资金、更新改造资金、政策性房地产开发资金、住房基金、社会保障基金，应出具主管部门批文
	（3）期货交易保证金，应出具期货公司或期货管理部门证明
临时存款账户	（1）设立临时机构，应出具其驻在地主管部门同意设立临时机构的批文
	（2）一地建筑施工及安装单位，应出具营业执照正本，以及施工及安装地建设主管部门核发的许可证或建筑施工、安装合同及基本存款账户开户登记证
	（3）异地从事临时经营活动的单位，应出具其营业执照正本以及临时经营地公司行政管理部门的批文和基本存款账户开户登记证
	（4）注册验资资金，应出具工商行政管理部门核发的企业名称预先核准通知书或有关部门的证明

银行客户经理给小鲁一份银行开户申请书，要他填写好，如图 5-4 所示。

××银行开户申请书

存款人名称			电话	
地址			邮编	
存款人类别	单位	组织机构代码		
法定代表人或单位负责人	姓名			
	证件种类		证件号码	
行业分类	A( )B( )C( )D( )E( )F( )G( )H( )I( )J( )K( )L( )M( )N( )O( )P( )Q( )R( )S( )T( )			
注册资金		地区代码		
经营范围				
证明文件种类		证明文件编号		
税务登记证（国税和地税）编号				
关联企业名称				
账户性质	基本（ ）	一般（ ）	专用（ ）	临时（ ）
资金性质		有效期至	年 月 日	
以下为存款人上级法人或主管单位信息：				
上级法人或主管单位信息				
主管存款账户开户许可证核准号			组织机构代码	
法定代表人或单位负责人	姓名			
	证件种类			
	证件号码			
以下栏目由开户银行审核后填写：				
开户银行名称			开户银行代码	
账户名称			账号	
开户核准号			开户日期	
本存款人申请开立单位银行结算账户，并承诺所提供的开户资料真实、有效。 存款人（公章） 年 月 日		开户银行审核意见： 经办人（签章） 银行（签章） 年 月 日		人民银行审核意见： （非核准类账户除外） 经办人（签章） 人民银行（签章） 年 月 日

图 5-4 银行开户申请书

上述材料准备齐全，申请书也填好，在银行客户经理的帮助下，做好印鉴卡片，如图 5-5 所示。

××银行××分行××支行印鉴卡

户名				
地址		电话		
户用日期	年　月　日			
申请开户单位印鉴			××银行印鉴	
单位财务专用章	财务主管		签章	
	出纳人员		签章	
印鉴使用说明				

图 5-5　印鉴卡

鲁　泽 这个印鉴卡就是我每次取现金时，银行柜台人员拿出的印鉴卡簿里夹的那个吗？怎么使用啊？

银行客户经理 印鉴卡和个人的身份证相似，它是单位身份、账户的证明。我们办理的印鉴卡有正卡和副卡，为了加强管理，正副卡均加印防伪标志及编号（正、副卡编号一致），正卡一张，由印鉴初审人员保管使用，副卡两张，其中一张由印鉴复审人员保管使用，一张由银行受理签章后退开户单位。需要增加副卡留作后台或会计主管、会计稽核人员使用的，由各一级分行自定，但每张卡用途要固定。你拿到副卡后，要注意保管，因为开户单位留存的副卡，在更换印鉴或销户时应予交回。和你看到的一样，银行验证时使用印鉴卡，在银行办理业务时需要将支票上面的印鉴对角折叠核对或者扫描后电子验证，通过后才能办理业务。

鲁　泽 嗯，对，我看到他们还把支票对折两次呢。

银行客户经理 对折两次比对，没有无误才能办理，这是为了增加保险系数。

7 个工作日后，小鲁拿到了银行账户账号。

公司的贷款也办下来了，在小鲁的银行日记账上面，又多了一个登记的账户，刘丽说，由于这个账户使用的次数很少，在现在使用的银行日记账后面留几页进行登记就行，不必单独买一本新的银行日记账，记得要在登记的第一页写明银行名称和账户。

5.1.4 企业怎么办理银行更户、并户、迁户及销户

开完上面的新的银行账户不久，公司以前在主城区开设的一个银行账户由于贷款已还清，加上距离较远，3 年来公司就再没有怎么使用过，现在只有不到 200 元的余额，但是每季度以及每年末，还得专门去对账，于是公司决定撤销这个银行账户。

王部长让小鲁去办理这件事。

1. 什么是销户

刘 丽 所谓销户，是指企业因关、停、并、转等原因，向银行提出撤销账户申请。销户申请经银行审查，并核对其存、贷款账户后，予以办理销户手续。

现行《银行账户管理办法》还规定：开户银行对一年（按对月对日计算）未发生收付活动的账户，应通知存款人自发出通知起 30 日内来行办理销户手续，逾期视同自愿销户，撤户时需填制撤销银行账户申请书（如图 5-6 所示）。

撤销银行账户申请书

<table>
<tr><td>账户名称</td><td colspan="3"></td></tr>
<tr><td>开户银行名称</td><td colspan="3"></td></tr>
<tr><td>开户银行代码</td><td></td><td>账号</td><td></td></tr>
<tr><td>账户性质</td><td colspan="3"></td></tr>
<tr><td>开户许可证核准号</td><td colspan="3"></td></tr>
<tr><td>销户原因</td><td colspan="3"></td></tr>
<tr><td colspan="2">开户银行：

本存款人申请撤销上述银行账户。

存款人（签章）
年 月 日</td><td colspan="2">开户银行审核意见：

开户银行（签章）
年 月 日</td></tr>
</table>

图 5-6 撤销银行账户申请书

> **经验谈**
>
> 销户时应注意的事项：存款人尚未清偿其开户银行债务的，不得申请撤销该账户；与开户银行核对银行结算账户存款余额，交回各种重要空白票据及结算凭证和开户登记证，银行核对无误后方可办理销户手续，未按规定交回的，应出具有关证明，造成损失的，由其自行承担。

2. 什么是更户

刘 丽 除销户，另外还有更户、并户及迁户。

所谓更户，是指更换银行账户的名称。这里面主要是两方面的原因：

- 一种是资金来源或所有制性质未发生变化的前提下变更账户名称，不必变更账号。存款人名称改变，不改变开户银行及账号的，但是因为营业执照的名称必须要变了，所以印章名称也要变更，据此预留新印鉴；
- 一种是在单位资金来源或性质发生变化，所有制也随之变更时，这时不仅要变更账户名称，还需变更账号，银行需撤销原账户，重新开立新账户，为其编列账号。

另外，如果是单位的法定代表人或主要负责人变更、住址变更，或者其他资料发生变化，也有进行更户，变更重大事项应于5个工作日内书面通知开户银行，并出具有关部门的证明文件。

3. 什么是并户

并户是指开户单位向银行申请合并其相同资金来源和相同资金性质的账户，或是两个单位合并后随之合并银行存款账户（只限同一开户银行并户）。

4. 什么是迁户

所谓迁户，指开户单位因地址迁移等原因，向原开户银行提出申请，要求将账号迁往他地或他行。企业主动申请撤销。通常有4种情形。

（1）被撤并、解散、宣告破产或关闭的。

（2）注销、被吊销营业执照的。

（3）因迁址需要变更开户银行的。

（4）其他原因。

经验谈

一年未发生收付活动，银行应通知单位自发出通知之日起30日内办理销户手续，逾期视同自愿销户，未划转款项列入久悬未取专户管理。

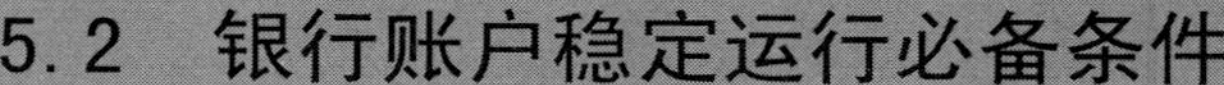

5.2 银行账户稳定运行必备条件

银行账户是各单位为办理结算和申请贷款而在银行开立的账户，企业每天发生的经营业务，最后汇成资金流，通过银行办理后转账、结算信贷以及现金收支业务，它有反映和监督国民经济各部门经济活动作用。

由于银行账户的重要性，国家和企业都有相应的管理制度，以保证企业银行账户的稳定运行。刘丽说，这些知识是作为出纳人员必须要掌握的。

5.2.1 银行账户的小规则

鲁 泽 除前面所说的银行账户管理原则外，还有什么需要注意的呢？

刘 丽 在出纳的具体工作中，首先要加强对预留银行签章的管理，要保证除出纳和会计外，不得有人再接触到预留的银行签章。

鲁 泽 我记得上次中午吃饭，我把印章放在桌子上后，就准备和你一起出去，你还提醒我把印章收起来，就是怕有人接触到财务印章吧。

刘 丽 对啊，一张支票，盖上财务大小印，就是一张合法的票据，如果真有人这么干了，损失就太大了。

鲁 泽 哦，那其他要注意的还有什么呢？

刘 丽 你听我慢慢说啊。（一条一条地给小鲁解说起来）出纳收到对账单或对账信息后，应及时核对账务并在规定期限内向银行发出对账回单或确认信息，以保证在第一时间内处理好差错事项。如果有人把我们开出去的支票丢失，要立刻挂失，经过 10 天后，确认这张支票没有被支取，才可以给对方补开支票。

鲁 泽 为什么是 10 天以后呢？（有些不解）

刘 丽 因为支票的有效时间为 10 天，这个从支票上打印的时间开始计算。平时开具支票的时候，一定要把时间、收款单位、款项用途都写全，这样，支票就安全多了，企业也基本上不会出现责任。

鲁　泽 那要不写收款单位名称呢？

刘　丽 这样就有可能会被存到第三方去，比如，这张发票是找人代开的，且已经过代开发票人支付了税款或好处费，这张支票就被存到了经办人的个人账户或者个人可以方便提取现金的银行账户，这将增加企业的风险。

鲁　泽 这样做首先是经办人违法，跟我们关系不大吧。

刘　丽 可不要这么理解啊，检查中，如果发现了这种情况，在事情没弄清之前，公司也是嫌疑犯，这时澄清的成本也很高。（瞪大眼睛看着小鲁说）还有，如果要撤销银行结算账户，必须先与开户银行核对银行结算账户存款余额，交回各种重要空白票据及结算凭证和开户许可证，银行核对无误后方可办理销户手续。存款人未按规定交回各种重要空白票据及结算凭证的，应出具有关证明，造成损失的，由其自行承担。存款人尚未清偿其开户银行债务的，不得申请撤销该账户。平日要是有从公司银行结算账户支付给个人银行结算账户的款项，每笔超过 5 万元的，应向其开户银行提供相应的付款依据。从单位银行结算账户支付给个人银行结算账户的款项应纳税的，税收代扣单位付款时应向其开户银行提供完税证明。对存款人开立的单位银行结算账户实行生效日制度，即单位银行结算账户在正式开立之日起三个工作日内，除资金转入和现金存入外，不能办理付款业务，三个工作日后方可办理付款。

鲁　泽 哦，那如果违反银行账户管理是不是会受到处罚呢？

刘　丽 那当然，你问这个不会是想以身试法吧，呵呵，对违反账户管理的行为，国家有不同的规定和处罚措施，这个也是你拒绝经办人不合法要求的依据，主要分为以下几类。

存款人开立、撤销银行结算账户违法 3 种情形：

（1）违反本办法规定开立银行结算账户。

（2）伪造、变造证明文件欺骗银行开立银行结算账户。

（3）违反本办法规定不及时撤销银行结算账户。

非经营性的存款人，有上述所列行为之一的，给予警告并处以 1 000 元的罚款；经营性的存款人有上述所列行为之一的，给予警告并处以 1 万元以上 3 万元以下的罚款；根据法律，已构成犯罪的，移交司法机关依法追究刑事责任。

存款人使用银行结算账户违法的 6 种情形：

（1）违反本办法规定将单位款项转入个人银行结算账户。

（2）违反本办法规定支取现金。

（3）利用开立银行结算账户逃废银行债务。

（4）出租、出借银行结算账户。

（5）从基本存款账户之外的银行结算账户转账存入、将销货收入或现金存入单位卡账户。

（6）法定代表人或主要负责人、存款人地址以及其他开户资料的变更事项未在规定期限内通知银行。

非经营性的存款人有上述所列一至五项行为的，给予警告并处以 1 000 元罚款；经营性的存款人有上述所列一至五项行为的，给予警告并处以 5 000 元以上 3 万元以下的罚款；存款人有上述所列第六项行为的，给予警告并处以 1 000 元的罚款。

伪造、变造、私自印制开户许可证：伪造、变造、私自印制开户许可证的存款人，属非经营性的处以 1 000 元罚款；属经营性的处以 1 万元以上 3 万元以下的罚款；构成犯罪的，移交司法机关依法追究刑事责任。

5.2.2　怎样进行银行存款日记账的登记、结账及对账

鲁　泽 银行日记账的登记和现金日记账一样吗？我觉得格式一样啊。

刘　丽 前面我们已经讲过现金日记账的登记及注意事项，和你想的一样，银行日记账的登记和现金日记账没有大的区别，只是一个登记现金科目，一个登记银行存款科目，不过有一点要注意，现金日记账只有一本账，一个公司没有第二个现金日记账，但银行日记账要分别根据不同的开户银行账号登记，即每个账号发生的业务要分别登记。这里，我们说一下日记账的结账技能，这个技能包括现金日记账和银行日记账，是一样的。什么是结账呢，就是由出纳人员计算出日记账的余额和发生额，分为日结、月

结与年结，是什么意思呢，就是出纳人员每天、每月、每年末，都得结出日记账的余额。

鲁　泽 日记账的三种结账都一样吗？

刘　丽 不一样的，下面是三种结账方式的比较。

（1）日结：按日自然结出余额，在每日的最后一笔后计算出当日余额，不必另起一行，也不必画线。（现金和银行存款需要每日结出余额。）

（2）月结：在当月最后一笔记录下面画一条通栏单红线，并在下一行的“摘要”栏中写“本月合计”字样，同时在该行计算填写本期发生额合计及余额，然后，在“本月合计”行下面再画一条通栏单红线。

（3）年结：年末，应在 12 月份月结的下一行进行年结：在“摘要”栏内注明“本年合计”字样，同时在该行计算填写全年的发生额累计数，并在下面画双红线。

刘　丽 其实我们常说的结账是月结和年结。什么情况下可以结账呢？我们说结账有两个前提：一是所有的货币资金业务全部入账；二是已经完成对账。我们先看一下对账吧，这个是工作的关键之一，包括三方面内容，即账证核对、账账核对、账实核对（如图 5-7 所示）。我们再谈一下对账的方法，这个和对账内容是对应的（如图 5-8 所示）。

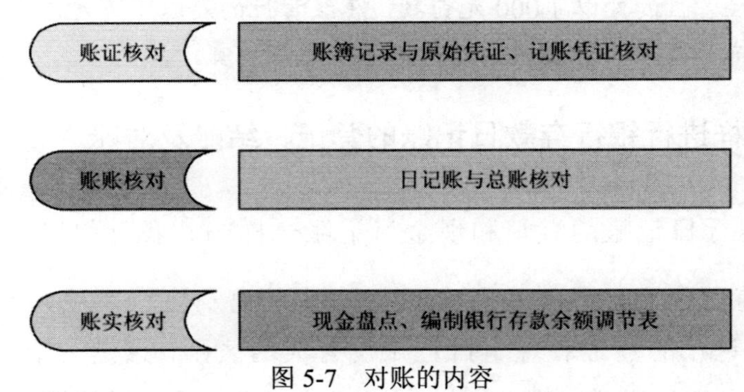

图 5-7　对账的内容

鲁　泽 这个对账的内容和方法是仅适用于银行日记账吗？

刘　丽 不是的，这个适合于大多数的明细账或总账，如账实核对，现金、银行存款、存货、固定资产等账，都可以进行账实核对，看账面上记载的数和实际存在的数是不是一样的，比如说存货和固定资产的盘点，多

或少都是正常的，不一定非得一致才行，当然，需要查明不一致的原因。

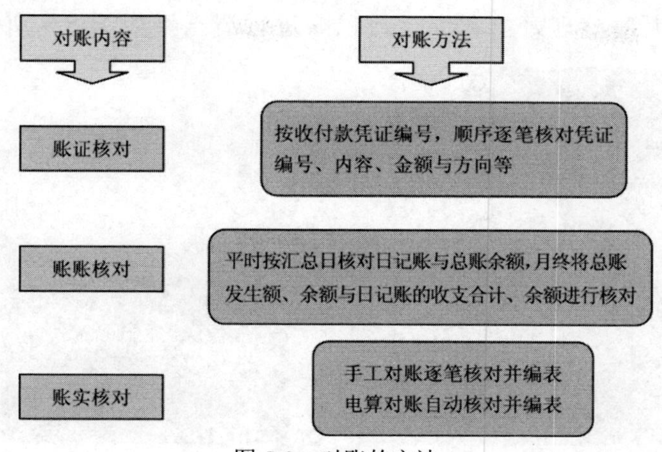

图 5-8 对账的方法

5.2.3 如何编制银行余额调节表

8 月的账对完，小鲁发现一个问题，即自己银行日记账的余额和银行对账单的余额不一样，小鲁以前也知道有个东西叫银行余额调节表，是专门用来处理这个问题的，但由于自己业务不熟悉，前两个月的调节表都是刘丽帮着做的，自己只是在旁边看了看。

这个月，小鲁想自己完成这项工作。

鲁 泽 刘姐，我的银行日记账和银行对账单的余额不一样，我的账到底该以哪个为准呢？

刘 丽 对账单只用来核对银行日记账，不能用它来记账，在每月末的最后一日，两者有差异是正常的，比如，昨天是 8 月 31 日，我们当天开出去的支票 50 000 元，我们记账，但银行没有办理交换支付，这个钱还是在我们开户银行的账上，甚至支票还可能在业务员手里，没交给他们单位的财务呢。这样就会出现差异。

鲁 泽 噢，我明白，比如，我昨天收到一张支票 12 000 元，下午我才送到银行去，这个钱我在对账单上也没有找到，看来也是没有划转到公司的银行账户上呢。怎么做银行余额调节表呢？

刘　丽 首先，我们要进行银行存款的清查，也就是说把银行对账单，按时间先后顺序整理好，和银行日记账进行清查（如图 5-9 所示）。

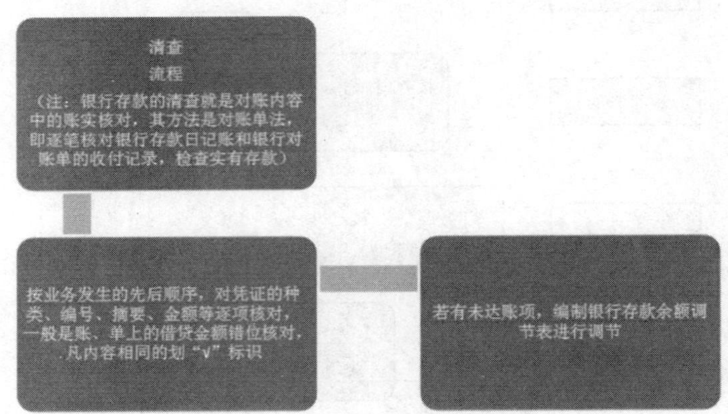

图 5-9　银行存款的清查

小鲁按照刘丽说的，左手边放的是银行日记账，右手边放的是银行对账单，花 3 个小时，对账完毕。还好，在核对的过程中，没有发现记录错误的问题，余额计算也正确。

刘　丽 银行存款账单不符的原因主要有两个，一个是记错或者算错了，另一个就是存在着未达账项，相应的，会有不同的处理方式（如图 5-10 所示）。如果仅仅是未达账项造成的余额不同，就可以编制银行余额调节表。

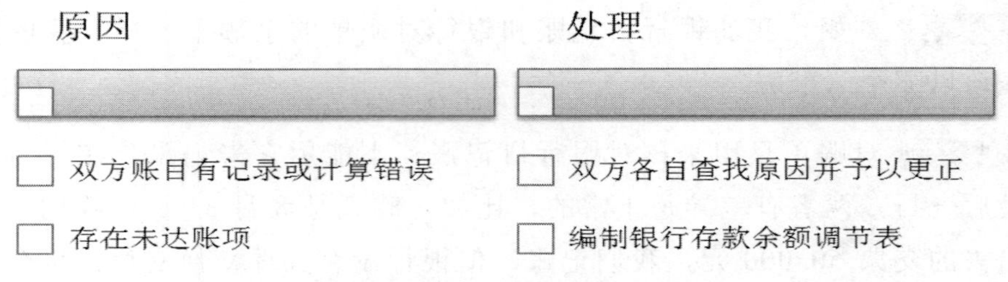

图 5-10　银行存款账单不符的原因及处理方法

未达账项：指同一业务因企业与银行双方取得凭证的时间差异，造成一方已入账，而另一方尚未入账的款项。

刘　丽 如何编制银行存款余额调节表呢？方法是这样的（如图 5-11 所示），明白原理，过程非常简单，就是一个摘抄和简单计算的过程。

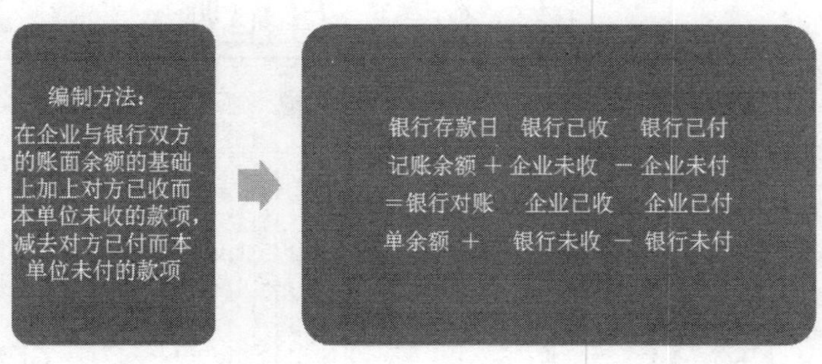

图 5-11 银行余额调节表的编制方法

刘 丽 我们还是举一个具体的实例吧，你看这个（如图 5-12 所示）是清查后的银行对账单，经核对后，对账单上有三笔，没有在银行日记账上找到，我们称为未达项，一个是提取现金 2 000 元，银行已付企业未付；一个是存款利息 1 930 元，银行已收企业未收；另一个是支付电费 1 000 元，同理是银行已付企业未付。

中国工商银行济南市分行对账单

账号： 单位名称：北方正林有限公司 第6页

日期	交易	凭证号	借方	贷方	余额
承上页					100000
3.2	取得贷款	#4500		100000 √	
3.3	提取现金	#4504	*2000*		
3.5	支付采购款	#4506	3510 √		
3.10	支付采购款	#4507	40800 √		
3.15	支付广告费	#4509	2000 √		
3.18	收销货款	#4512		32500 √	
3.20	存款利息	#4513		*1930*	
3.20	支付电费	#4515	*1000*		
3.26	提取现金	#4517	38000 √		
3.30	支付专利款	#4518	50800 √		96320

图 5-12 清查后的银行对账单

刘 丽 这个是银行日记账（如图 5-13 所示），经核对后，日记账上也有三笔，没有在银行对账单上找到，我们也称为未达项，一个是收取销货款 16 800 元，属于企业已收银行未收；一个是支付办公费 500 元，企业已付银行未付；另一个是缴纳税金 4 950 元，同理也是企业已付银行未付。

银行存款　日记账

年 月	日	记账凭证编号	摘要	凭证种类	借方（十万仟百十元角分）	贷方（十万仟百十元角分）	余额（十万仟百十元角分）	√
3.	1		期初余额				10000000	
	3	1	取得短期贷款	#4500	10000000			√
	5	3	支付圆钢款	#4506		351000		√
	8	5	支付线材款	#4507		4080000		√
	10	6	收取销货款	#4508	1680000			
	15	8	支付广告费	#4509		200000		√
	18	9	支付办公费	#4510		50000		
	20	11	收取销货款	#4512	3250000			√
	26	16	交纳税金	#4511		495000		
	26	16	提取现金	#4517		3800000		√
	30		支付专利款	#4518		5080000	10874000	√

图 5-13　清查后的银行日记账

刘　丽 接下来就是编制银行存款余额调节表了（如图 5-14 所示），根据表中的项目内容提示，把对应的数抄过去就行了，经计算，调节余额，两边相等。

银行存款余额调节表

年　月　日

项目	金额	项目	金额
企业银行存款日记账余额 + 银行已收企未收 - 银行已付企未付	108740 1930 2000 1000	银行对账单余额 + 企业已收银行未收 - 企业已付银行未付	96320 16800 500 4950
调节后余额	107670	调节后余额	107670

图 5-14　银行存款余额调节表

经验谈

如发现错账应查明原因及时更正；企业银行存款实有数为调节表上调节后的余额；未达账项应在收到有关原始凭证后，才能进行账务处理；银行存款余额调节表是重要的会计资料，至少应有两联，企业和银行双方加盖公章各自保留一份。

5.3　支票常识

在提取现金的时候，刘丽已给小鲁讲过有关支票的知识，小鲁了解了支票是由出票人（如自己的公司）签发，委托办理支票存款业务的银行或者其他金融机构（如公司的开户银行工商银行）在见票时无条件支付确定的金额给收款人或持票人的票据。

在经过一段实际操作后，刘丽说前面所讲的支票内容只是浅显的知识，事实上有关支票的内容相当丰富，还有必要进行深度讲解。

5.3.1　支票的种类

刘　丽 首先，支票一般有 3 种，分别为现金支票（如图 5-15 所示）、转账支票（如图 5-16 所示）、普通支票（如图 5-17 所示）。

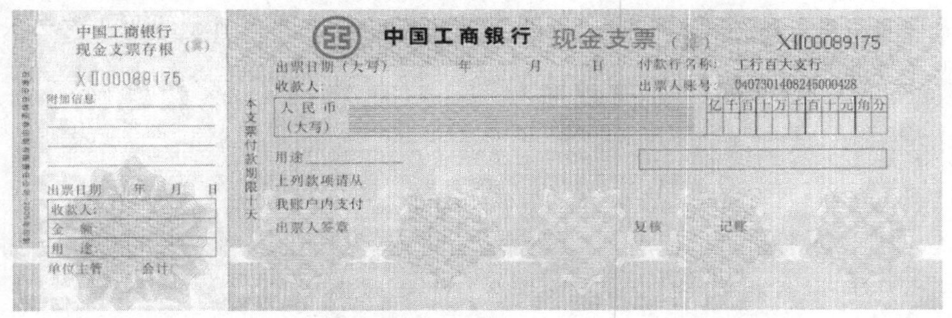

中国工商银行
现金支票存根（冀）
XⅡ00089175
附加信息
出票日期　年　月　日
收款人:
金　额:
用　途:
单位主管　会计

中国工商银行　现金支票（冀）　XⅡ00089175
出票日期（大写）　年　月　日　付款行名称: 工行百大支行
收款人:　出票人账号: 0407301408245000428
本支票付款期限十天
人民币（大写）　亿 千 百 十 万 千 百 十 元 角 分
用途
上列款项请从
我账户内支付
出票人签章　复核　记账

图 5-15　现金支票

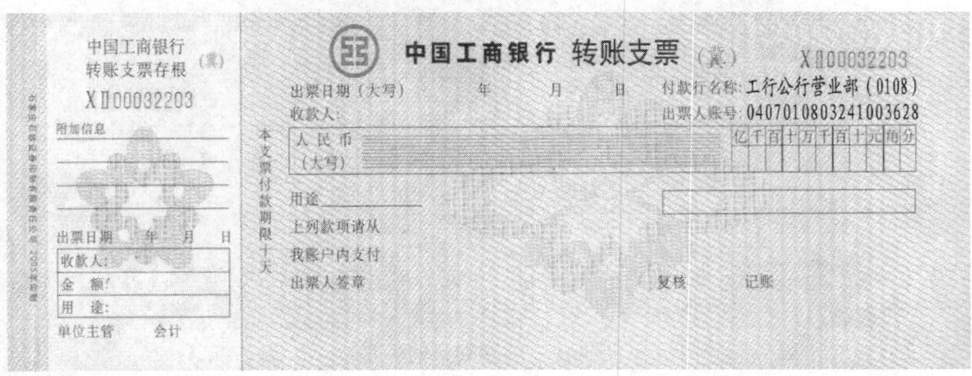

中国工商银行
转账支票存根（冀）
XⅡ00032203
附加信息
出票日期　年　月　日
收款人:
金　额:
用　途:
单位主管　会计

中国工商银行　转账支票（冀）　XⅡ00032203
出票日期（大写）　年　月　日　付款行名称: 工行公行营业部（0108）
收款人:　出票人账号: 0407010803241003628
本支票付款期限十天
人民币（大写）　亿 千 百 十 万 千 百 十 元 角 分
用途
上列款项请从
我账户内支付
出票人签章　复核　记账

图 5-16　转账支票

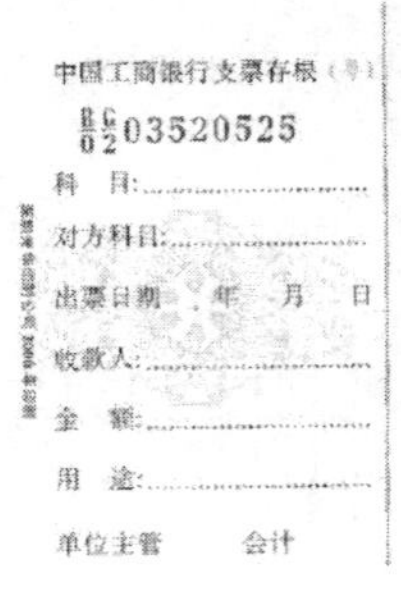
中国工商银行支票存根
BC 02 03520525
科　目:
对方科目:
出票日期　年　月　日
收款人:
金　额:
用　途:
单位主管　会计

中国工商银行 支票
BC 02 03520525
出票日期(大写)　年　月　日
付款行名称:
收款人:
出票人账号: 754000388084
本支票付款期限十天
人民币(大写)
亿 千 百 十 万 千 百 十 元 角 分
用途
上列款项请从
我帐户内支付
出票人签章
科目(借)
对方科目(贷)
复核　记帐

图 5-17　普通支票

经验谈

现金支票的特点是银行见票支付现金给收款人，支票上有“现金”字样，现金支票只能支取现金，不能转账。

普通支票：支票上未印有“现金”或“转账”字样的为普通支票。普通支票既能用于转账，也可以支取现金。但是，在普通支票左上角画两条平行斜线的，称为画线支票，画线支票用于转账，没有画线的普通支票只能支取现金。

5.3.2　支票的填制

在小鲁刚到出纳岗位时，刘丽就给了小鲁一张填制支票的样张（如图 5-18 所示）。

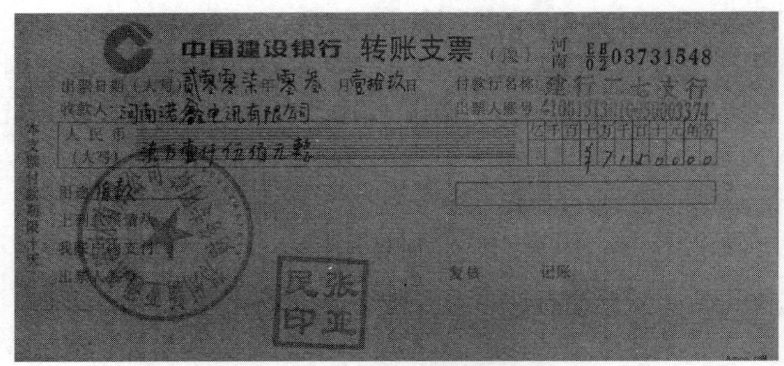
中国建设银行 转账支票
EB 02 03731548
出票日期（大写）
付款行名称:
收款人: 河南诺鑫电讯有限公司
出票人账号
本支票付款期限十天
人民币（大写）
亿 千 百 十 万 千 百 十 元 角 分
用途 贷款
上列款项请从
我账户内支付
出票人签章
复核　记账

图 5-18　填制支票的样张

小鲁总结的支票填制步骤是：填写存根联；填写支票主体部分；加盖银行预留印鉴。

经验谈 票面应有两个或以上的印章：财务专用章（印鉴），出票人章（或法人代表章），在盖印时要保证印章清晰、无涂改、无重印。

小鲁记得在填写支票时需用黑色（蓝色）签字笔或墨水笔，此外还有大小写要相符，并且要在小写数字前加符号“￥”。

鲁 泽 有时总经理来借支票，说他要去请客户吃饭，但不知道会花多少钱，这时该怎么办呢？

刘 丽 这时可以开张封万支票，一般情况下，总经理陪客户吃饭，消费也就是 2 000 多元，这是你只需要在小写万下，写下“￥”就可以，这时丢失的风险就控制在万元之内。还有，如有限额的支票，规定支付金额最多不可超过限额的 10%。

对于支票的填制，小鲁总结的要点有：

（1）日期的书写：必须使用中文大写，规范为零、壹、贰、叁、肆、伍、陆、柒、捌、玖、拾。

（2）日期填写时，如果 1 日至 9 日，应在前面加零，如果是 11 日至 19 日应在前面加“壹”。

（3）金额的书写：大写规范为佰、仟、万、元、角、分、正（整）如￥43 100，书写为肆万叁仟壹佰元正（整）；￥3 005.30，书写为叁仟零伍元叁角正（整）；￥10 305.12，书写为壹万零叁佰零伍元壹角贰分。

5.3.3 支票的使用规定

鲁 泽 支票的使用也有什么规定吗？为什么来单位领款的人，都不愿意拿支票，动不动就问能不能给现金呢？（不解）

刘 丽 其实这是很多人的误区，总觉得支票不方便，其实支票结算的优点很多，就说万一丢失的事吧，现金丢失，不知道被谁捡走，人家不还就没有办法，但支票填写完整，个人捡到也支取不出来。况且，带一张支票出去，要比带很多现金安全得多，况且，现金还有限额和使用范围。支票结算的要点有：支票最低起点为 100 元；有效期为 10 天（由次日开始计算），最后一日为假期可延顺。我们这儿有多个支票夹，不管是取得支票还是单位的人带支票去买货物，都得注意保管，因为支票的票面有严格要求，一不得有折痕；二无无破损、无污渍。这个和现金还不一样，钱旧一点儿、破一点儿关系不大。另外，支票的存根必须沿虚线撕下，不能带存根联一起给了别人，要让支票领取人在存根联上签字，我们在向外使用支票时，程序及要求有好几个方面（如图 5-19 所示）。

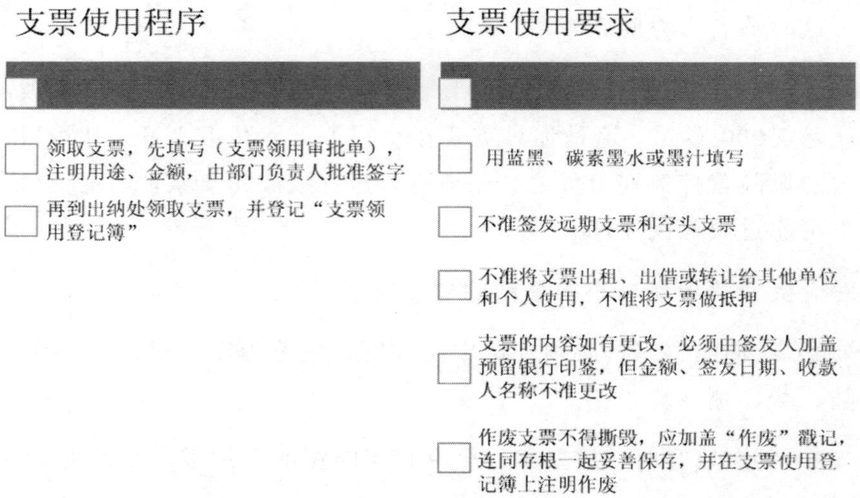

支票使用程序

- 领取支票，先填写（支票领用审批单），注明用途、金额，由部门负责人批准签字
- 再到出纳处领取支票，并登记“支票领用登记簿”

支票使用要求

- 用蓝黑、碳素墨水或墨汁填写
- 不准签发远期支票和空头支票
- 不准将支票出租、出借或转让给其他单位和个人使用，不准将支票做抵押
- 支票的内容如有更改，必须由签发人加盖预留银行印鉴，但金额、签发日期、收款人名称不准更改
- 作废支票不得撕毁，应加盖“作废”戳记，连同存根一起妥善保存，并在支票使用登记簿上注明作废

图 5-19　支票的使用要求

鲁　泽 收到支票就得存到银行是吧？

刘　丽 对，收到的支票要填写进账单（如图 5-20 所示），并在支票的背面盖预留印鉴（如图 5-21 所示），在银行客户经理小李来时，一并交给他。再讲得细致一些，原则上讲，对方单位给我们支票时，收款人应填写我公司方的单位名称，但如果他们没有写，你写上就行。我们拿到的转账支票背面他们单位不盖章。我们取得转账支票后，在支票背面被背书人栏内加盖我们单位的财务专用章和法人章，填写好银行进账单后连同该支票交给收款单位的开户银行委托银行收款。

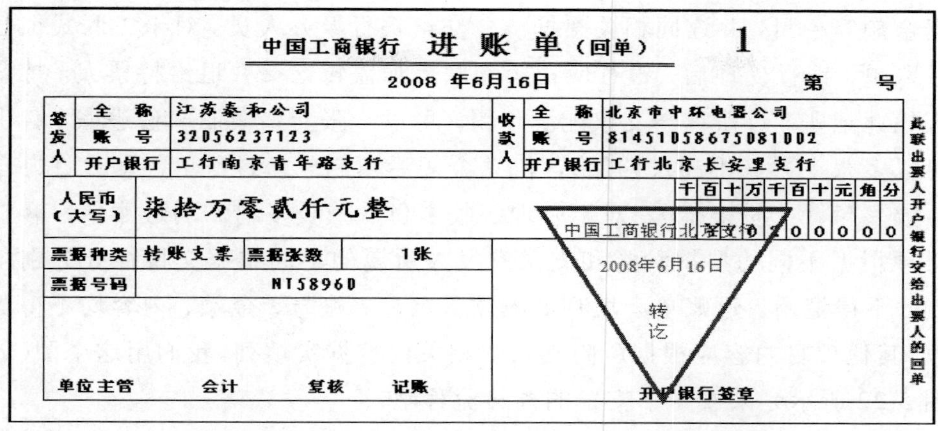

中国工商银行 进 账 单（回单） 1

2008 年6月16日 第 号

签发人	全 称	江苏泰和公司	收款人	全 称	北京市中环电器公司
	账 号	32056237123		账 号	81451058675081002
	开户银行	工行南京青年路支行		开户银行	工行北京长安里支行
人民币（大写）	柒拾万零贰仟元整			千百十万千百十元角分	¥ 7 0 2 0 0 0 0 0
票据种类	转账支票	票据张数	1张		
票据号码	NT58960				

中国工商银行北京支行 2008年6月16日 转讫

单位主管 会计 复核 记账 开户银行签章

此联出票人开户银行交给出票人的回单

图 5-20 进账单

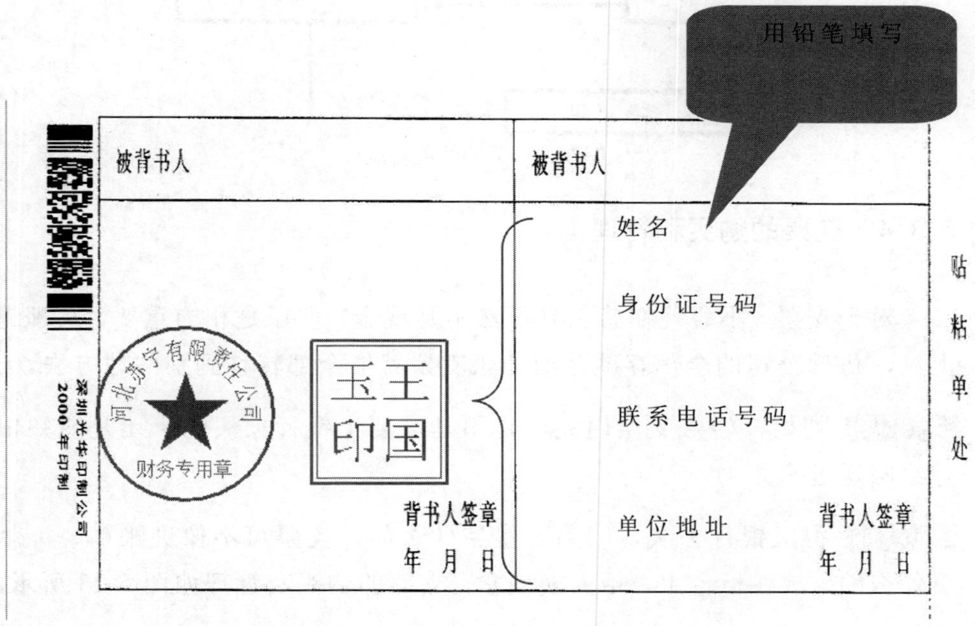

被背书人	被背书人
河北苏宁有限责任公司 财务专用章　王玉国印　背书人签章 年 月 日	姓名 身份证号码 联系电话号码 单位地址　背书人签章 年 月 日

贴粘单处

深圳光华印制公司 2000 年印制

图 5-21 支票背书图示

刘 丽 进账单有三联，第一联是给出票人的，也就是开支票的公司。第二联是银行留存记账，作为贷方凭证。第三联是给公司的入账通知。如果支票是跨行支票，第三联不会当时就拿到手，通过人民银行和对方开户行交换以后，无误，确定入账以后才能拿到手。另外，在填写银行进账单时，必须清楚地填写票据种类（汇票、本票、支票）、票据张数、收款人名称、收款人开户银行及账号、付款人名称、付款人开户银行及账号、票

据金额等栏目，并连同相关票据一并交给银行经办人员。对于二联式银行进账单，银行受理后，银行应在第一联上加盖转讫章并退给持票人，持票人凭此记账。进账单与支票配套使用，可以一张支票填制一份进账单，也可以多张支票（不超过四笔），汇总金额后填制一份进账单，即允许办理一收多付（一贷多借）。对于办理一收多付（一贷多借）的进账单，客户必须根据不同的票据种类和支票签发人所属的不同票据交换行处分别填制，不得混淆。进账单上填列的收款人名称、账号、金额、内容均不得更改，其他项目内容应根据所附支票的相关内容据实填列。我们用这个图（如图 5-22 所示）来看一下支票的周转流程吧。

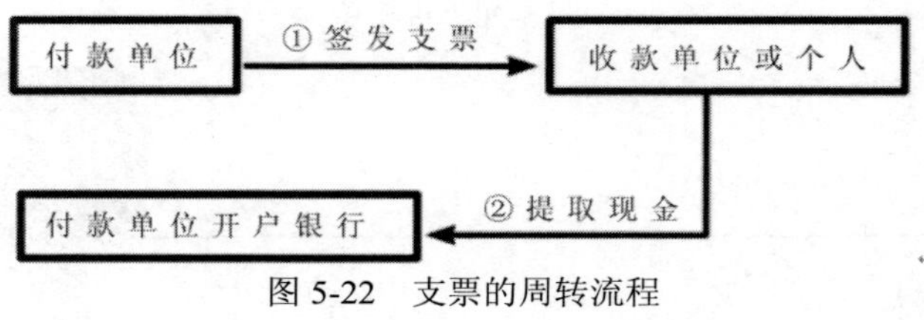

图 5-22　支票的周转流程

5.3.4　支票的购买和管理

对于支票，小鲁现在感觉到虽然不是现金，但还是相当重要，从理论上讲，仿佛公司的全部存款，用一张支票就能全部转移到别的地方去。

鲁　泽 刘姐，转账支票用完，是不是需要上银行去买呢，还是通知银行给咱送过来。

刘　丽 得上银行去买，因为要签字什么的，支票可不像进账单、汇款单什么的，放在柜台上，由人随便拿，支票的购买及管理如图 5-23 所示。

小鲁到银行去，果然看到支票被存放在保险柜里，买的时候，那些空白支票被打印上公司的账号信息，小鲁签字后，进行了清点及登记。

鲁　泽 银行对支票的管理程序丝毫不比现金差，我也得加强管理。

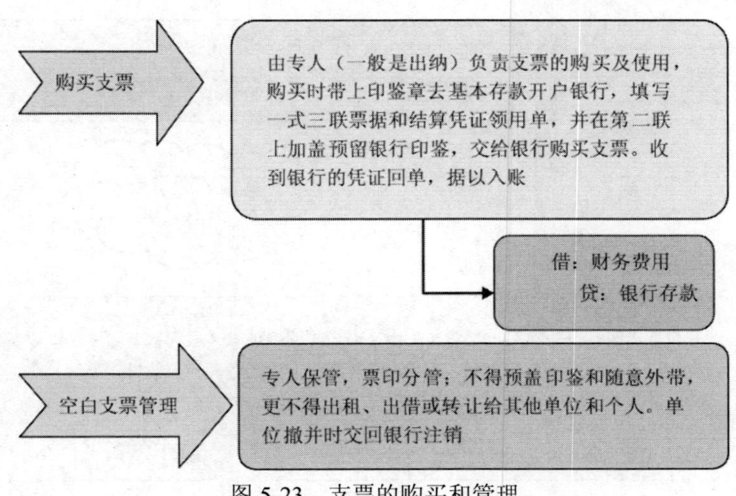

图 5-23 支票的购买和管理

5.3.5 支票丢失后怎么办

到了周末，小鲁想明天应该去放松一下，到海边去转转。因为这一段时间忙里忙外弄得自己还有点累。正在这个时候，小鲁接到一个电话，那边一个着急的声音说。

小 马 小鲁，我是东方办公用品的小马，刚才我不是到你那结账，拿了一张 9 500 元的支票吗，我记得放包里，但现在怎么也找不到，你帮我看一下，是不是掉在你们财务室了，如果真丢了，该怎么办呢？

鲁 泽 我给你看看。（一边说一边起身到门口）屋里和外面的地上都没有，你再找找，我这边给你问一下，支票丢了怎么办，你等我电话啊。

刘丽听完小鲁的汇报，问道。

刘 丽 支票上的收款单位及用途等，你按要求全部填写了吧？

鲁 泽 是的。

刘 丽 那就问题不大，即使别人捡到支票，收款单位也是不能更改的，只能存到支票记载的单位去。一般说来支票丢失后的处理是这样的：在支票丢失后，要立即通知其开户银行挂失止付，然后向人民法院申请公示催告；或者直接向人民法院起诉。只有经人民法院做出除权判决，丢失的支票才丧失效力（如图 5-24 所示）。

支票遗失管理

已签发的现金支票遗失，可以向银行申请挂失；
已签发的转账支票遗失，可请求收款人协助防范。

到开户行申请挂失，填写《支票挂失申请书》写明申请人（权利人）名称，支票丧失原因、支票种类、出票人户名、账号、支票号码、支票金额和出票日期等，并在挂失申请书上签字或盖章交给开户银行，您在挂失止付后3日内到人民法院申请公示催告即可

图 5-24 支票的遗失管理

听完这些，小鲁也松了一口气，看来真的不能大意啊，多写几个字看似麻烦，但不仅有益别人，也方便了自己。

小马接完小鲁的电话，直说谢谢，他想，可能是自己走道的时候，把装有支票的包抡来抡去，把支票给弄丢了吧。

经验谈

已签发的现金支票遗失，可以向银行申请挂失。把支票弄丢了挂失前已支付，银行不予受理；已签发的转账支票遗失，银行不受理挂失，可请求收款人协助防范。

这就是说，不是所有的支票遗失后都能挂失，只有现金支票遗失，银行才受理挂失，但也只能抢在支付之前。因为支票是开户单位委托开户银行从其存款账户上支付款项的命令书，只要支票要素齐全，填写规范，银行见票即付，不得压票。

又因为银行只能起结算中介作用而不负责垫付资金，所以一旦在挂失前款项已支付，银行不承担经济和法律责任。如果印章齐全，填写规范的转账支票遗失，可迅速通知收款人协助防范，防止用遗失的转账支票冒购商品；如冒购商品已成事实，可立即向当地公安机关报案，力争尽快追回全部或部分资金。对遗失的空白现金支票、空白转账支票，银行也不受理挂失。

5.3.6　如何审核支票

刘　丽 收到现金我们要用验钞机验真假，收到支票后，我们也要进行适当的审核。

鲁　泽 支票还有假的吗？（有些不解）

刘　丽 通常来讲，支票本身不会有人去造假，因为这个没有广大的流通性，不过伪造倒有可能，还有，如果对方填制的时候不规范，银行会把支票退回来，我们就存不到公司的账上，所以审核是必要的。如何审核支票的真假，或者说是否规范呢？我总结一下，主要有以下几个方面。

（1）支票大小写金额填写是否正确，两者是否相符。

（2）查看支票的出票日期，看看截止存款日是否在支票的付款期内。

（3）支票是否用碳素墨水填写清晰。

（4）填写进账单前，看是否加盖了自己单位的预留银行印鉴。

（5）支票的各项内容是否填写齐全。

- 收款人是否是自己单位；
- 大小写金额有无涂改；
- 是否有签发单位的印鉴；
- 如果是背书转让的支票，其背书是否正确，是否连续。

鲁　泽 审核的标准也就是自己填制的标准吧？

刘　丽 是的，这个对双方都一样，对方按规范填制，我们收到的就是有效的支票，我们填制的是规范的支票，对方收到的也会是有效的支票，只是换了一下位置而已。支票的注意事项如图 5-25 所示。

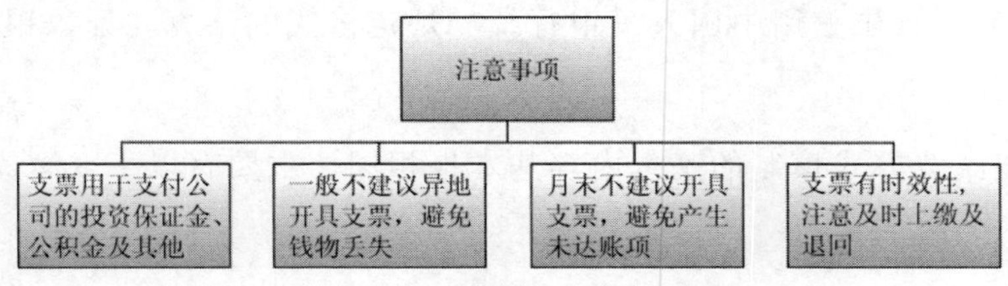

图 5-25　支票的注意事项

CHAPTER 6

公司的第二个财务室——银行存款2

刘丽说：其实银行是我们的第二个财务室，我们的很多业务都是在银行完成的，如银行对账单就是银行给我们记的一个流水账，也是另外意义上的银行日记账，我们要很好地利用这个财务室，让银行为我们提供更多的增值服务。

6.1 了解下银行常用的其他结算方式

刘丽告诉小鲁说，单位的银行结算方式很丰富，用到的有网上银行、汇票、本票等多种方式。

鲁　泽 原来银行结算方式有这么多啊。

刘　丽 其实金融工具是个发展很快的行业，总有人说，在美国，都是最聪明的人在弄金融，所以才制造出了普通人根本不懂的金融衍生品，最后引发次贷危机。银行结算方式虽然看起来方式很多，但它们需要记载的东西大部分是相通的，特别是票据方面，有以下3个方面的规定。

（1）票据必须使用按中国人民银行统一规定印制的票据凭证和统一规定格式的结算凭证。

（2）票据未使用按中国人民银行统一规定印制的票据，票据无效。

（3）票据未使用中国人民银行统一规定格式的结算凭证，银行不予受理。

这些结算方式填制的基本内容基本也相同，主要有以下8个方面。

（1）凭证名称。

（2）凭证签发日期。

（3）收、付款单位的名称和账号。

（4）收、付款单位的开户银行的名称。

（5）结算金额。

（6）结算内容。

（7）凭证联次及其用途。

（8）单位及其负责人的签章。

刘 丽 我们还是用一个图来理解吧（如图 6-1 所示）。

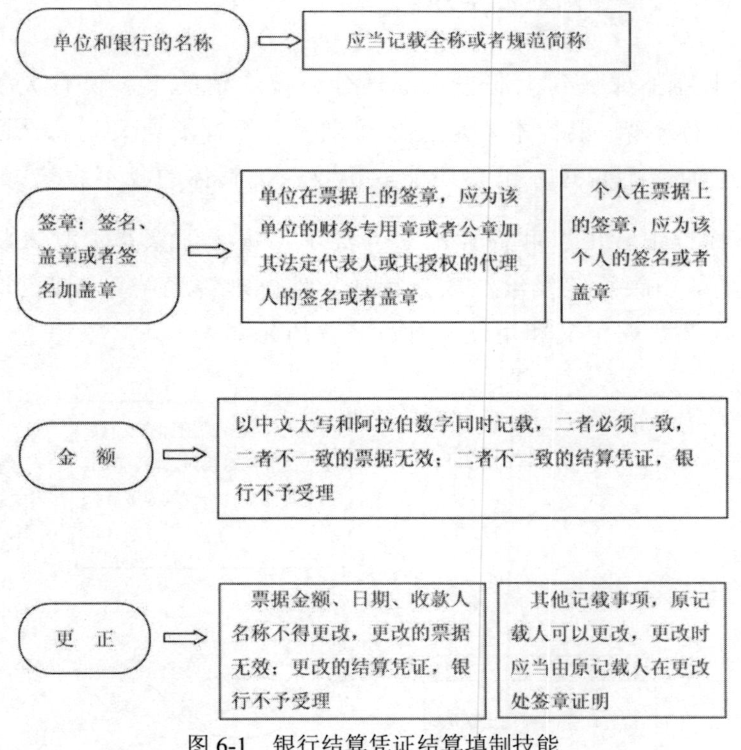

图 6-1 银行结算凭证结算填制技能

鲁 泽 银行结算方式有没有一个体系图啊？（觉得有点乱）

刘 丽 有的，我们把这个体系图归纳一下（如图 6-2 所示），这样看起来就清楚多了。

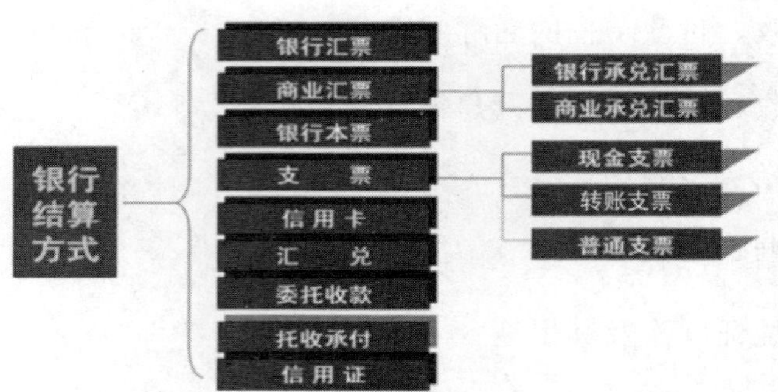

图 6-2 常用的银行结算方式

6.1.1 银行汇票和商业汇票知识

鲁 泽 上周王部长到上海去，办理分公司注销的事，说有欠税要缴，带来一张银行本票，银行本票是怎么回事呢？银行汇票又是怎么回事呢？我记得上学时老师说过，汇票还能取得收益，具体的我不大记得了。

刘 丽 你把银行汇票和商业汇票弄混了，银行汇票是汇款人将款项交存当地银行，由银行签发给汇款人持往异地办理转账结算，或支取现金的票据。银行汇票的定义和用途，如图 6-3 所示。

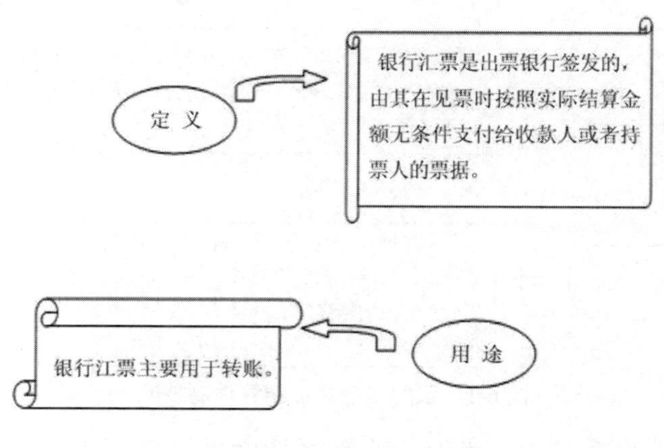

图 6-3 银行汇票的定义和用途

鲁 泽 为什么要用银行汇票呢？它和支票有什么不同？

刘 丽 银行汇票有以下 4 个特点（如图 6-4 所示）。

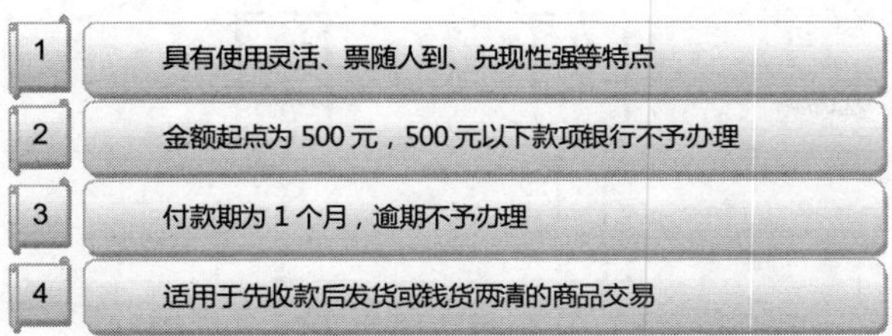

图 6-4 银行汇票的特点

银行汇票如图 6-5 所示，解讫通知单如图 6-6 所示。

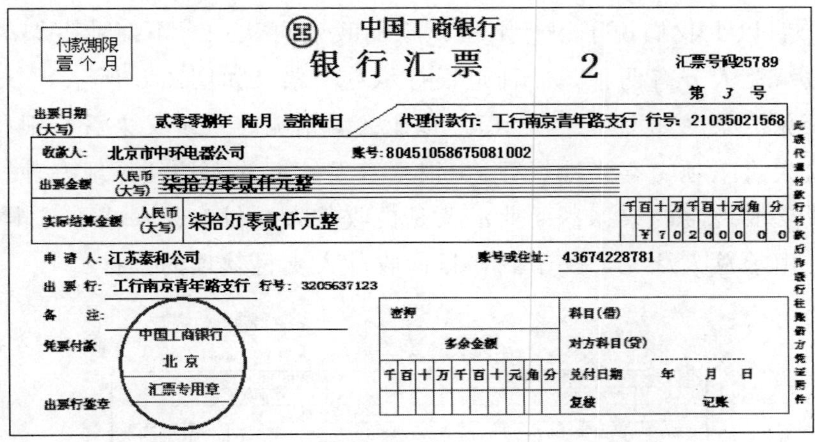

付款期限 壹个月

中国工商银行

银行汇票 2

汇票号码25789

第 3 号

出票日期（大写）：贰零零捌年 陆月 壹拾陆日

代理付款行：工行南京青年路支行 行号：21035021568

收款人：北京市中环电器公司 账号：80451058675081002

出票金额 人民币（大写）柒拾万零贰仟元整

实际结算金额 人民币（大写）柒拾万零贰仟元整

千	百	十	万	千	百	十	元	角	分
	¥	7	0	2	0	0	0	0	0

申请人：江苏泰和公司 账号或住址：43674228781

出票行：工行南京青年路支行 行号：3205637123

备注：

凭票付款

出票行签章

中国工商银行 北京 汇票专用章

密押

多余金额

千	百	十	万	千	百	十	元	角	分

科目（借）

对方科目（贷）

兑付日期 年 月 日

复核 记账

此联代理付款行付款后作联行往账借方凭证附件

图 6-5 银行汇票

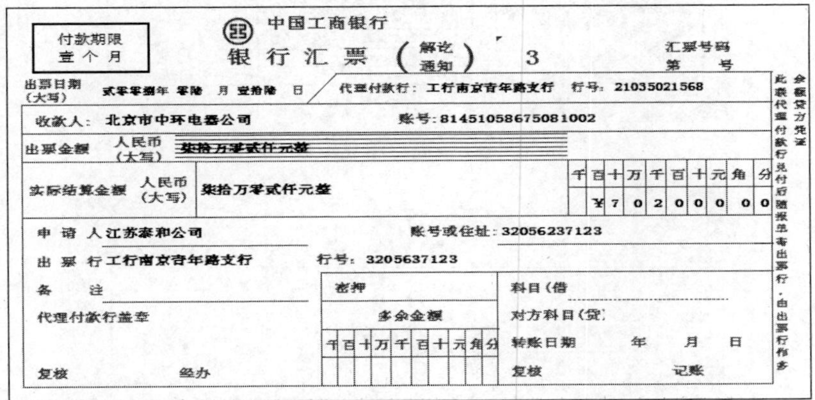

付款期限 壹个月

中国工商银行

银行汇票（解讫通知） 3

汇票号码

第 号

出票日期（大写）：贰零零捌年 零陆 月 壹拾陆 日

代理付款行：工行南京青年路支行 行号：21035021568

收款人：北京市中环电器公司 账号：81451058675081002

出票金额 人民币（大写）柒拾万零贰仟元整

实际结算金额 人民币（大写）柒拾万零贰仟元整

千	百	十	万	千	百	十	元	角	分
	¥	7	0	2	0	0	0	0	0

申请人江苏泰和公司 账号或住址：32056237123

出票行工行南京青年路支行 行号：3205637123

备注

代理付款行盖章

复核 经办

密押

多余金额

千	百	十	万	千	百	十	元	角	分

科目（借）

对方科目（贷）

转账日期 年 月 日

复核 记账

此联代理付款行兑付后随报单寄出票行，由出票行作多余额贷方凭证

图 6-6 银行汇票解讫通知单

银行汇票的结算流程如图 6-7 所示。

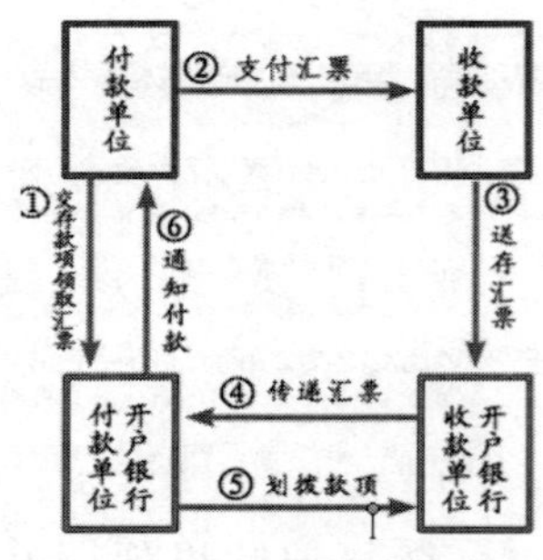

图 6-7　银行汇票结算流程

刘　丽　以上我们说了银行汇票，下面我们再认识一下商业汇票。商业汇票按承兑人分有两种，一种是银行承兑汇票（如图 6-8 所示），一种是商业承兑汇票（如图 6-9 所示）。有什么区别呢？从定义来看，银行汇票是汇款人将款项交存当地银行，由银行签发给汇款人持往异地办理转账结算，或支取现金的票据；商业汇票是由收款人或付款人（或承兑申请人）签发，由承兑人承兑，并于到期日向收款人支付款项的票据。

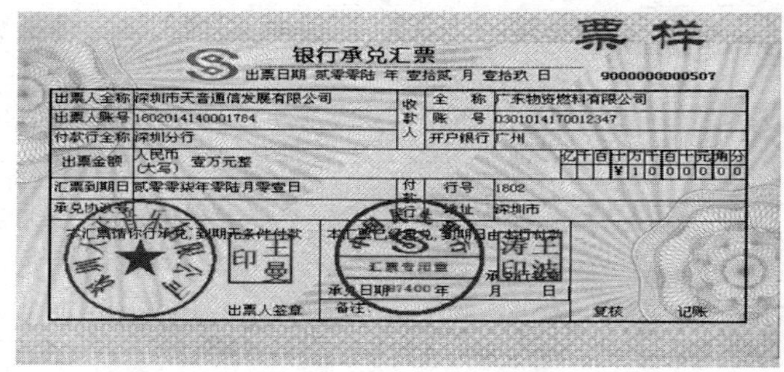

票样

银行承兑汇票

出票日期 贰零零陆 年 壹拾贰 月 壹拾玖 日　9000000000507

出票人全称 深圳市天音通信发展有限公司
出票人账号 1802014140001784
付款行全称 深圳分行
收款人 全称 广东物资燃料有限公司
账号 0301014170012347
开户银行 广州
出票金额 人民币（大写） 壹万元整　¥1000000
汇票到期日 贰零零柒年零陆月零壹日
付款行 行号 1802 地址 深圳市
本汇票请你行承兑，到期无条件付款
出票人签章
承兑日期 年 月 日
备注：
复核 记账

图 6-8　银行承兑汇票

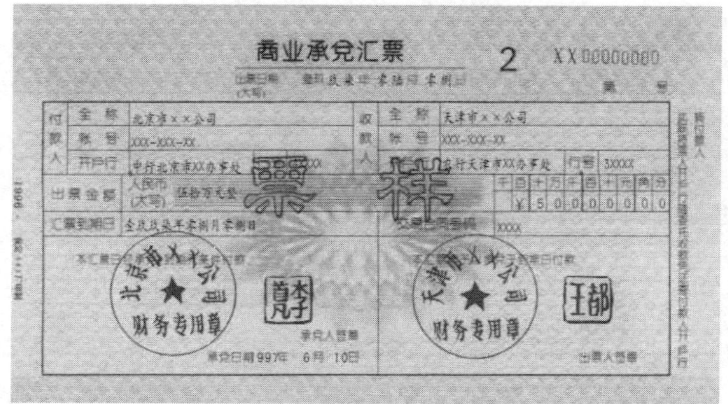

商业承兑汇票　2　XX00000000

出票日期（大写）

付款人 全称 北京市××公司
账号 XXX-XXX-XX
开户行 中行北京市XX办事处
收款人 全称 天津市××公司
账号 XXX-XXX-XX
开户行 中行天津市XX办事处　行号 3XXXX
出票金额 人民币（大写） 伍拾万元整　¥5000000000
汇票到期日
交易合同号码 XXXX
票样
承兑人签章
承兑日期 1997年 6月 10日
出票人签章

图 6-9　商业承兑汇票

刘 丽 由图来看，两者的结算程序是不同的，银行承兑汇票的信誉高。

鲁 泽 对，因为叫银行承兑汇票嘛，银行承诺，就有保证。

刘 丽 商业承兑方式有两种（如图 6-10 所示）。

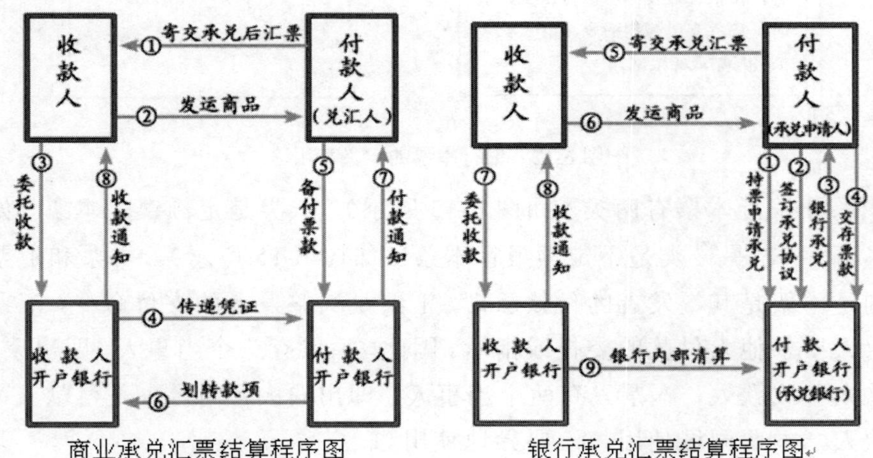

图 6-10 商业汇票的两种结算程序

刘 丽 商场如战场，站的角度不同，思考问题的结论也就不同，作为我们公司的财务，管理汇票的原则是这样的（如图 6-11 所示）。

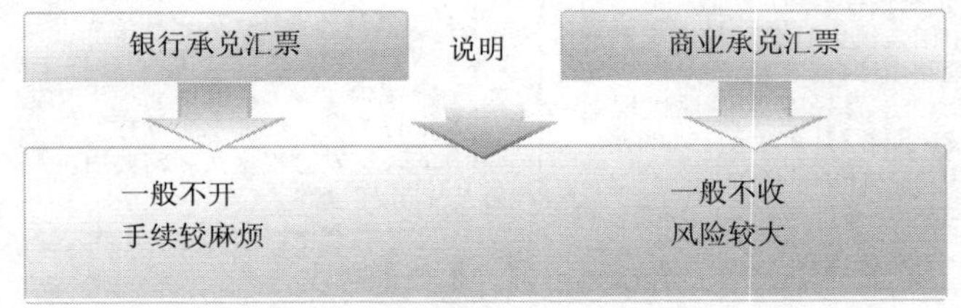

图 6-11 汇票管理的原则

6.1.2 银行本票知识

鲁 泽 什么是银行本票呢？

刘 丽 银行本票是申请人将款项交存银行，由银行签发给申请人凭以办理转账结算或支取现金的票据。银行本票的定义和用途如图 6-12 所示。

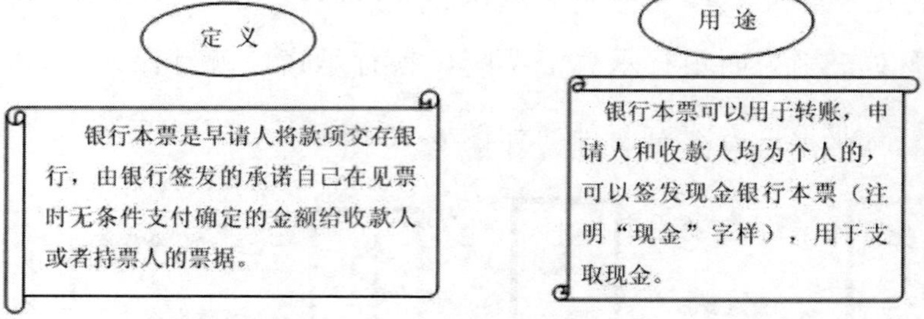
定义
银行本票是早请人将款项交存银行，由银行签发的承诺自己在见票时无条件支付确定的金额给收款人或者持票人的票据。
用途
银行本票可以用于转账，申请人和收款人均为个人的，可以签发现金银行本票（注明“现金”字样），用于支取现金。

图 6-12　银行本票的定义和用途

刘　丽 银行本票有两类（如图 6-13 所示），一类是定额银行本票（如图 6-14 所示），另一类是不定额银行本票（如图 6-15 所示）。本票和汇票的区别是本票是其签发者的付款承诺，汇票是其签发者的支付命令，汇票是出票人要求他人付款的委托或指示。因此，汇票有三个当事人，即出票人、付款人与收款人，本票只有两个当事人，即出票人（同时也是付款人）与收款人，本票同城使用，汇票异地使用。

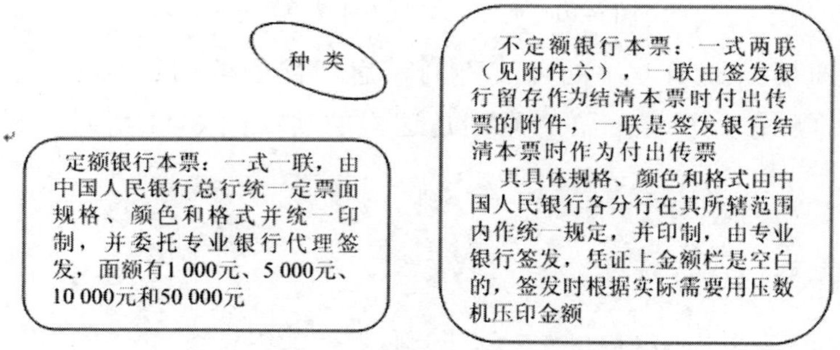
种类
定额银行本票：一式一联，由中国人民银行总行统一定票面规格、颜色和格式并统一印制，并委托专业银行代理签发，面额有1 000元、5 000元、10 000元和50 000元
不定额银行本票：一式两联（见附件六），一联由签发银行留存作为结清本票时付出传票的附件，一联是签发银行结清本票时作为付出传票
其具体规格、颜色和格式由中国人民银行各分行在其所辖范围内作统一规定，并印制，由专业银行签发，凭证上金额栏是空白的，签发时根据实际需要用压数机压印金额

图 6-13　银行本票的种类

付款期
贰个月
交通银行
本票
¥1000
签发日期
(大写)
壹仟圆整
交通银行
本票专用章
转帐
现金

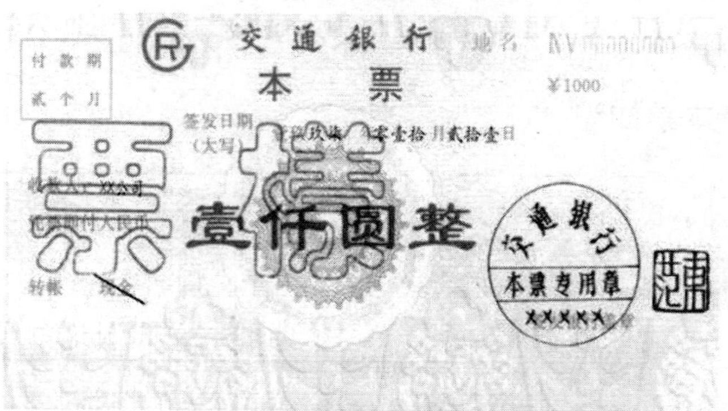

图 6-14　定额银行本票

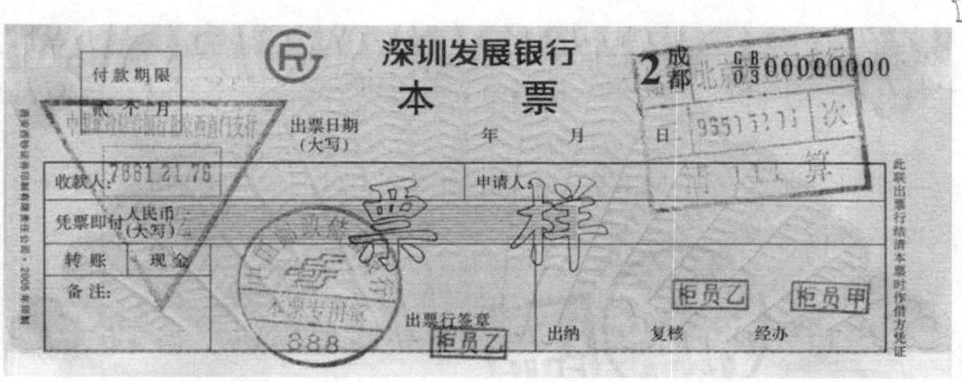

付款期限 贰个月

深圳发展银行

本票

2 成都 GB/03 00000000

出票日期（大写） 年 月 日

收款人：

申请人：

凭票即付 人民币（大写）

转账 现金

备注：

出票行签章

出纳 复核 经办

柜员乙 柜员甲

本票专用章 888

票样

此联出票行结清本票时作借方凭证

图 6-15 不定额银行本票

鲁 泽 银行本票有什么优点呢？看起来非常麻烦。

刘 丽 银行本票的特点还是比较明显的，其实每种结算方式，都有它的现实需要，这样才可以被大家所接受，要不然，人们就不会选择这种结算方式。银行本票的优点有以下几个方面。

（1）无金额起点限制，也没有最高限额。

（2）具有银行信用，银行见票即付，结算快捷（见票即付针对出票行，只有本票是真正见票即付）。

（3）在提示付款期内，转账银行本票在同一票据交换区域内可背书转让，提示付款期限自出票日起最长不得超过两个月。持票人超过付款期限提示付款的，代理付款行不予受理，持票人必须到出票行请求付款。

（4）携带方便。银行本票可由持票人自带，根据商品交易成功与否的需要，确定是否将本票交予收款人，做到钱货两清，在同一票据交换区域内的单位和个人，无论是否开户，均可以使用银行本票支付各种款项。

（5）银行本票若未用，在其票据权利有效期内可以向出票银行要求办理退款。

（6）现金银行本票如遗失，可向出票银行申请挂失。不过要注意现金本票不得转让，但可以挂失；转账本票，可以背书转让，但不得挂失。

鲁 泽 向银行提示银行本票付款怎么办理呢？

刘 丽 在银行开立账户的持票人向银行提示付款时，应在银行本票背面签章处签章，须与预留银行签章相同。未在银行开立账户的个人持票人，凭“现金”字样的银行本票向出票银行支取现金的，应在银行本票背面签章，记载本人身份证名称、证件号码及发证机关，并交验本人身份证及其复印件。办理银行本票申请的要求如图 6-16 所示，填制的申请书样式如图 6-17 所示。

“银行本票申请书”的填写内容：收款人名称、支付金额、申请人名称、申请日期、申请人签章，（签章为其预留银行的签章）。

申请人和收款人均为个人，需要支取现金的，应在“支付金额”栏先填写“现金”字样，后填写支付金额。申请人或收款人为单位的，不得申请签发现金银行本票

“银行本票申请书”一式三联：

第一联为申请人回单，

第二联为银行借方凭证，

第三联为贷方凭证。

申请人交现金办本票的，第二联注销。

申请人在签发银行开立账户的，应在第二联上加盖预留银行印鉴

图 6-16　银行本票申请书的填写

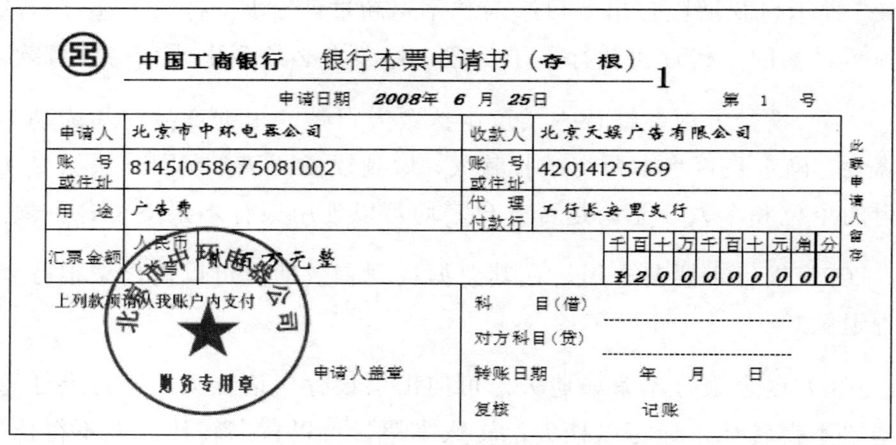

中国工商银行　银行本票申请书（存　根）　1

申请日期　2008年　6　月　25日　　　第　1　号

申请人	北京市中环电器公司	收款人	北京天娱广告有限公司
账号或住址	8145105867508100 2	账号或住址	42014125769
用途	广告费	代理付款行	工行长安里支行
汇票金额	人民币（大写）贰佰万元整	千百十万千百十元角分	¥200000000

上列款项请从我账户内支付

申请人盖章

北京市中环电器公司 财务专用章

科　目（借）

对方科目（贷）

转账日期　年　月　日

复核　记账

此联申请人留存

图 6-17　银行本票申请书样式

银行本票的结算流程如图 6-18 所示。

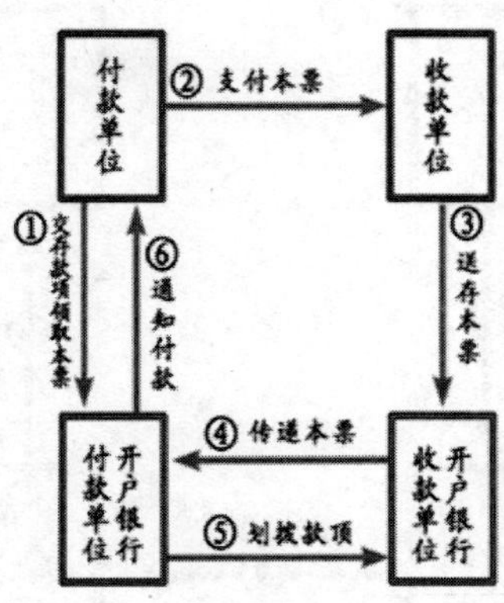

图 6-18 银行本票结算流程

6.1.3 汇兑知识

说到汇兑，小鲁比较熟悉，因为这几个月来，给外地的客商付款，小鲁基本上都是通过汇兑的方式进行的。

刘 丽 汇兑就是委托银行将款项汇给外地收款人的结算方式，通常分为两类，一类是电汇，另一类是信汇。电汇是以电报方式将汇款凭证转发给收款人指定的汇入行，信汇是以邮寄方式将汇款凭证转给外地收款人指定的汇入行（如图 6-19 所示）。

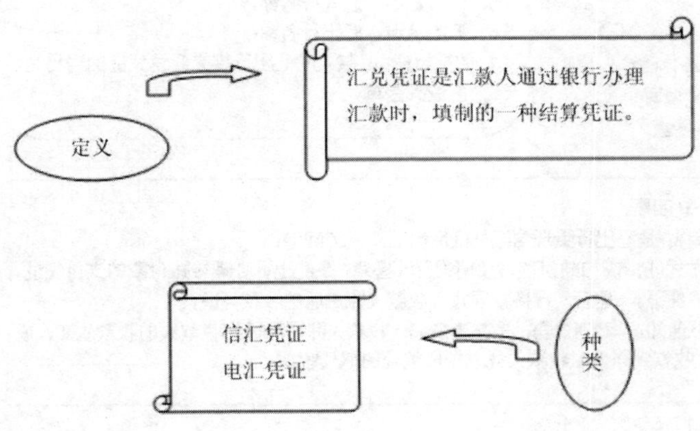

图 6-19 汇兑的定义和种类

汇兑的流程如图 6-20 所示。

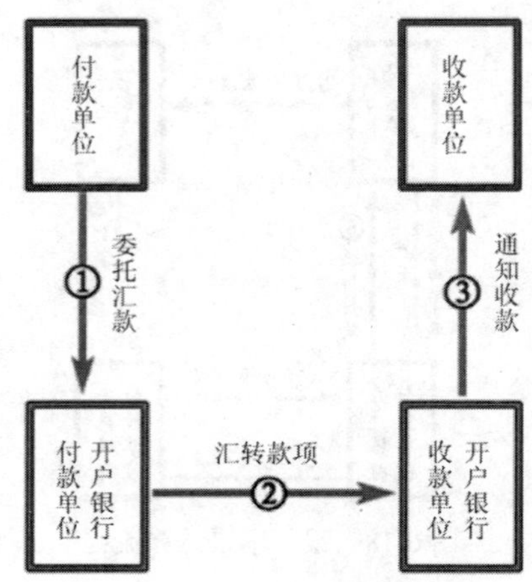

图 6-20　汇兑的流程

说到信汇，小鲁记得上小学的时候，在省里工作的叔叔，隔几个月就有一张汇款单寄到学校，让他捎回来。刘丽说信汇凭证现在很少用，基本只有在购买书刊资料时会用。信汇凭证填制注意事项如图 6-21 所示，式样如图 6-22 所示。

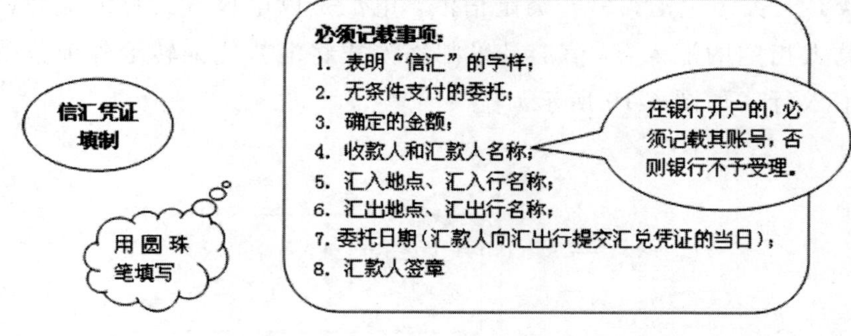

信汇凭证一式四联：
第一联(回单)，是汇出行受理信汇凭证后给汇款人的回单；
第二联(借方凭证)，需加盖付款方预留银行印鉴章，是汇出行办理转账付款的支付凭证；
第三联(贷方凭证)，是汇入行将款项收入收款人账户后的收款凭证；
第四联(收账通知或取款收据)，是在直接记入收款人账户后通知收款人的收款通知，或不直接记入收款人账户时收款人凭以领取款项的取款收据

图 6-21　信汇凭证填制

××银行**信汇**凭证（借方凭证） **2**

委托日期 年 月 日 第 号

汇款人	全称				收款人	全称			
	账号或住址					账号或住址			
	汇出地点	省 市县	汇出行名称			汇入地点	省 市县	汇入行名称	
金额	人民币（大写）						千 百 十 万 千 百 十 元 角 分		
汇款用途：					科目（借）				
此汇款支付给收款人。 汇款人签章					对方科目（贷） 汇出行汇出日期 年 月 日 复核 记账				

此联汇出行做借方凭证

图 6-22 信汇凭证样式

小鲁日常使用的是电汇，电汇凭证的填制要求如图 6-23 所示，电汇凭证的样式如图 6-24 所示。

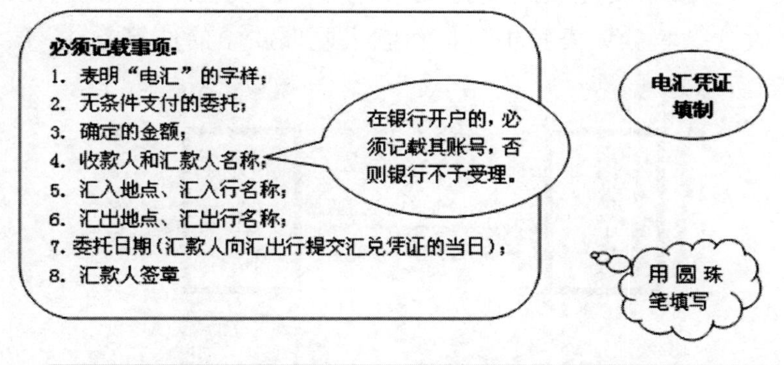

电汇凭证一式三联（见附件十三）：
第一联（回单），是汇出行给汇款人的回单；
第二联（借方凭证），需加盖付款方预留银行印鉴章，为汇出行办理转账付款的支付凭证；
第三联（发电依据），是汇出行向汇入行拍发电报的凭据。

汇入行收到汇出行发来的电报，经审核无误后，应编制一式三联联行电报划收款补充报单，在第三联上加盖“转讫”章作收账通知交给收款单位，表明银行已代为进账

图 6-23 电汇凭证的填制

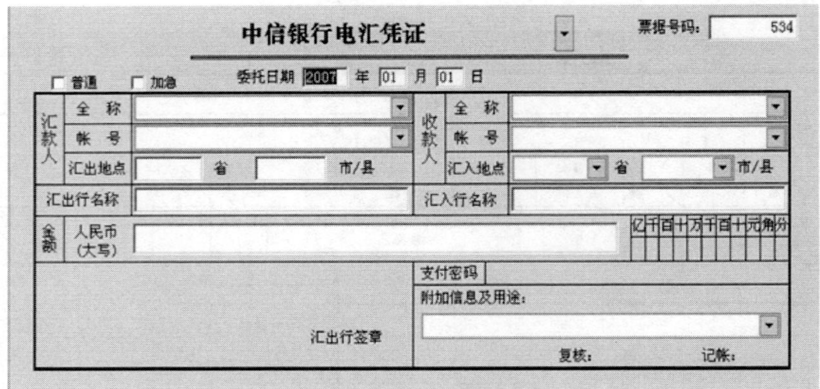

中信银行电汇凭证　　票据号码：534

□普通　□加急　委托日期 2007 年 01 月 01 日

汇款人	全称			收款人	全称		
	帐号				帐号		
	汇出地点	省	市/县		汇入地点	省	市/县
汇出行名称				汇入行名称			
金额	人民币（大写）			亿千百十万千百十元角分			
汇出行签章				支付密码			
				附加信息及用途：			
				复核：		记帐：	

图 6-24　电汇凭证样式

6.1.4　委托收款及托收承付知识

刘　丽　我们了解下委托收款及托收承付吧，在我们单位现在从来没用到过。委托收款是收款人委托银行向付款人收取款项的结算方式，结算流程如图 6-25 所示。

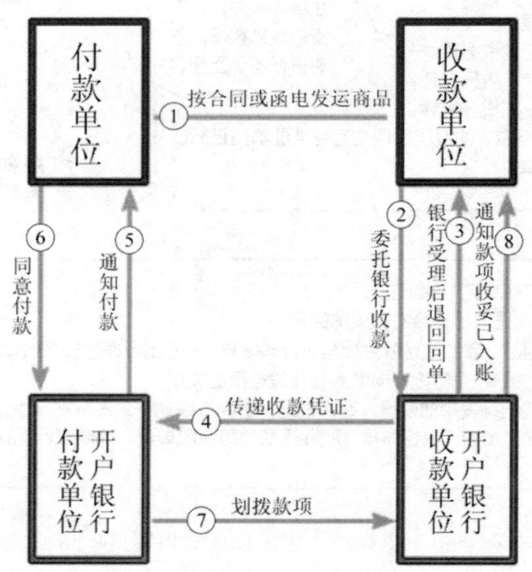

图 6-25　委托收款流程

异地托收承付是收款单位根据合同发货后，委托银行向异地付款单位收取货款，付款单位根据合同核对单据或验货后，向银行承认付款的一种结算方式。

办理托收时，必须具有符合合同法规定的经济合同，并在合同上注明使用托收承付结算方式和遵守“发货结算”的原则。

所谓“发货结算”是指收款方按照合同发货，并取得货物发运证明后，方可向开户银行办理托收手续。例如，其结算程序及异地采购材料采用托收承付方式样式如图 6-26 所示，程序如图 6-27 所示。

中国××银行托收承付凭单（回单）1　托收号码：

委托日期　　年　月　日　　第　号

收款单位	全称			付款单位	全称	
	账号				账号或地址	
	开户银行		行号		开户银行	
托收金额	人民币（大写）					千百十万千百十元角分
附件		商品发运情况			合同名称号码	
附寄证件张数或册数						
备注：				款项收妥日期 年　月　日		（收款单位开户行盖章） 年　月　日

单位主管：　　会计：　　复核：　　记账：

此联是收款单位开户银行给收款单位的回单

图 6-26　银行托收凭证

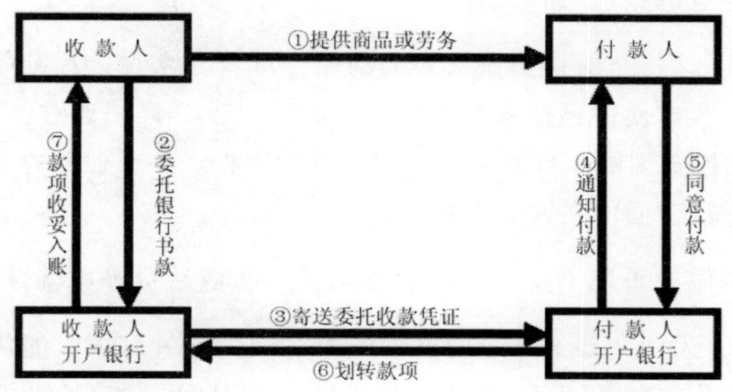

图 6-27　银行托收凭证程序

6.2　玩转网银

有一天，银行人员到单位来推销理财产品。

王部长说由于公司还处于快速发展阶段，资金不是很充足，目前还没有钱可以用来理财。

另外，公司领导对银行理财还不是很熟悉，觉得这个事物跟投资股票差不多，而对于股市，被套牢的领导一肚子委屈，现在提都不愿提。虽然银行的人说理财产品和股票不一样，理财产品风险要小，目前还没有赔的人。公司领导说："那你能给我一个书面保证吗？"

银行的人笑了笑，答案显然是不能，所以这些事就不再提起。但双方的收获还是有的，就是谈到公司可以办企业网银。

由于这件事刘丽也没有接触过，于是决定让小鲁来负责，让银行的客户和小鲁共同来完成。

6.2.1 企业网银的实务知识

鲁　泽 企业网银具体是怎么回事呢？

银行人员 企业网银是指银行依托网络技术，根据企业客户的多样化需求推出的网上自助服务系统。通常分为标准版和普及版两个版本。

鲁　泽 企业网银能做什么事？

银行人员 这就是所谓企业网银的功能，拿我行来说，标准版企业网上银行为企业客户提供包括账户管理、收款、付款、集团理财、现金管理、代发工资、投资理财、自助循环贷款、预约票据、外币业务办理、功能菜单定制等丰富全面的在线金融服务。

鲁　泽 能做的事还不少呢，以后发工资，缴电话费等，就全交给它。

银行人员 为什么要选择企业网银呢，是因为它具有很大的优越性，它可以强化企业的财务管理，缩短日常业务办理时间，提高企业资金营运效率，节约企业运营成本，实现企业财富的不断增值。

鲁　泽 那我们就开始办理吧。

银行拿来的办理企业网银需要的资料有：

（1）加盖单位公章、注册账户预留印鉴和企业法定代表人（或授权代理人）签章的《网上银行代理申请表》。

（2）法定代表人有效身份证件复印件，经办人的有效身份证件原件及复印件。

（3）法人授权委托书（法定代表人办理无须提供）。

（4）加盖单位公章和企业法定代表人（或授权代理人）签章的《中国建设银行股份有限公司代付业务协议书》。

企业网银的注册流程如图 6-28 所示。

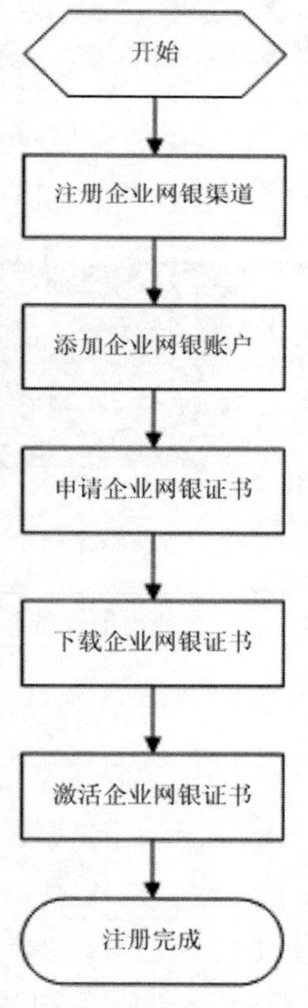

图 6-28　网银注册流程图

鲁　泽　麻烦你给我演示一下操作过程吧。

银行人员　好的，其实操作是很方便的。

企业网银操作界面如图 6-29 所示。

图 6-29　企业网银操作界面

然后点击上方栏“公司机构客户”，选择公司业务如图 6-30 所示。

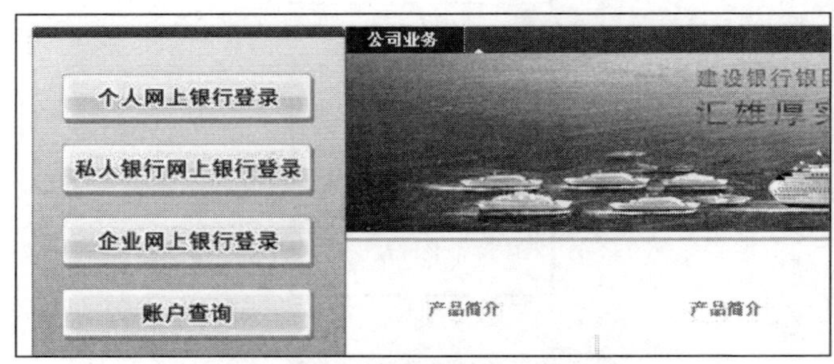

图 6-30　企业网银登录界面

鲁　泽 网银安全吗？现在互联网这么发达，怕万一有个闪失，银行的钱全部被人转走了怎么办？

银行人员 网银安全是大家最为关注的问题，因为通过人与人的交接，大家觉得还算安全，网上就不一样，摸不着，但我肯定地说，网银的安全性一点儿不差。当然，和普通的出纳业务一样，在单位内部，网银也需要岗位不兼容，要进行互相监督，交易中不同的人用不同的密码进行操作，权限不同，加上银行的控制措施，所以您不用过多担心。

6.2.2　管理员的 3 个界面

拿企业内部控制来说，有企业网银管理员界面和企业网银操作员界面，管理员和操作员是分离的，公司的分工是管理员由王部长负责，操作

员由小鲁负责。先来看一下管理员的 3 个界面。

（1）进入管理员界面，如图 6-31 所示。

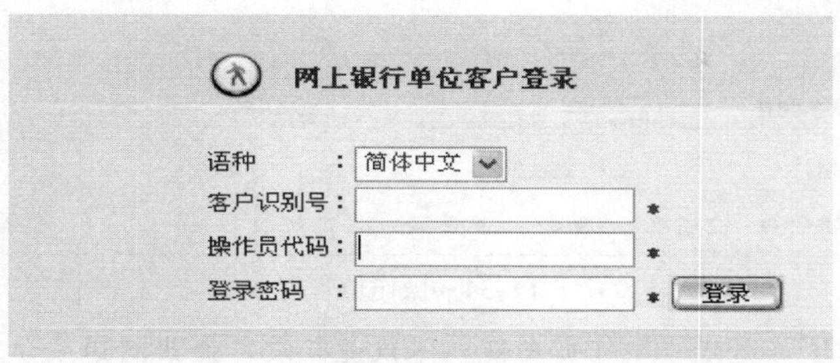

图 6-31　管理员界面

（2）管理员功能界面，如图 6-32 所示。

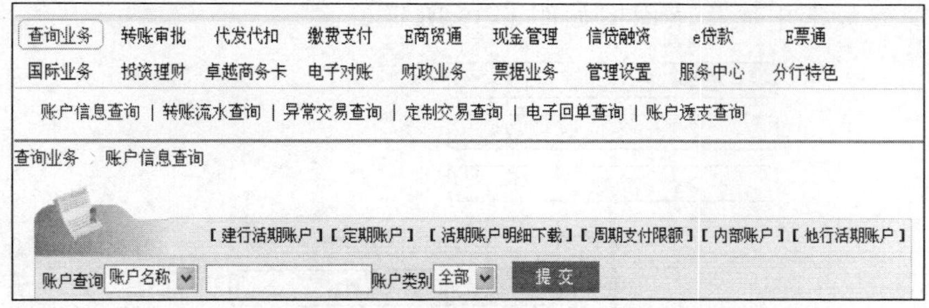

图 6-32　管理员功能界面

（3）管理员功能设置，分别进行授权管理和操作员管理，如图 6-33 和图 6-34 所示。

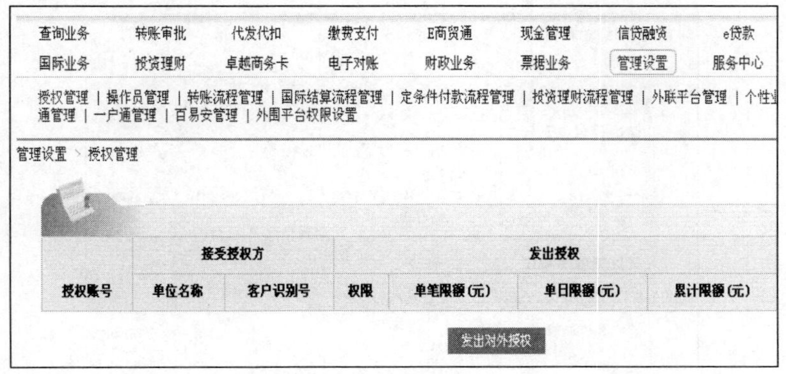

图 6-33　管理设置

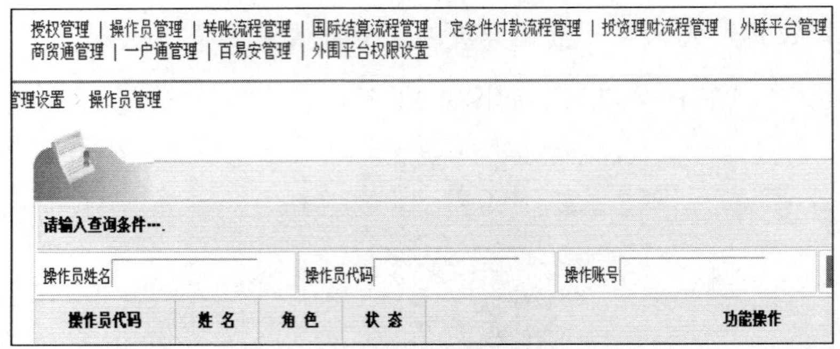

图 6-34　操作员管理

备注：管理员通过“操作员功能权限设置”设定企业网银展示给操作员的功能菜单，并设置转账限额和账户复核级别。只有管理员完成操作员功能权限设置后，操作员才能操作相应的功能菜单。

管理员常用操作平面图如图 6-35 所示。

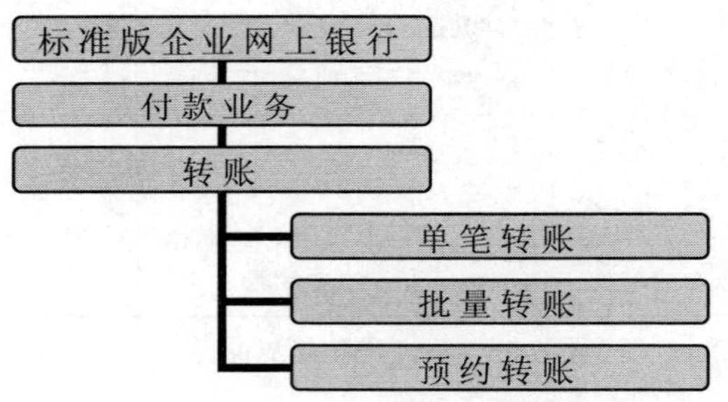

图 6-35　管理员常用操作平面图

其次，再来看企业付款为例，如图 6-36 所示。

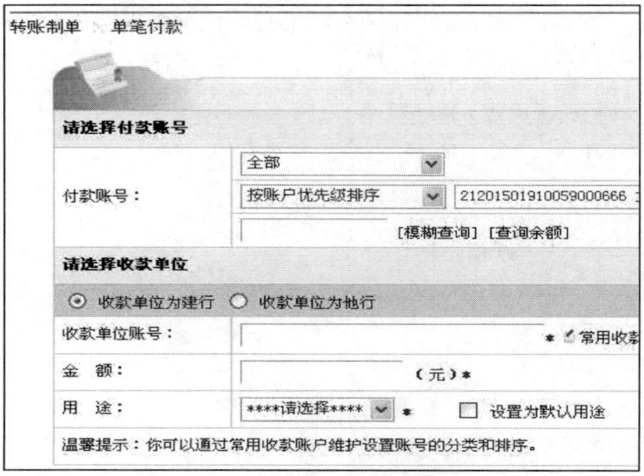

转账制单 > 单笔付款

请选择付款账号

付款账号：全部　按账户优先级排序　21201501910059000666　[模糊查询] [查询余额]

请选择收款单位

收款单位为建行　收款单位为他行

收款单位账号：＊ 常用收款

金　额：（元）＊

用　途：****请选择****　＊　设置为默认用途

温馨提示：你可以通过常用收款账户维护设置账号的分类和排序。

图 6-36　操作员付款界面

操作员代付业务操作平面如图 6-37 所示。

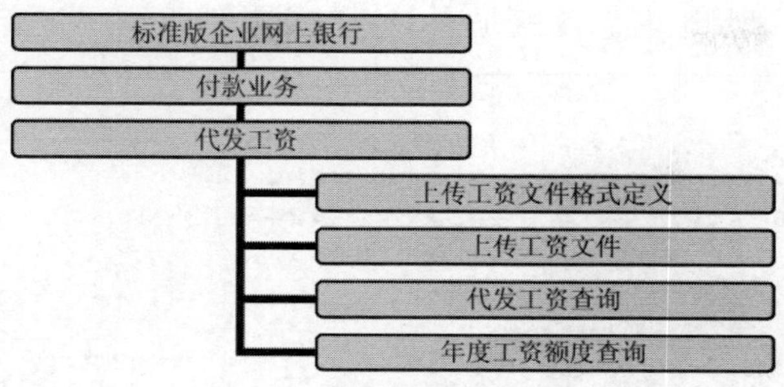

图 6-37 操作员操作平面图

另外，操作员完成操作后，必须由自己或另一人进行复核，然后管理员进行审批，管理员审批界面如图 6-38 所示。

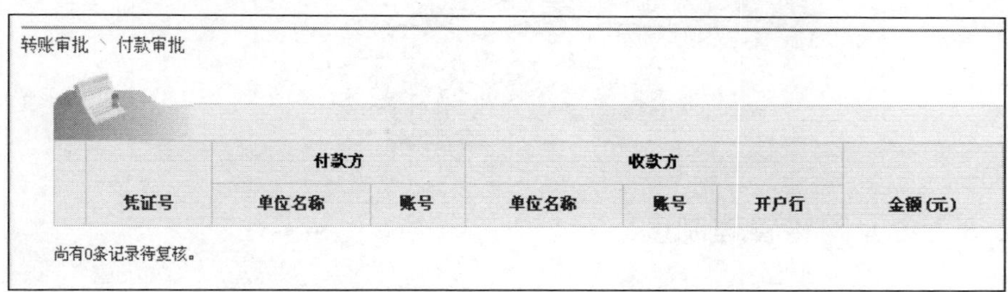

图 6-38 管理员审批界面图

鲁 泽 对我们公司来说，网银代发工资还是非常好的，这个是怎么操作的？

银行人员 企业网银代发业务，包括工资等（操作界面如图 6-39 所示），每个功能界面上都有形象的名称，也是非常容易明白。

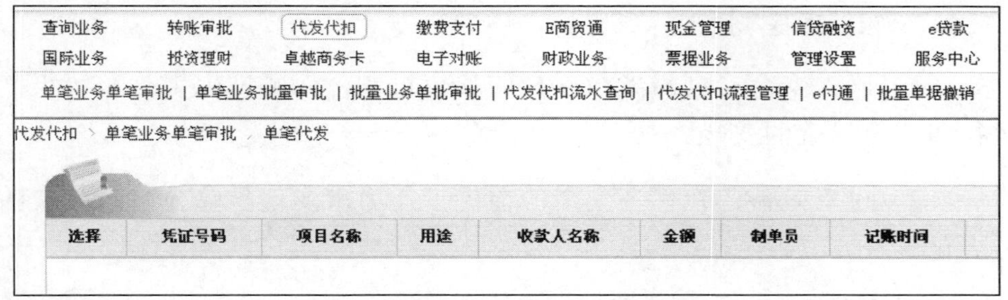

图 6-39 操作员代发业务界面图

经过银行业务人员的讲解和小鲁的实际操作，小鲁很快掌握了网银，特别是实时查询账户明细和余额，给小鲁的工作带来很大的方便。

以前，要么被动地等银行定期打印的对账单，要么打电话给银行，遇到银行电话忙碌，干着急，就是查不到对方的钱汇到了没有。

6.2.3 企业网银管理制度

网银开通后，财务部专门制定了企业网银管理制度，这里面有很多内容是小鲁通过深思熟虑才提出的，得到了大家的表扬。我们看一看小鲁参与制定的第一份制度吧。

为促进公司网上银行业务有序发展，确保公司资金安全和高效运作，特制定本办法。

1. 网银管理基本原则

（1）确保安全：利用多级授权的安全机制，保障网上银行系统正常运行和公司资金的安全。

（2）讲求效益：在保证安全的前提下，力求实现结算效率与效益的最大化。

2. 业务范畴

根据业务需求，公司网上银行目前仅限于以下业务：

- 账户查询：账户状态及其余额的查询、历史交易查询、票据查询等。
- 银行收支结算：内部转账、工资发放、经费支付和日常办公费用支付等。

3. 交易限额

单笔交易金额不得高于 2 万元，一天不得超过 3 笔。

6.2.4 网银业务使用要求

1. 网银密钥三级管理

本着高效和强化资金安全审核的原则，公司网上必须按三级权限进行管理，即出纳制单、会计复核和财务负责人授权模式。

2. 具体基本权限的网银密钥

出纳配备具体基本权限的网银密钥（设置密码），持有此网银密钥可随时上网查询账户状况，包括当日及历史交易明细、时点余额等详细信息，并且可以提交办理收支结算指令。

3. 具体复核权限的网银密钥

会计配备具体复核权限的网银密钥（设置密码）。结算管理员必须对网上银行收支结算指令进行复核，查询网上银行收付记录，做到有效复核和监督。

4. 具体授权权限的网银密钥

财务负责人配备授权权限的网银密钥（设置密码）。网上银行的所有收付指令最后必须经审核授权后才能生效，即通过二级审核的方式达到最终防范资金风险的目的。

5. 网上银行收付业务管理

出纳根据手续齐全的有效收付凭据办理网上银行结算操作。

一级复核管理员根据收付凭据对出纳网银指令进行复核。

财务负责人对网银收支业务进行授权。经授权，完成整个网银结算程序。

6. 网银操作过程中非正常业务的处理

采用网上银行方式进行结算操作，除建立三级权限机制外，还必须强调谨慎性原则。如在正常操作过程中，由于网络、系统或其他原因造成收支业务出现可疑指令，应当立即与网上银行的经办行进行咨询、确认，包括形成问题的原因、解决措施，需要时间等，切不可再次操作，防止出现单笔业务重复支付的现象。通过与银行联系，确认业务确系未支付，且挂账待处理指令消除后，方可补制业务，并按三级权限进行处理。

7. 网银业务的维护与管理

安装网银的计算机为专用计算机，非网银操作人员严禁使用，出纳负责对网银计算机进行日常管理与维护。

网银操作人员离开岗位时必须退出网上银行系统，并将密钥从计算机上拔出，妥善保管，一旦发现持密钥人员离岗后未退出银行系统的，按50元/次进行处罚；退出网银界面但未拔出密钥的，按100元/次进行处罚；未取密钥且未退出网银系统的，按200元/次进行处罚。

出纳、会计、财务负责人所管辖的网银密钥应视作财务印章进行管理，并将其密码与网银密钥分开保管。不定期地对网上银行的操作、保管情况进行稽核，确保网银业务安全。

CHAPTER

7 出纳的专业技能 1

半年时间很快就过去了，经过人力资源部门的考核，小鲁试用期综合得分为88分，顺利拿到为期5年的工作合同。

小鲁给自己的第一个10年，设定的目标是能成为财务部部长，那么合同期的5年后，自己首先努力的方向应该是成为一个很好的会计人员，就像现在的刘丽一样，对于会计业务，比较熟练精通。

7.1 原始凭证都审什么

鲁 泽 原始凭证审核应该从哪几个方面入手呢？

刘 丽 审核原始凭证是会计核算工作中必不可少的环节，也是国家赋予财会人员的监督权力。只有经审核无误后的原始凭证，才能作为编制记账凭证和登记明细分类账的依据。

具体说，原始凭证的审核要符合合法性、真实性、完整性和正确性的要求，其审核的主要内容包括原始凭证的内容、签章、金额和联次等方面。

原始凭证审核的具体要求如图 7-1 所示。

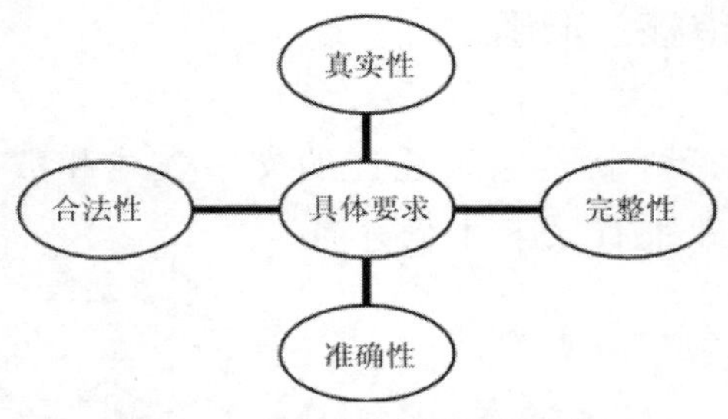

图 7-1 原始凭证审核的要求

刘 丽 以下对原始凭证的四性做个较为详细的解读，这些内容比较抽象，得结合实际不断思考才能把握。

7.1.1 原始凭证审核：真实性

原始凭证的真实性，就是原始凭证应如实反映经济业务的本来面貌，不得掩盖、歪曲和捏造。

真实性的具体要求有以下 4 个方面：

1. 经济业务的双方当事单位和当事人必须是真实的。
2. 经济业务发生的时间、地点和填制凭证的日期必须是真实的。
3. 经济业务的内容必须是真实的。
4. 经济业务的实物量和价值量必须是真实的。

7.1.2 原始凭证审核：合法性

刘 丽 原始凭证的合法性，就是原始凭证所反映的经济业务必须符合国家政策、法令以及会计法规、制度和预算的规定。

合法性的具体要求有以下三个方面：

1. 不真实的原始凭证，如假发票、假收据、假车票等均是不合法的。
2. 虽真实但制度不允许报销的也是不合法的，如个人因私购买物品、外出旅游而用公款报销等。
3. 虽能报销，但超过规定比例和限额的部分也是不合法的。如职工出差超标准乘坐交通工具、住宾馆，超标准开支医药费等。

7.1.3 原始凭证审核：准确性

原始凭证的准确性就是原始凭证的文字表述和数字计算必须准确无误。准确性的具体要求有以下 4 个方面。

1. 文字、数字的书写要清晰、工整、规范，不得潦草，不得任意自造简化字，不得任意省略。
2. 人民币符号“¥”与阿拉伯金额数字之间不得留有空白，数字前有“¥”的，后面不再写“元”字。汉字大写金额前必须有“人民币”三字，并且，它们之间不得留有空白。
3. 数量、单价与金额要计算准确无误，大小写金额应一致。
4. 原始凭证必须使用钢笔或圆珠笔填写。支票必须使用碳素墨水，并且数字不得更正。

7.1.4 原始凭证审核：完整性

就是原始凭证应具备的要素必须完整，手续必须齐全。

1. 双方经办人员必须签名或盖章。
2. 发票上应该印有税务专用章和财务公章。
3. 事业、行政单位收费应该开具的是财政部门统一印制的收据。
4. 购买实物的凭证必须有验收证明或使用证明人签章。
5. 支付款项的凭证必须有收款单位或收款人的收款证明。
6. 需经领导签名批准的凭证应该有领导人的亲笔签名。
7. 填制退货发票退款时，必须取得对方的收款收据或汇款银行的凭证。
8. 职工因公出差，应填写正式借据，报销差旅费冲销或归还借款时，应由财会人员另开收据。
9. 经过上级批准的经济业务，应将批准文件作为原始凭证附件，若批准文件需单独保管，应在凭证上注明批准机关名称、日期和文件字号。
10. 购买专控商品，除必须银行转账、取得汇款凭证、销货发票、本单位验收或使用证明外，还必须附社会集团购买力专控办公室签发批文。

7.1.5 图解原始凭证的基本内容要求

鲁 泽 原始凭证的基本内容是国家统一规定的吗？我看了看企业的财务管理制度，觉得不尽相同。

刘 丽 原始凭证的基本内容国家有相关规定，这个规定的依据是中华人民共和国财政部《会计基础工作规范》，在这个规范中，对原始凭证的基本要求如下：原始凭证必须具备的内容有凭证的名称；填制凭证的日期；填制凭证的单位名称或填制人姓名；经办人员的签名或盖章；接受凭证的单位名称；经济业务内容；数量、单价和金额等（如表 7-1 所示）。另外，从外单位取得的原始凭证，必须盖有填制单位的公章或财务专用章；从个人取得的原始凭证，必须有填制人员的签名或盖章。自制原始凭证必须有经办单位领导人或其指定的人员签名或盖章。对外开出的原始凭证，必须加盖本单位公章。

表 7-1 原始凭证的基本要素

原始凭证的基本要素	凭证的名称	标明原始凭证所记录业务内容的种类，反映原始凭证的用途。如“发货票”“入库章”等
	填制凭证的日期	填制原始凭证的日期一般是业务发生或完成的日期。如果在业务发生或完成时，因各种原因未能及时填制原始凭证的，应以实际填制日期为准。销售商品、产品时未能及时开出发货票的，补开发货票的日期应为实际填制的日期
	填制凭证的单位或填制人姓名	这是填制原始凭证的一项基本要求
	经办人员的签名或盖章	经办人员签名盖章是为了通过该项内容，明确经济责任
	接受凭证的单位名称	将接受凭证单位与填制凭证单位或填制人相联系，标明经济业务的来龙去脉
	经济业务内容	经济业务内容主要是表明经济业务的项目、名称及有关的附注说明
	数量、单价和金额	主要表明经济业务的计量，这是原始凭证的核心

刘　丽 上面讲的内容可能有点儿多，我们精简一下，原始凭证的审核技能包括两方面，一方面是审核内容要点（如图 7-2 所示），另一个是审核结果的处理（如图 7-3 所示）。原始凭证的审核一个是形式上的审核，另一个是实质上的审核。

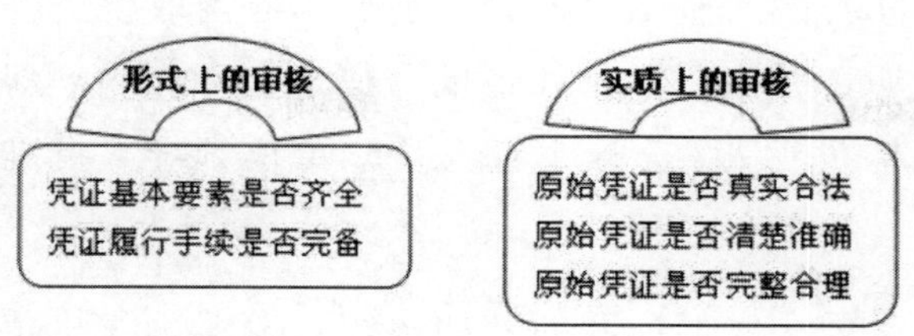

图 7-2 原始凭证审核内容要点

刘 丽 审核后的结果无非有两种，一种是合格，一种是不合格，相应地，审核中对不同情况要做不同的处理。

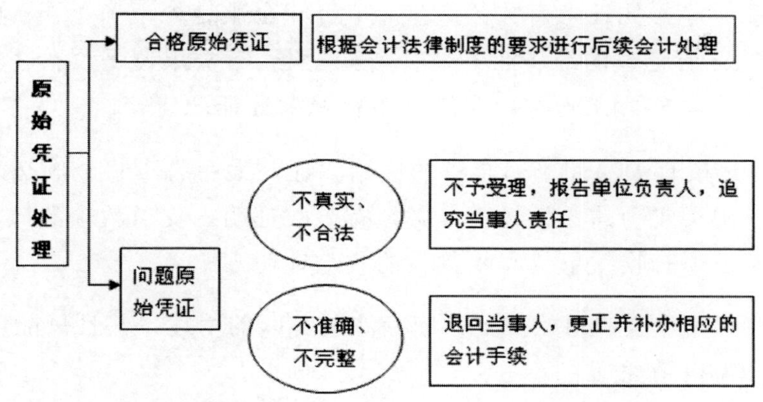

图 7-3 原始凭证审核结果的处理

符合要求的原始凭证，应及时据以编制记账凭证。对于不真实、不合法的原始凭证，会计人有权不予受理，并向单位负责人报告。对于内容不全面、手续不完备、数字不准确或填写错误的原始凭证，应当退还给有关业务单位或个人，并令其补办手续或进行更正。

鲁 泽 不合格的原始凭证，经办人员修正一下是不是就合格呢？

刘 丽 除一些签字外，通常是不可以的，因为原始凭证不得涂改、挖补。

具体来讲，常用的办法有以下几种，切不可告诉经办人员，自己进行处理，如果破坏原样，对方单位也不能进行更正。

- 发现原始凭证有错误的，应当由开出单位重开或者更正，更正处应当加盖开出单位的公章。
- 如果是金额错误的原始凭证，必须要求开出单位重开。

- 从外单位取得的原始凭证如有遗失，应当取得原开出单位盖有公章的证明，并注明原来凭证的号码、金额和内容等，由经办单位会计机构负责人、会计主管人员和单位领导人批准后才能代作原始凭证。

- 如果确实无法取得证明的，如火车、轮船、飞机票等凭证，由当事人写出详细情况，由经办单位会计机构负责人、会计主管人员和单位领导人批准后才能代作原始凭证。

刘　丽 首先，审核原始凭证是否具备作为合法凭证必备的基本内容；其次，审核原始凭证上有关的数量、单价和金额是否正确无误；再次，审核原始凭证所记载的经济业务是否真实发生，有关单位是否存在等。从我的经验来说，实际工作中应该这样审核原始凭证。

- 凡填有大写和小写金额的原始凭证，大写与小写金额必须相符。购买实物的原始凭证，必须有验收证明。支付款项的原始凭证，必须有收款单位和收款人的收款证明。

- 一式几联的原始凭证，应当注明各联的用途，并且只能以一联作为报销凭证。

- 一式几联的发票和收据，必须用双面复写纸（发票和收据本身具备复写功能的除外）套写，并连续编号。作废时应当加盖“作废”戳记，连同存根一起保存，不得撕毁。

- 发生销货退回的，除填制退货发票外，还必须有退货验收证明。退款时，必须取得对方的收款收据或者汇款银行的凭证，不得以退货发票代替收据。

- 职工公出借款凭据，必须附在记账凭证之后。收回借款时，应当另开收据或者退还借据副本，不得退还原借款收据。

- 经上级有关部门批准的经济业务，应当将批准文件作为原始凭证附件。如果批准文件需要单独归档的，应当在凭证上注明批准机关名称、日期和文件字号。

刘　丽 财务人员进行原始凭证的审核时要做到六看。

一看形状、格式

各种原始凭证的样式和格式都是有标准的。

二看字迹、字体

看凭证所填写文字和金额的字迹是否清楚、规范，使用的笔和颜色是否符合要求等。

三看编号、日期

看编号和日期的自然顺序号是否相符。

四看公章、签名

看公章是否是事先盖好的，一般空白凭证大多是先盖好公章的。

五看凭证的合法性、合理性

审核原始凭证所反映的经济业务是否合理、合法，有无违反财经制度规定，是否按计划办事，是否按成本开支范围办事等。

六看凭证的完整性、正确性

审查原始凭证所应填写的内容是否全部具备，是否有遗漏。审查原始凭证的内容和填制手续是否符合规定的要求。

7.1.6 填写差旅费报销单

总经理从上海出差回来，由于他还要去北京谈一笔业务，临走的时候，将一个信封交给小鲁，里面是上海出差产生的机票以及一些其他票据。

刘　总 小鲁，麻烦你把这些票据报销一下，把我的借款冲了。

小鲁把信封拿到办公室，数了数发票，总共十来张，很零散。平时虽然已办理过员工的很多差旅费报销单，但由于自己没有填制过，小鲁一时不知怎么办，只好请教刘丽。

鲁　泽 刘姐，刘总的差旅费报销单如何填呢？差旅费报销需要注意哪些事项？

刘　丽 差旅费报销单是根据出差人员在外出途中取得的允许在费用中开支的各项原始凭证汇总填制的，其凭证附件的处理要注意以下几点。

- 对于纸张面积大于记账凭证的原始凭证，可按记账凭证的面积尺寸进行折叠。注意应把凭证的左上角或左侧面让出来，以便装订后还可以展开查阅。
- 对于纸张面积过小的原始凭证，一般不能直接装订，可先按一定次序和类别排列，再粘在一张同记账凭证大小相同的纸上。小票应分张排列，同类同金额的单据尽量粘在一起，同时应在一旁注明张数和合计金额。
- 以你拿的刘总的出差票据来说吧，我们可以总结为发生了这样的事项。

2012 年 9 月 20 日，总经理刘飞持住宿票、飞机票和汽车票报销差旅费，企业规定出差期间按每天 100 元给予伙食补助（出差时间共 4 天）。刘飞原借款 5 000 元，余款退回后由出纳根据差旅费报销单开具收据。

填制差旅费报销单如表 7-2 所示。

表 7-2　大连佳禾电子设备有限公司差旅费报销单　　NO:0000001

报销部门：总经理　　填报日期：　2012 年 9 月 20 日

<table>
<tr><td colspan="3">姓名</td><td colspan="2">刘飞</td><td colspan="2">职别</td><td colspan="2">总经理</td><td colspan="2">出差事由</td><td>商务洽谈</td></tr>
<tr><td colspan="12">出差起止日期自 2012 年 9 月 17 日起至 2012 年 9 月 20 日止共 4 天附单据 15 张</td></tr>
<tr><td colspan="2">日期</td><td rowspan="2">起讫地点</td><td rowspan="2">天数</td><td rowspan="2">机票费</td><td rowspan="2">车船费</td><td rowspan="2">市内交通费</td><td rowspan="2">住宿费</td><td rowspan="2">出差伙食补助</td><td rowspan="2">住宿节约补助</td><td rowspan="2">其他</td><td rowspan="2">小计</td></tr>
<tr><td>月</td><td>日</td></tr>
<tr><td>9</td><td>17</td><td>大连至上海</td><td></td><td>1 500</td><td></td><td>100</td><td>1 200</td><td>400</td><td></td><td></td><td></td></tr>
<tr><td>9</td><td>20</td><td>上海至大连</td><td></td><td>1 500</td><td></td><td>50</td><td></td><td></td><td></td><td></td><td></td></tr>
<tr><td colspan="3">合计</td><td></td><td>3 000</td><td></td><td>150</td><td>1 200</td><td>400</td><td></td><td></td><td>4 750</td></tr>
</table>

续上表

<table>
<tr><td colspan="6">总计金额（大写）：　⊗仟⊗佰⊗拾⊗万肆仟柒佰伍拾零元零角零分</td></tr>
<tr><td colspan="6">本次报账结算方式：1.本次报账_______元，　不予支付款项，暂作挂账处理；2.冲销预付款或借款 5 000 元，不予支付款项，应退金额 250 元；3.冲销预付款或借款_______元，补支款项：现金_______元，银行转账_______元；4.支付款项：现金_______元；银行转账_______元。</td></tr>
<tr><td>财务总监审核</td><td></td><td>主管副总审核</td><td></td><td>副总经理审核</td><td></td><td>总经理（或授权人）审批</td></tr>
<tr><td colspan="7">审计审核：　财务审核：　出纳：　部门经理：　出差人：刘飞　领款人：</td></tr>
</table>

会计分录

（1）报销差旅费冲借款：

借：管理费用——差旅费　　4 750

　贷：其他应收款——刘飞　　4 750

（2）退回借款余额：

借：现金　　250

　贷：其他应收款——刘飞　　250

7.1.7 填制收付款记账凭证

小鲁这些天已经做了些收付款凭证，感觉渐渐熟悉了。

初期填制记账凭证的时候，会不知道摘要该如何写，写多写不下，写少又觉得没表达明白，这也是个基本功，但有一个原则，也是一个技巧，就是事实是什么就写什么。记账凭证是怎么一回事呢，我们来重温一下它的概念要点。

- 根据原始凭证归类、整理编制的会计分录凭证；
- 从原始凭证到记账凭证是经济信息转化成会计信息的过程；
- 登记账簿的直接依据。

这些要点内在的联系如图 7-4 所示。

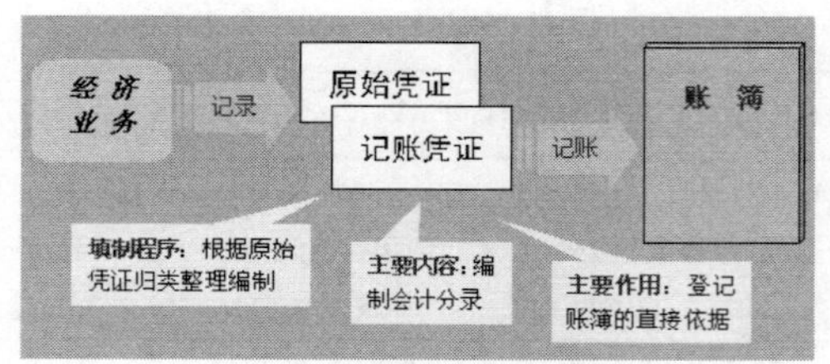

图 7-4　记账凭证概念要点

鲁　泽 刘姐，上次我到文化用品店买财务用品，发现记账凭证有很多种呢，不知有什么区别？

刘　丽 记账凭证可以自制，在格式上并没有很严格的限制，所以样式很多。主要有两类，一类是通用记账凭证，可用以反映所有经济业务的记账凭证，一类是专用记账凭证，包括收款凭证、付款凭证和转账凭证。我们单位使用的是专用凭证，填制样式如下。

7.1.8　收款记账凭证实物图

收款记账凭证（如图 7-5 所示），根据有关现金、银行存款和其他货币资金收款业务的原始凭证填制。

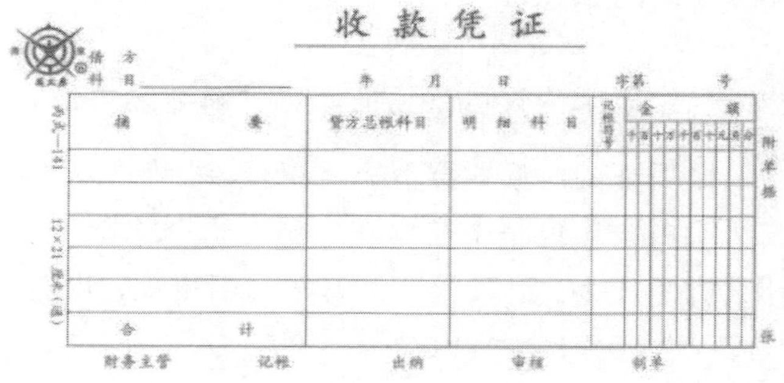

收款凭证

借方科目　　　　年　月　日　　　　字第　号

摘要	贷方总帐科目	明细科目	记账符号	金额
合计				

附单据　张

财务主管　记账　出纳　审核　制单

图 7-5　收款记账凭证

7.1.9　付款记账凭证实物图

付款记账凭证（如图 7-6 所示），根据有关现金、银行存款和其他货币资金支付业务的原始凭证填制。

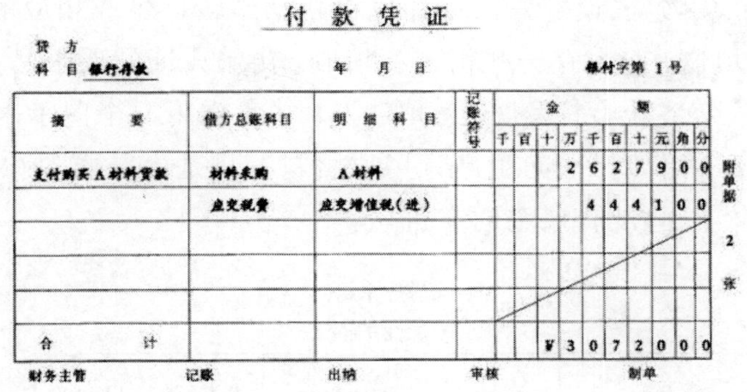

付　款　凭　证

贷方
科目 银行存款　　　　年　月　日　　　　银付字第 1 号

摘要	借方总账科目	明细科目	记账符号	金额									
				千	百	十	万	千	百	十	元	角	分
支付购买A材料货款	材料采购	A材料					2	6	2	7	9	0	0
	应交税费	应交增值税（进）						4	4	4	1	0	0
合　计						¥	3	0	7	2	0	0	0

附单据 2 张

财务主管　　记账　　出纳　　审核　　制单

图 7-6　付款记账凭证

对于出纳而言，特别要注意到对于现金和银行存款之间的存取（相互划转）业务，为避免重复记账，应统一按减少方填制付款凭证（均付款在先），而不填制收款凭证。

7.1.10　转账记账凭证实物图

转账凭证如图 7-7 所示，转账凭证是用以反映与货币资金收付无关的转账业务的凭证，根据有关转账业务的原始凭证或记账编制凭证填制而成。

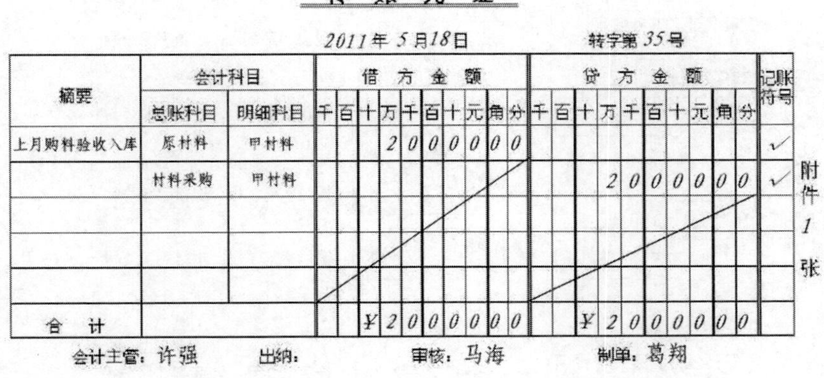

转　账　凭　证

2011年 5月18日　　　　转字第 35 号

摘要	会计科目		借方金额										贷方金额										记账符号
	总账科目	明细科目	千	百	十	万	千	百	十	元	角	分	千	百	十	万	千	百	十	元	角	分	
上月购料验收入库	原材料	甲材料				2	0	0	0	0	0	0											✓
	材料采购	甲材料														2	0	0	0	0	0	0	✓
合　计					¥	2	0	0	0	0	0	0			¥	2	0	0	0	0	0	0	

附件 1 张

会计主管：许强　　出纳：　　审核：马海　　制单：葛翔

图 7-7　转账凭证

鲁　泽　转账凭证是不是要手工填制呢？

刘　丽　填制转账凭证需要明白各账户之间的关系，是要把一个账户金额结转到另外一个账户中去，所以一般由会计来完成。不过现在，像月末年末的结转，事先已设置好，由计算机自动结转，生成相应的转账凭证，不需要手工填制，但也有一些仍需要填制。转账凭证的要求是：记录真实、手续完备、内容齐全、书写规范、填制及时。我们用一个图示来说明吧（如图 7-8 所示），比如，车间生产领用原材料，只是生产成本和原材料科目之间的结转，中间没有现金的支付。

记账凭证

2013年4月30日　　　　转字第1号

摘要	会计科目		借方金额	贷方金额	附件
	一级科目	明细科目			
计提工资	管理费用	工资	1,850.00		
	应付工资			1,850.00	张
合计			1,850.00	1,850.00	

会计主管　　记账　　出纳　　审核　　制单

图 7-8　转账凭证的填制

鲁　泽 刘姐，咱单位的凭证编号是不是共有 5 种啊，我编 4 种，你编 1 种。

刘　丽 是的，你编的是收款及付款凭证，我编的是转账凭证（如图 7-9 所示）。

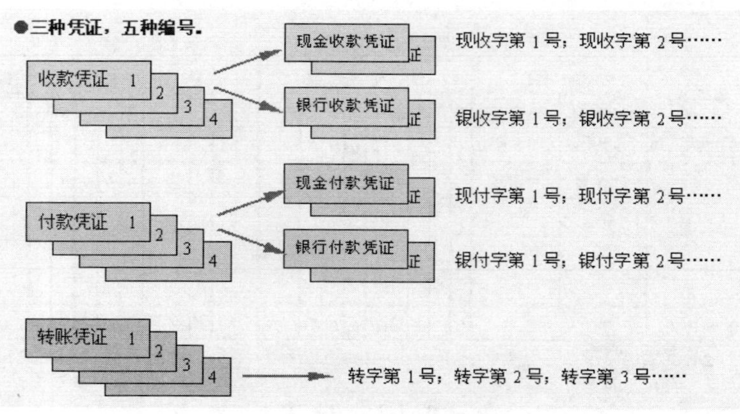

图 7-9　记账凭证的编号

7.2 增值税发票怎么开

小鲁遇到一个开具发票的实际操作问题，事情是这样的，销售部的马晓天要回家探亲，但销售部没有人手接他手头的工作，考虑到平时马晓天和小鲁业务上接触较多，公司决定上小鲁代开发票。

如何填写发票呢？小鲁觉得又遇上与开支票相同的问题，得从头学起。

7.2.1 增值税发票种类

公司常用的是增值税专用发票，增值税发票有两种：

- 增值税普通发票（不可以抵扣），将对方公司名称和所需开票的内容输入即可。
- 公司使用的增值税专用发票（可以抵扣）。

增值税发票的开具要求比较严格，开具给对方单位时需将对方公司的营业执照副本，开户行许可证（以上均是复印件），联系电话及开票内容输入。

7.2.2 专用发票开具要求

根据小鲁查阅的资料，概括讲专用发票应按下列要求开具：

（1）项目齐全，与实际交易相符。

（2）字迹清楚，不得压线、错格。

（3）发票联和抵扣联加盖财务专用章或者发票专用章。

（4）按照增值税纳税义务的发生时间开具。

鲁 泽 如果对方开具的发票不合要求呢，是不是拿回来对方就不给换了？

刘 丽 对不符合上列要求的专用发票，购买方有权拒收，也有权要求重开。

7.2.3 增值税专用发票

小鲁看了一下，增值税专用发票联次包括基本联次和附加联次。基本联次共有 3 联：

第一联抵扣联，是购货单位的扣税凭证，此联最终由购货单位交给税务机关进行抵扣税款；

第二联发票联，是购货单位的记账凭证，此联由购货单位作为购买产品的原始凭证入账；

第三联记账联，是销货单位的记账凭证，此联由销货单位作为销售产品的原始凭证入账。

对于发票的概念，小鲁知道是指在购销商品、提供或接受服务以及从事其他经营活动中开具、收取的收付款凭证。

经验谈

国税发票包括增值税专用发票和普通发票。

7.2.4 非首次领购一般纳税人专用、普通发票要求

小鲁看到马晓天给的资料中有一张写有非首次领购一般纳税人专用、普通发票需要的资料，注明要求：

（1）复印件要盖公章。

（2）营业执照副本原件。

（3）《发票领购验销登记簿》。

（4）填写《发票验旧供新表》（需加盖公章）。

（5）税控 IC 卡。

（6）购票员身份证明原件。

所有表格在一楼大厅表格发放处领取，凡办理发票业务须由有购票资

格考办理并出示营业执照副本原件及身份证明原件。

- 凡一般纳税人手工验销专用、普通发票均须带开票明细清单、汇总表（需加盖发票专用章）及最后一张开具过发票记账联原件，填写发票验旧供新表（需加盖公章）；
- 凡一般纳税人需退回发票（均需企业先作 IC 卡退票）带最后一张开具过发票记账联原件及空白发票（如金税卡故障退票还需带航天公司出具的维修单）。

经验谈

对于使用普通发票开票软件开具电脑版的已开具的发票要做上传处理，空白发票要作废后才能做上传处理，同时必须带发票来查验结存发票。

7.2.5 增值税专用发票填写

根据公司的经营范围，公司开具的发票主要是增值税专用发票。

刘 丽 增值税专用发票是企事业单位、行政部门和个人经济交往中的重要商事凭证，也是销货单位纳税和购货单位抵扣税款的合法证明和依据，样式如图 7-10 所示。

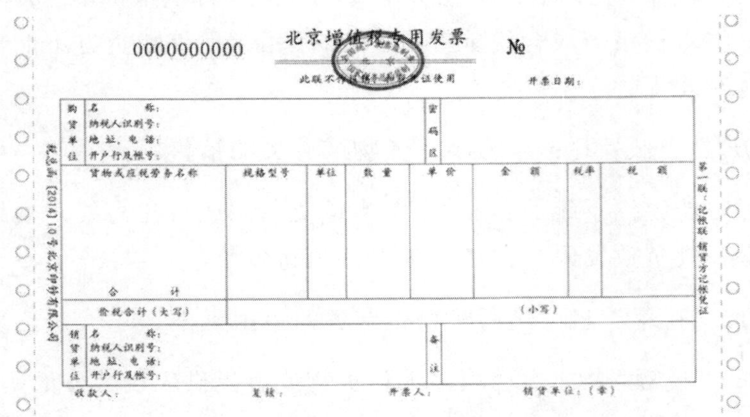

北京增值税专用发票

0000000000 №

开票日期：

购货单位	名称： 纳税人识别号： 地址、电话： 开户行及帐号：				密码区		
货物或应税劳务名称	规格型号	单位	数量	单价	金额	税率	税额
合计							
价税合计（大写）					（小写）		
销货单位	名称： 纳税人识别号： 地址、电话： 开户行及帐号：				备注		

收款人： 复核： 开票人： 销货单位：（章）

第一联：记帐联 销货方记帐凭证

图 7-10 增值税专用发票样式

刘 丽 我在刚参加工作时，也曾在一家小单位开过增值税发票，这方面有经验。增值税专用发票的所有项目必须填写齐全，各栏填写方法和注意事项如下。

（1）购货单位“名称”栏：本栏填写购货单位名称的全称，不得简写。

（2）购货单位“地址、电话”栏：本栏填写购货方单位的详细地址和电话号码。

（3）购货单位“纳税人识别号”栏：本栏填写购货方税务登记证号，不得简写。

（4）购货单位“开户银行及账号”栏：本栏填写购货单位的开户银行名称及其账号。

（5）“货物或应税劳务名称”栏：本栏填写货物或劳务的名称。如果销售货物或应税劳务的品种较多，纳税人可按照不同税率的货物进行汇总开具专用发票，在这种情况下，本栏可填写“汇总”或“××等，详见清单”字样。

（6）“规格型号”栏，填写货物的规格型号。

（7）“单位”栏：本栏填写货物或劳务的计量单位。

（8）“数量”栏：本栏填写货物或劳务的数量。

（9）“单价”栏：本栏填写货物或劳务的不含税单价。在实际工作中特别容易将本栏错填成含税单价，因单价栏错填而使购货方不能抵扣税款的情况时有发生。

（10）“金额”栏：本栏填写货物或劳务的销售额。

实行防伪税控系统的企业，在发生销货退回或折让需要开具红字发票时，改为开具负数发票，在“金额”栏填写负数。

（11）“税率”栏：填写货物或劳务的适用税率。

（12）“税额”栏：本栏填写销售货物或者提供应税劳务的销项税额。

销项税额计算公式为：

销项税额=销售额×税率

税务征收机关代小规模企业开具增值税专用发票，本栏填写小规模企

业比笔业务的应纳税额，应纳税额计算公式为：

应纳税额＝销售额×征收率

（13）“税额”栏数字应按“金额”栏数字和“税率”相乘计算填写。

实际工作中，由于单价小数点后位数的取舍关系，有时用换算后的不含税单价计算出的销售额、税额之和与换算前的含税收入有一定的差别，尽管数额可能很小，但难以处理。

例如，某五金公司销售 6 部台钳，含税单价 120 元，含税收入应为 720 元。经换算，不含税单价为 102.564 1 元，销售额为 617.38 元，按这一销售额计算的税额为 104.61 元，这样销售额、税额之和为 719.99 元，与含税收入相差 0.01 元。

在这种情况下，纳税人可以按以下方法开具专用发票：

销售额=含税总收入÷（1＋税率或征收率）
税额=含税总收入－销售额
不含税单价=销售额÷数量

按照上述方法计算开具的增值税专用发票，如果票面“货物数量×不含税单价＝销售额”这一逻辑关系存在少量尾数误差，属于正常现象，按照规定可以作为购货方的扣税凭证。

（14）“合计”栏：本栏填写销售项目的销售额（金额）、税额各自的合计数。

由于不得超面额开具专用发票，因此销售额合计数不得超过专用发票规定的最高限额。例如，10 万元版专用发票开具的销售额合计数不能超过十万位，万元版专用发票开具的销售额合计数不能超过万位。

（15）“价税合计”栏：本栏填写各项商品销售额（金额）与税额汇总数的大写金额。

实行防伪税控系统的企业，在发生销货退回或折让需要开具红字发票时，改为开具负数发票，“价税合计（大写）”栏大写合计数前用“负数”字样封顶，未封顶的专用发票将不得作为购货方的扣税凭证。

（16）销货单位的“名称”“地址”“电话”“纳税人登记号”“开户银行及账号”等栏：这些项目的填写内容与购货单位有关项目基本相同，

（17）“备注”栏：本栏填写一些需要补充说明的事项。

（18）“收款人”栏：本栏填写办理收款事项人员的姓名。

（19）“销货单位”栏：加盖财务专用章或发票专用章。开具专用发票应严格按照专用发票使用规定，统一加盖单位财务专用章或发票专用章，不得加盖其他财务印章，如“现金收讫”章等，否则不得作为购货方的扣税凭证。

这一规定与开具普通发票有一些差别，因为开具普通发票可以加盖其他财务印章。财务专用章或发票专用章加盖在专用发票的右下角，覆盖“销货单位”一栏，否则不得作为购货方的扣税凭证。

7.2.6　开具增值税专用发票注意事项

刘　丽　此外，开具增值税专用发票要注意以下9个细节。

1. 防止产生滞留票

增值税转型后，一般纳税人购进机器设备等固定资产的进项税额允许从销项税额中抵扣，而个人消费应征消费税的小汽车、摩托车和游艇，以及房屋、建筑物等不动产被排除在允许抵扣范围之外。

需要提醒纳税人关注的是：

不管购进的固定资产能否抵扣进项税额，均要求一般纳税人购进固定资产取得专用发票后到主管国税机关进行认证，防止产生滞留票。

2. 开具专用发票的时间

纳税人务必按规定的时限开具增值税专用发票，不得提前或滞后，如：

- 采用预收货款、托收承付、委托银行收款结算方式的为货物发出的当天；
- 采用交款提货结算方式的为收到货款的当天；
- 采用赊销及分期付款结算方式的为合同约定的收款日期的当天；
- 将货物交付他人代销的为收到委托人送交的代销清单的当天；

- 将货物作为投资提供给其他单位或个体经营者的为货物移送的当天；
- 将货物分配给股东的为货物移送的当天。

3. 使用期限

凡经认定为一般纳税人的企业，必须通过防伪税控系统开具增值税专用发票。非防伪税控系统开具的增值税专用发票不得申报抵扣进项税额。

正常经营的一般纳税人领用增值税专用发票虽然没有规定使用期限，但被取消一般纳税人资格的纳税人必须及时缴销包括空白专用发票和已使用过的专用发票存根联。

一般纳税人发生转业、改组、合并、分立、联营等情况，也必须在变更税务登记的同时，缴销包括空白专用发票和已使用过的专用发票存根联。

4. 抵扣期限

一般纳税人认证通过的防伪税控系统开具的增值税专用发票申报抵扣时间仅限于当月，且必须在认证通过的当月按照增值税有关规定核算当期进项税额，否则不予抵扣。

对于上月认证通过的专用发票如果上月没有申报抵扣，通常情况下在本月是不能抵扣进项税额的。

一般纳税人将外购货物作为实物投资入股，或是无偿赠送给他人，如果被投资者或是受赠者是一般纳税人，可按规定开具增值税专用发票给被投资方，或者根据受赠者的要求开具专用发票。

5. 免税商品不能开票

零售烟、酒、食品、服装、鞋帽（不包括劳保专用品）、化妆品等消费品不得开具专用发票的规定仅限制商业企业一般纳税人，这里不包括工业企业一般纳税人。

需要注意的是：

- 法律法规另有规定的除外，销售免税货物通常也是不准开具专用发票；

- 小规模纳税人没有领购使用开具增值税专用发票的权利，也不在限制范围内，如需要开具专用发票的，可按规定向主管税务机关申请代开；
- 小规模纳税人申请代开专用发票时，应填写《代开专用发票缴纳税款申报单》，连同营业执照副本，到主管税务机关税款征收岗位按专用发票上注明的税额全额申报缴纳税款；
- 实行定期定额征收方法的小规模纳税人在正常申报情况下申请代开增值税专用发票，如每月开票金额大于应征增值税税额的，应以开票金额数为依据征收税款，并作为下一年度核定定期定额的依据；
- 如每月开票金额小于应征增值税税额的，则按应征增值税税额数征收税款。

6. 丢失处理

一般纳税人丢失已开具专用发票的发票联和抵扣联，如果丢失前已认证相符的，购买方凭销售方提供的相应专用发票记账联复印件及销售方所在地主管税务机关出具的《丢失增值税专用发票已报税证明单》，经购买方主管税务机关审核同意后，可作为增值税进项税额的抵扣凭证。

如果丢失前未认证的，购买方凭销售方提供的相应专用发票记账联复印件到主管税务机关进行认证，认证相符的凭该专用发票记账联复印件及销售方所在地主管税务机关出具的丢失增值税专用发票已报税证明单，经购买方主管税务机关审核同意后，可作为增值税进项税额的抵扣凭证。

一般纳税人丢失已开具专用发票的抵扣联，如果丢失前已认证相符的，可使用专用发票联复印件留存备查；如果丢失前未认证的，可使用专用发票发票联到主管税务机关认证，专用发票发票联复印件留存备查。一般纳税人丢失已开具专用发票的发票联，可将专用发票抵扣联作为记账凭证，专用发票抵扣联复印件留存备查。

7. 何时开红字发票

因开票有误购买方拒收增值税专用发票的，销售方必须在专用发票认

证期限内向主管国税机关填报申请单，并在申请单上填写具体原因以及相对应蓝字专用发票的信息，同时提供由购买方出具的写明拒收理由、错误具体项目以及正确内容的书面材料，报主管税务机关审核确认后凭通知单开具红字专用发票。

8. 退货处理

一般纳税人开具增值税专用发票后发生销货退回、销售折让及开票有误等情况需要开具红字专用发票的，视不同情况分别按以下办法处理：

发生销货退回或销售折让的，纳税人销售货物并向购买方开具增值税专用发票后，由于购货方在一定时期内累计购买货物达到一定数量，或者由于市场价格下降等原因，销货方给予购货方相应的价格优惠或补偿等折扣、折让行为，销货方可按规定开具红字增值税专用发票，并在开具红字专用发票后将该笔业务的相应记账凭证复印件报送主管国税机关备案。

9. 保管期限

一般纳税人必须将经税务机关认证相符、用于抵扣进项税额的增值税专用发票作为记账凭证进入账务处理，不得擅自退还给销售方，并按规定将税款抵扣联装订成册，进行妥善保管，保管期限为 30 年。

一般纳税人销售的货物，由先征后返或即征即退改为免征增值税后，如果其销售的货物全部为免征增值税的，应按规定上缴结存的增值税专用发票，没有特殊情况不得领购和使用专用发票。

CHAPTER

8 出纳的专业技能 2

学会出纳工作并不难，但从会到优秀还有很长的距离。接下来，小鲁就要学习现金、银行存款以外的其他专业技能。

这个时期小鲁的目标是，一年后成为一名优秀的出纳，为自己的职场目标打下坚实的基础。

8.1 如何进行纳税申报

按照财务的规定，每月的纳税申报应由小鲁来完成，在业务不熟练的情况下，王部长安排暂由刘丽申报，半年过去了，小鲁也学得差不多了。

8.1.1 个人所得税纳税申报

个人所得税申报日期在每月的 15 号前，遇节假日看税务局安排，超期申报需缴纳罚款和滞纳金。小鲁在自己的电脑旁，贴了一张纳税申报提醒字条。

个人所得税的申报是通过网上申报来完成的，刘丽说全国都统一，不过小鲁觉得当地税务和个人所得税申报系统软件集成得不好，要进入不同的软件进行操作。

8.1.2 纳税申报系统实操

各地的申报系统软件也是大同小异，现在先拿浙江省的来学习吧，整个软件的操作步骤有 11 步。

（1）软件下载（具体下载过程这里不再介绍）。

（2）软件安装。

（3）根据初始化向导结合本单位的情况，完成初始设置（系统管理员用户名：admin；初始密码：111111）。

（4）退出系统。

（5）用新增加的用户名和密码登录。

（6）增加、修改、删除本单位的员工信息及股东变动情况。

（7）工资数据录入（这一步骤可省略）。

（8）正常工资明细表录入。

（9）产生“个人所得税扣缴报告表”和“个人所得税汇总申报表”。

（10）生成上报数据。

（11）上传上报数据。

8.1.3　纳税申报流程：登录

单击个税管理图标，进入系统，输入新建的“登录名”和“登录密码”，如图 8-1 所示。

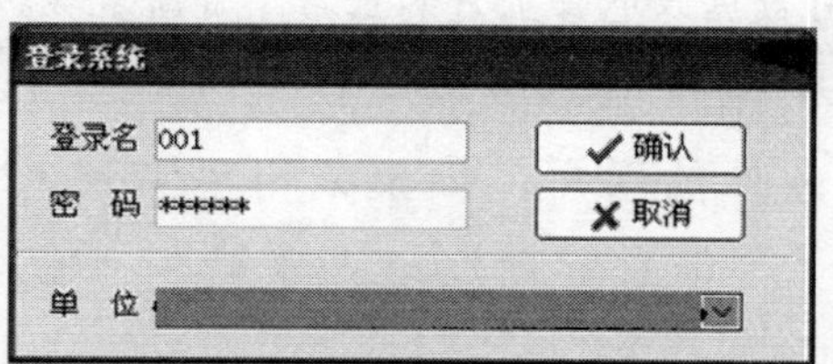

图 8-1　个人所得税申报登录

第一次以已设置的用户登录名和密码进入系统，系统会弹出数据录入向导窗口，如图 8-2 所示。

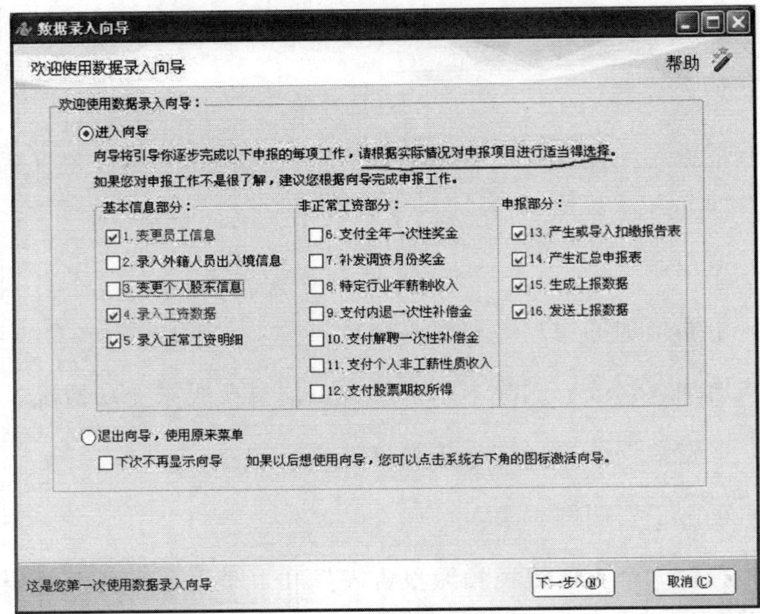

图 8-2　数据录入向导

8.1.4　纳税申报流程：手工录入

个人所得税员工信息管理是比较烦琐的事情，对于员工人数不多的单位，可选择手工录入。

为方便扣缴义务人，系统将会保留前一次申报的数据，可选择从上月数据导入，但此项导出的上月数据只包含上月的正常工资薪金数据，对个别变动字段进行修改即可。不过认真做上一次，以后就省事多了。

第一次使用此软件的用户，如果采用手工录入方式，要逐个录入员工信息。单击“员工信息管理”→“登记”→输入人员信息→保存，如图 8-3 所示。

8.1.5　纳税申报流程：录入工资明细数据

接来下就是进行员工的支付个人收入管理，即录入员工的正常工资明细表（每月必做），表中的发放月份一般选本月的上月。比如，现在是 9 月，那就填 8 月，即本月报上月的个人所得税。

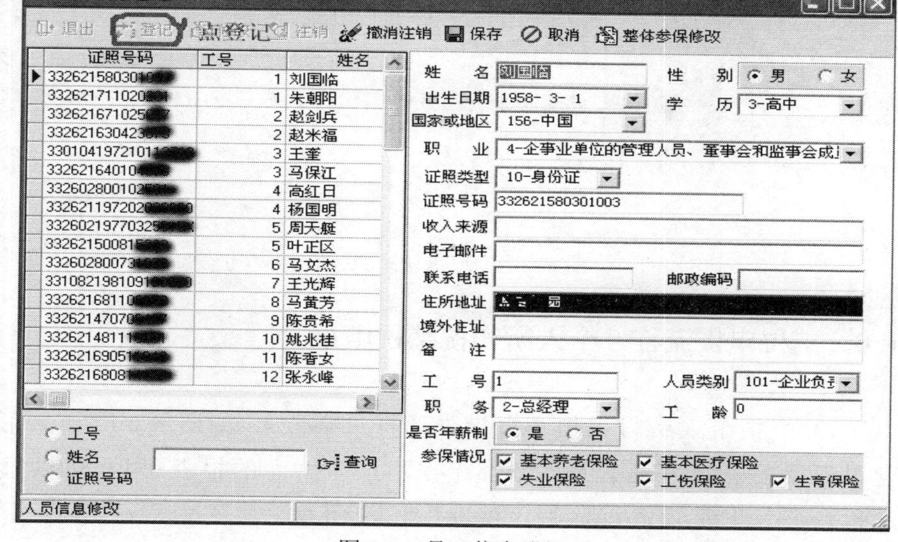

图 8-3 员工信息登记

单击“数据导入导出及其他功能”→“人员信息导入”，输入每个员工的详细工资明细数据后，单击“保存”按钮。

对于本月和上月数据几乎一样者，选择“以前月份数据导入”，然后录入或修改相应的个税项目，修改正确后单击“保存”按钮，如图 8-14 所示。

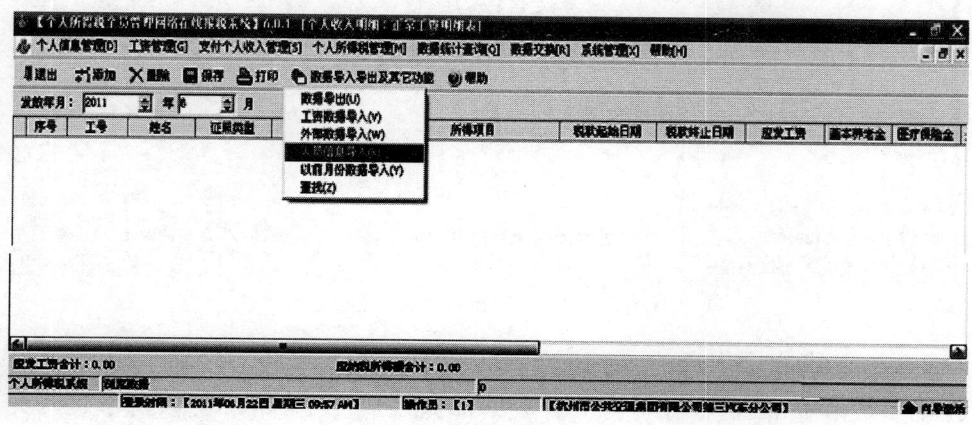

图 8-4 以前月份数据导入

新个人所得税实施后，起征点会按新标准 3 500 元起征，而不是过去的标准 2 000 元，如图 8-5 所示。

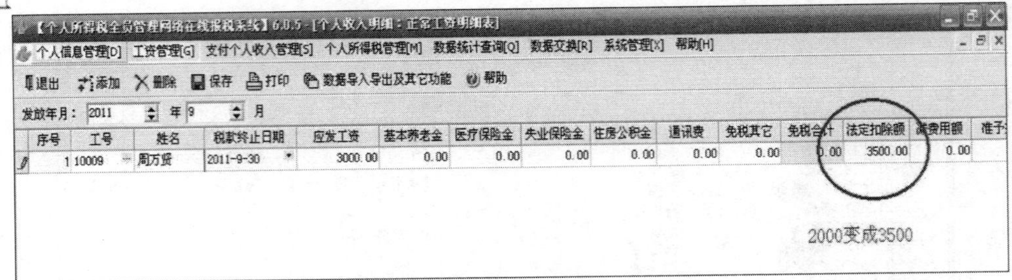

图 8-5 起征点为 3 500 元

8.1.6 纳税申报流程：个人所得税纳税申报

（1）产生个人所得税扣缴报告表（每月必做），如图 8-6 所示。在工资表和正常工资明细表中的数据都无误后产生下面的报表。用户可以每次进入此表点一下重置，再单击“保存”按钮保存。

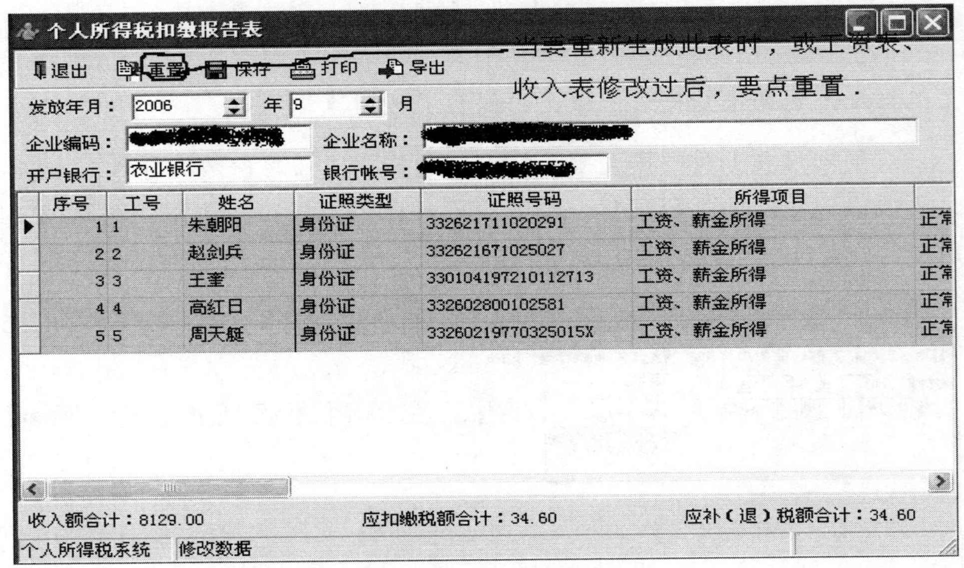

图 8-6 个人所得税扣缴报告表

（2）产生个人所得税扣缴汇总申报表（每月必做），如图 8-17 所示。在工资表和正常工资明细表中的数据都无误后产生。用户可以每次进入此表点一下重置，再单击“保存”按钮保存。

（3）生成上报数据，单击“生成上报数据”按钮，选择生成的月份年，如图 8-8 所示。

（4）上传上报数据。输入申报用户名密码，选择批次号，上传数据时，不可中断网络，只有在上传的数据报表全部打上钩后（如图 8-9 所示），才上传成功（上传成功后系统会自动打钩）。到此完成本次个税申报，如图 8-10 所示。

个人所得税扣缴汇总申报表

计算机编码　：5303020020019　　所 属 时 期：2012年12月01日 至 2012年12月31日　　填表日期：2012-02-06

纳税人识别号：53030221723480l　　扣缴义务人名称：云南省地方税务局　　金额单位：人民币元(列至角分)

所得项目（税目）	纳税人类别	课税数量	所得期间	收入额						减除费用额	应纳税所得额	税率	速算扣除数	应缴税额	已缴税额	实缴税额	完税证号	纳税日期
				人民币	外币				人民币合计									
					货币名称	金额	外汇牌价	折合人民币										
1	2	3	4	5	6	7	8	9	10	11	12	13	14	15	16	17	18	19
劳务报酬所得	大陆	1	2012-12-01　2012-12-31	10000.00		0.00	0.000000	0.00	10000.00	0.00	7920.00	0.200000	0.00	1584.00	20.00	1564.00		2012-02-06
稿酬所得	大陆	2	2012-12-01　2012-12-31	20000.00		0.00	0.000000	0.00	20000.00	0.00	16000.00	0.200000	0.00	2240.00	40.00	2200.00		2012-02-06
工资、薪金所得	大陆	1	2012-12-01　2012-12-31	10000.00		0.00	0.000000	0.00	10000.00	0.00	6420.00	0.200000	555.00	729.00	20.00	709.00		2012-02-06
其它所得	大陆	1	2012-12-01　2012-12-31	1.00		0.00	0.000000	0.00	1.00	0.00	1.00	0.200000	0.00	0.20	0.00	0.20		2012-02-06
工资、薪金所得	大陆	1	2012-12-01　2012-12-31	10000.00		0.00	0.000000	0.00	10000.00	0.00	9920.00	0.250000	1005.00	1475.00	20.00	1455.00		2012-02-06
合计	--	--	--	--	--	--	--	--	--	--	--	--	--	--	--	6028.20	--	--

如果由扣缴义务人填写完税证，应该报送此表时附完税证副联＿＿份

扣缴义务人申明	以下由税务机关填写		
我声明：此纳税申报表是根据《中华人民共和国个人所得税法》的规定填报的，我确信它是真实的、可靠的、完整的。 声明人签字：＿＿＿＿＿ 会计主管人签字：　　负责人签字：	收到申报表日期：　　接收人：　　审核日期：		
	审核记录		主管税务机关（公章） 主管税务官员签字：

上一页 下一页 1 / 1

打印附表　打印　关闭

图 8-7　个人所得税扣缴汇总申报表

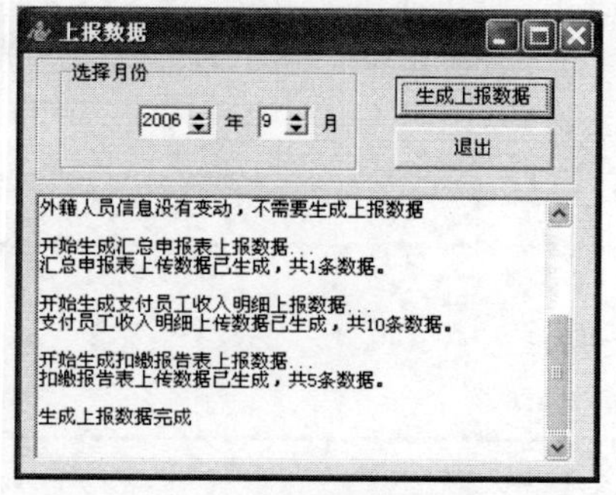

图 8-8　个人所得税扣缴生成上报数据

图 8-9　将上传的数据报表全部打钩

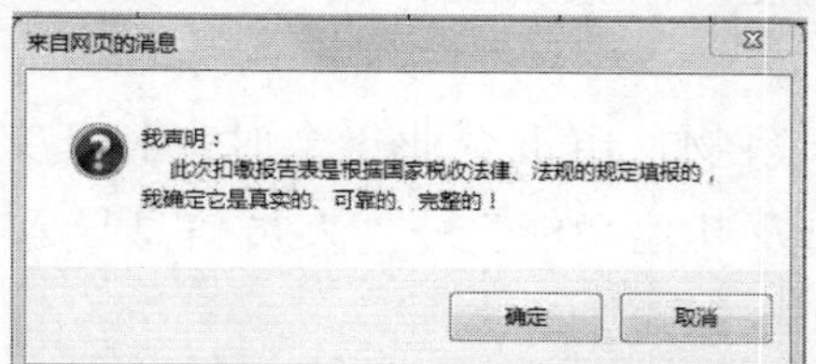

图 8-10　上传上报个人所得税扣缴数据

8.1.7 纳税申报流程：申报全年一次性奖金

上面介绍了工资的个人所得税纳税申报，那么如何申报全年一次性奖金呢？

操作时只要打开支付全年一次性奖金明细表，选择“数据导入导出及其他功能”→“当月正常工资明细导入”→“输入一次性奖金额”→“保存”命令即可，如图 8-11 所示。

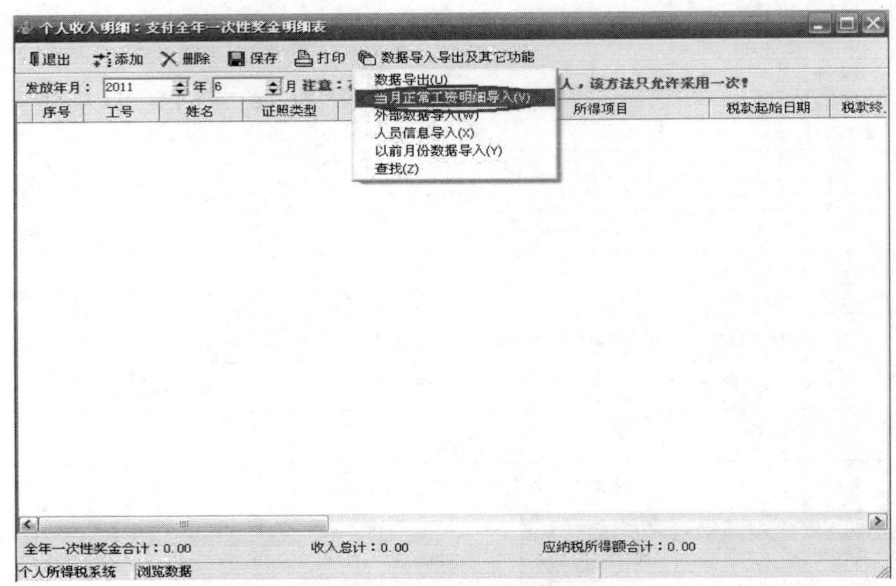

图 8-11 申报全年一次性奖金

一个员工一年只能申报一次。

8.1.8 纳税申报流程：申报企业年金

企业年金是个新事物，申报企业年金时，打开支付企业年金明细表，选择“数据导入导出及其他功能”→“人员信息导入”→“输入企业年金金额”→“保存”命令即可。

经验谈

需先做好当月正常工资明细表。

8.1.9　增值税纳税申报工作

增值税纳税申报的主要工作有以下几步：

（1）登录系统查看基本信息。

（2）填写申报表。

（3）审核上传。

（4）反馈信息、确认申报状态。

（5）打印报表。

（6）将报表导出，生成 Excel 文件。

8.1.10　增值税纳税申报实操

下面具体讲解详细步骤。

（1）系统登录，以山东省为例，如图 8-12 所示。网址为：http://w ww.sd -n-tax.gov.cn/。登录山东省国家税务局门户网站，选择“山东省国家税务局网上办税平台”命令。

图 8-12　登录山东省国税局网站

（2）根据自己所在单位的网络接入，选择网通或电信用户，如图 8-13 所示。

（3）输入纳税人识别号、密码，单击“登录”按钮，如图 8-14 所示。

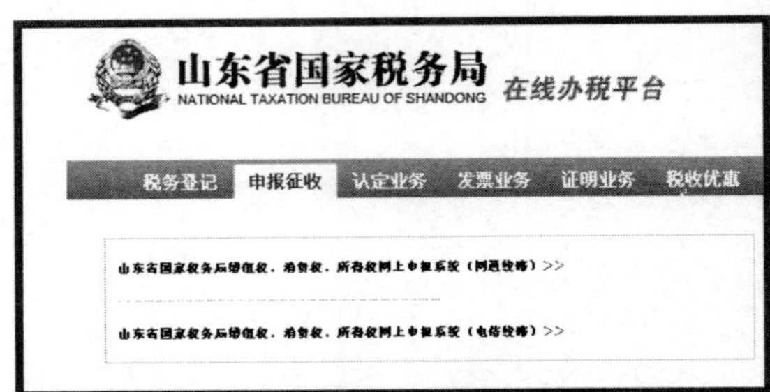

图 8-13　选择网络用户

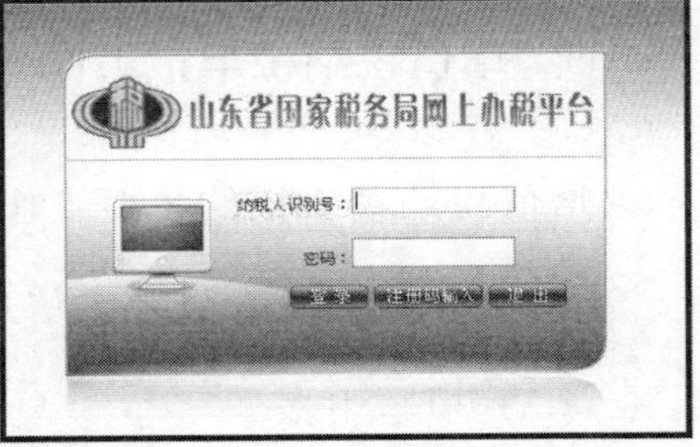

图 8-14　登记增值税申报征收平台

（4）在下面的四个文本框里，输入注册码，如图 8-15 所示，单击“确定”按钮后进入，显示到设置密码状态，如图 8-16 所示。用户登录网上办税平台后，可使用“个人设置”修改密码。

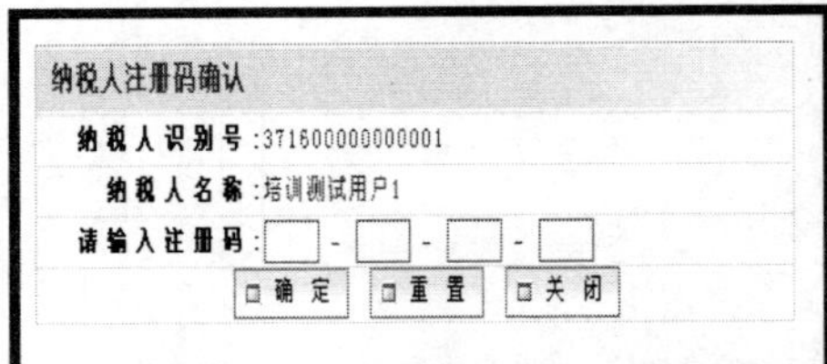

图 8-15　输入注册码

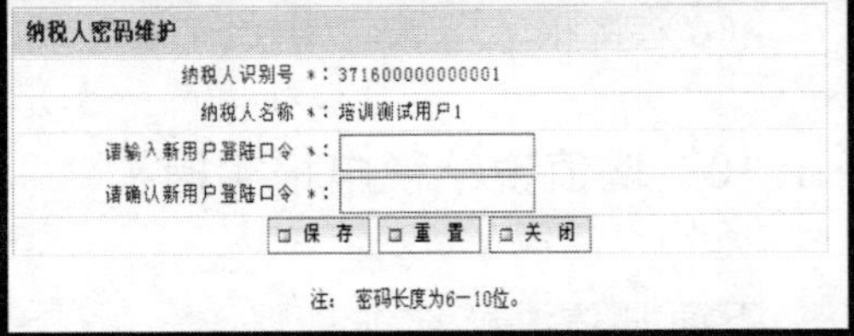

图 8-16　设置密码

（5）首页功能分区介绍，如图 8-17 所示。

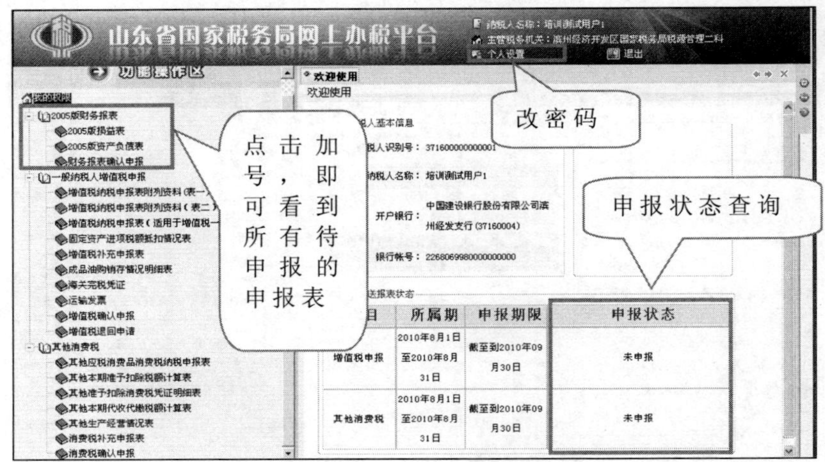

图 8-17　首页功能分区

（6）在这里，先查看通知通告信息，看税务局有没有最新的通知，以免错过了申报期，如图 8-18 所示。

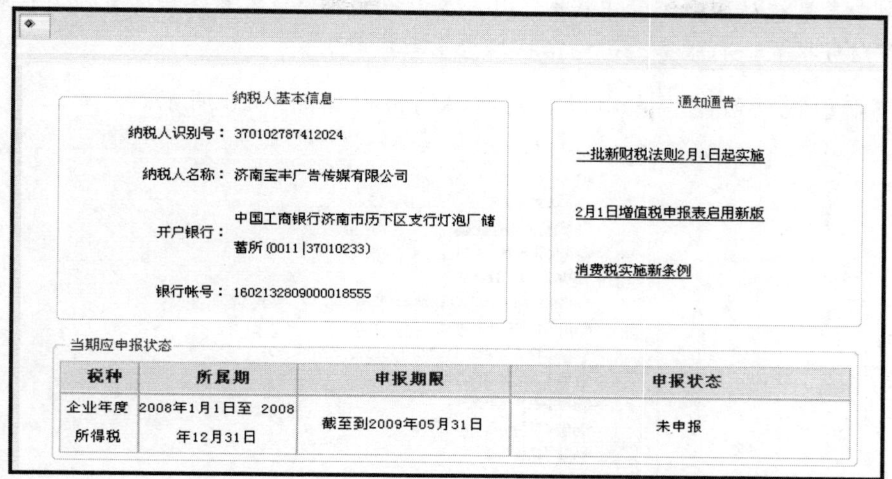

图 8-18　税务通知

（7）接下来就是正式的报表填写，如图 8-19 所示。

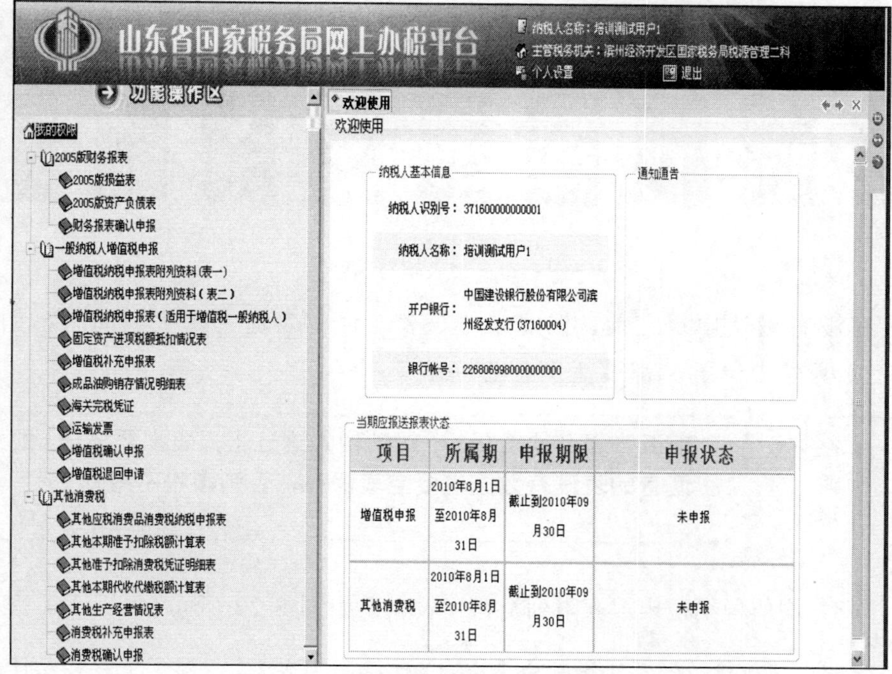

图 8-19　报表填写页面

根据国家税务总局及山东省国家税务局增值税申报相关要求，需首先申报财务报表，财务报表申报成功后，才可以进行增值税申报表的申报。财务报表申报类型由本系统从国税征管中提取，用户在申报期内登录本系统后即可使用（如果没有财务报表，打服务公司电话从后台重新提取）。

增值税一般纳税人申报需要填写的报表如图 8-20 所示。

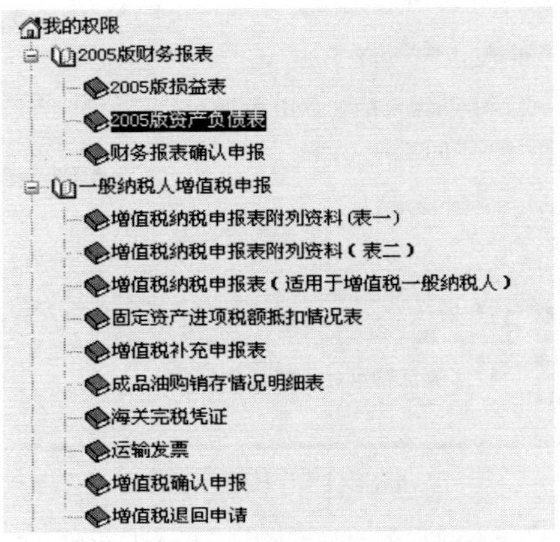

图 8-20　增值税一般纳税人申报表格

报表填写顺序如图 8-21 所示。

图 8-21　报表填写顺序

在没有确认申报之前，仅对表一、表二、主表这三张报表而言，如果哪张表填写错误了，都要重新保存主表。

前五张表必须填写。一般纳税人这五张报表都要报送（即使有的表没有数据也要空表保存，否则申报不成功）。

（8）增值税纳税申报表附列资料（表一）如图 8-22 所示。

说明：销售额填写后，税额为系统自动计算，可修改。销售税额自动计算，允许修改，在 1 元以内允许保存，1 至 10 元提示可保存，超过 10 元不准予以保

存（以金税卡上的税额为准）；发票份数包含作废的发票份数（有光标不能录入数字，切换英文输入法）。

增值税纳税申报表附列资料（表一）

增值税纳税申报表附列资料（表一）

（本期销售情况明细）

税款所属时间：2009年7月1日至2009年7月31日

纳税人名称：　武城县大王润滑油脂厂　　填表日期：　2009年08月02日　　金额单位：元

一、按适用税率征收增值税货物及劳务的销售额和销项税额明细

项目	栏次	应税货物						应税劳务			小计	
		17%税率			13%税率							
		份数	销售额	销项税额	份数	销售额	销项税额	份数	销售额	销项税额	份数	销售额
防伪税控系统开具的增值税专用发票	1	0	0.00	0.00	0	0.00	0.00	0	0.00	0.00	0	0.00
非防伪税控系统开具的增值税专用发票	2	-----	-----	-----	-----	-----	-----	-----	-----	-----	-----	-----
开具普通发票	3	0	0.00	0.00	0	0.00	0.00	0	0.00	0.00	0	0.00
未开具发票	4	-----	0.00	0.00	-----	0.00	0.00	-----	0.00	0.00	-----	0.00
小计（5=1+2+3+4）	5	-----	0.00	0.00	-----	0.00	0.00	-----	0.00	0.00	-----	0.00
纳税检查调整	6	-----	0.00	0.00	-----	0.00	0.00	-----	0.00	0.00	-----	0.00
合计（7=5+6）	7	-----	0.00	0.00	-----	0.00	0.00	-----	0.00	0.00	-----	0.00

二、简易征收办法征收增值税货物的销售额和应纳税额明细

项目	栏次	6%征收率			4%征收率			小计		
		份数	销售额	应纳税额	份数	销售额	应纳税额	份数	销售额	应纳税
防伪税控系统开具的增值税专用发票	8	0	0.00	0.00	0	0.00	0.00	0	0.00	
非防伪税控系统开具的增值税专用发票	9	-----	-----	-----	-----	-----	-----	-----	-----	-----
开具普通发票	10	0	0.00	0.00	0	0.00	0.00	0	0.00	
未开具发票	11	-----	0.00	0.00	-----	0.00	0.00	-----	0.00	
小计（12=8+9+10+11）	12	-----	0.00	0.00	-----	0.00	0.00	-----	0.00	
纳税检查调整	13	-----	0.00	0.00	-----	0.00	0.00	-----	0.00	
合计（14=12+13）	14	-----	0.00	0.00	-----	0.00	0.00	-----	0.00	

三、免征增值税货物及劳务销售额明细

项目	栏	免税货物	免税劳务	小计

图 8-22　增值税纳税申报表附列资料（表一）

（9）增值税纳税申报表附列资料（表二）如图 8-23 所示。

增值税纳税申报表附列资料（表二）

（本期进项税额明细）

税款所属时间：2009年7月1日至2009年7月31日

纳税人名称：　武城县大王润滑油脂厂　　填表日期：　2009年08月02日　　金额单位：　元至角分

一、申报抵扣的进项税额

项目	栏次	份数	金额	税额
（一）认证相符的防伪税控增值税专用发票	1	0	0.00	0.00
其中：本期认证相符且本期申报抵扣	2	0	0.00	0.00
前期认证相符且本期申报抵扣	3	0	0.00	0.00
（二）非防伪税控增值税专用发票及其他扣税凭证	4	0	0.00	0.00
其中：海关进口增值税专用缴款书	5	0	0.00	0.00
农产品收购发票或者销售发票	6	0	0.00	0.00
废旧物资发票	7	0	0.00	0.00
运输费用结算单据	8	0	0.00	0.00
6%征收率	9	------	------	------
4%征收率	10	------	------	------
（三）外贸企业进项税额抵扣证明	11	------	------	0.00
当期申报抵扣进项税额合计	12	0	0.00	0.00

二、进项税额转出额

项目	栏次	税额
本期进项税转出额	13	0.00
其中：免税货物用	14	0.00
非应税项目用、集体福利、个人消费	15	0.00
非正常损失	16	0.00
按简易征收办法征税货物用	17	0.00
免抵退税办法出口货物不得抵扣进项税额	18	0.00
纳税检查调减进项税额	19	0.00
未经认证已抵扣的进项税额	20	0.00

图 8-23　增值税纳税申报表附列资料（表二）

（10）增值税纳税申报表主表如图 8-24 所示。

增值税纳税申报表（适用于增值税一般纳税人）

根据《中华人民共和国增值税暂行条列》第二十二条和第二十三条的规定制定本表。纳税人不论有无销售额，均应按主管税务机关核定的纳税期限按期填报本表，并于次月一日起十五日内，向当地税务机关申报。

税款所属时间： 2009年7月1日至2009年7月31日　填表日期： 2009年08月02日　单位： 元至角分

纳税人识别号： 37140270612067X　所属行业： 零售业

纳税人名称：山东省德州市鲁北大厦有限责任公司	法定代表人：孙金洲	注册地址： 德州市德城区迎宾路甲3号 营业地址： 德州市德城区迎宾路甲3号
开户银行： 中国银行德州市新湖支行 银行帐号： 421562615108097001	登记注册类型：	电话号码： 2672309

	项目	栏次	一般货物及劳务		即征即退货物及劳务	
			本月数	本年累计	本月数	本年累计
销售额	(一)按适用税率征税货物及劳务销售额	1	1800.00	14889373.49	0.00	0.00
	其中：应税货物销售额	2	1800.00	14879558.61	0.00	0.00
	应税劳务销售额	3	0.00	9814.88	0.00	0.00
	纳税检查调整的销售额	4	0.00	0.00	0.00	0.00
	(二)按简易征收办法征税货物销售额	5	0.00	0.00	0.00	0.00
	其中：纳税检查调整的销售额	6	0.00	0.00	0.00	0.00
	(三)免、抵、退办法出口货物销售额	7	0.00	0.00	-------	-------
	(四)免税货物及劳务销售额	8	0.00	0.00	-------	-------
	其中：免税货物销售额	9	0.00	0.00	-------	-------
	免税劳务销售额	10	0.00	0.00	-------	-------
税款计算	销项税额	11	306.00	2527745.42	0.00	0.00
	进项税额	12	147.00	2429029.00	0.00	0.00
	上期留抵税额	13	0.00	-------	0.00	-------
	进项税额转出	14	0.00	25011.02	0.00	0.00
	免抵退货物应退税额	15	0.00	0.00	-------	-------
	按适用税率计算的纳税检查应补缴税额	16	0.00	0.00	-------	-------
	应抵扣税额合计 (17=12+13-14-15+16)	17	147.00	-------	0.00	-------
	实际抵扣税额 (如17<11为17，否则为11)	18	147.00	2404017.98	0.00	0.00
	应纳税额 (19=11-18)	19	159.00	123727.44	0.00	0.00
	期末留抵税额 (20=17-18)	20	0.00	-------	0.00	-------

图 8-24　增值税纳税申报表主表

增值税一般纳税人申报表主表分三种情况：

- 一般货物及劳务销售：数据从附表中取出赋予相应栏次；
- 即征即退类纳税人：数据从附表中取出赋予相应栏次（由税务机关在局端设置）；
- 既有一般货物及劳务销售又有即征即退多栏均放开允许填写（由税务机关在局端设置）。

（11）固定资产进项税额抵扣情况表如图 8-25 所示。

固定资产进项税额抵扣情况表

纳税人识别号： 37140270612067X　纳税人名称（公章）： 山东省德州市鲁北大厦有限责任公司

填表日期： 2009年8月2日　金额单位：元至角分

项　目	当期申报抵扣的固定资产进项税额	当期申报抵扣的固定资产进项税额累计
增值税专用发票	0.00	100.00
海关进口增值税专用缴款书	0.00	100.00
合　计	0.00	200.00

注：本表一式二份，一份纳税人留存，一份主管税务机关留存

图 8-25　固定资产进项税额抵扣情况表

（12）增值税补充申报表如图 8-26 所示。

增值税补充申报表

纳税人识别号：37140270612067X　　纳税人名称（公章）：山东省德州市鲁北大厦有限责任公司
经营地址：德州市德城区迎宾路甲3号
法定代表人：孙金洲　　财务负责人：徐洪深　　联系电话：2672309
办税人员：　　所属期：2009年7月1日至2009年7月31日
登记行业：　　明细行业：零售业

编　号	数据项	本期	填报说明
Q0002	银行结算及刷卡收入 (元)	800.00	通过银行结算或刷卡取得的货款或应税劳务含税收入合计
Q0021	现金收款收入 (元)	100.00	以现金形式收取的货款或应税劳务含税收入合计
Q0022	未收款收入 (元)	0.00	全部货款和应税劳务收入中除上两项之外的含税收入
Q0003	现金支出 (元)	0.00	现金日记账贷方发生额合计
Q0004	应收账款借方余额 (元)	0.00	应收账款科目期末借方余额
Q0038	制造费用借方发生额 (元)	0.00	制造费用科目借方发生额合计
Q0606	购进货物用于集体福利及个人消费转出进项税额 (元)	0.00	本期进项转出税额中属于购进货物用于集体福利及个人消费的部分
Q0607	应付福利费借方发生额 (元)	0.00	本期应付福利费科目借方发生额合计
Q0608	在建工程项目借方发生额 (元)	0.00	本期在建工程科目借方发生额 合计
Q0054	其他业务收入 (元)	0.00	本期其他业务收入科目贷方发生额合计
Q0052	购进运费抵扣税额 (元)	7.00	本期全部运费中用于购进业务的部分抵扣的进项税额合计
Q0053	销售运费抵扣税额 (元)	0.00	本期全部运费中用于销售业务的部分抵扣的进项税额合计

（纳税人盖章）

图 8-26　增值税补充申报表

（13）填写完上述 5 张报表，若没有其他的，就可以申报上传，系统首先确认报表填写的完整性，执行表间逻辑校验关系。有误的情况如图 8-27 所示，无误，如图 8-28 所示。

图 8-27　有误确认　　图 8-28　上传确认

（14）申报期结束后，申报系统将只提供历史数据查询功能，用户可查询近来三个月的申报数据。输入申报时间如 201009，点击查询即可，如图 8-29 所示。

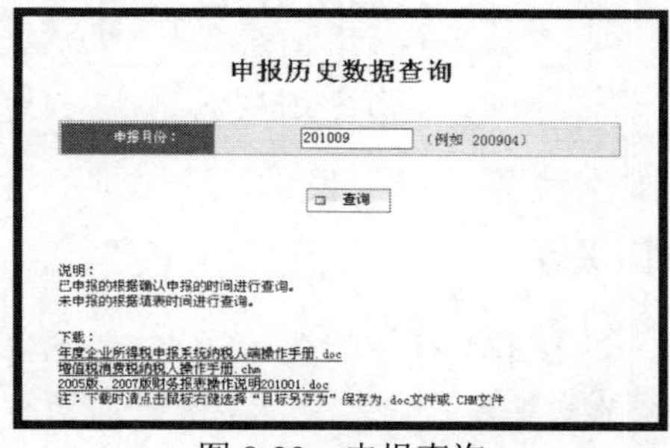

图 8-29　申报查询

8.1.11 所得税纳税申报

企业所得税的申报和增值税纳税申报环境大同小异，前面的内容就不再介绍，我们从报表填写开始，如图 8-30 所示。

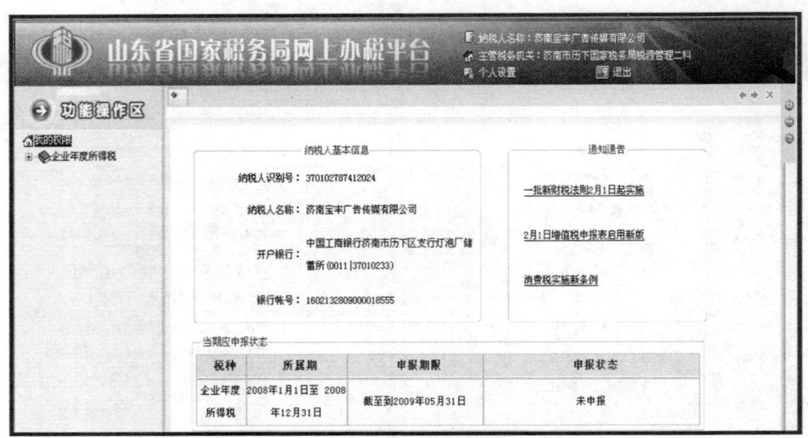

图 8-30　所得税功能操作区

报表类型，系统根据从 CTAIS 中取得的企业基础信息判断其申报类型，分 A、B 两大类，其中 A 类又包括一般企业、金融企业、事业单位三个小类。以一般企业 A 类为例，如图 8-31 所示。

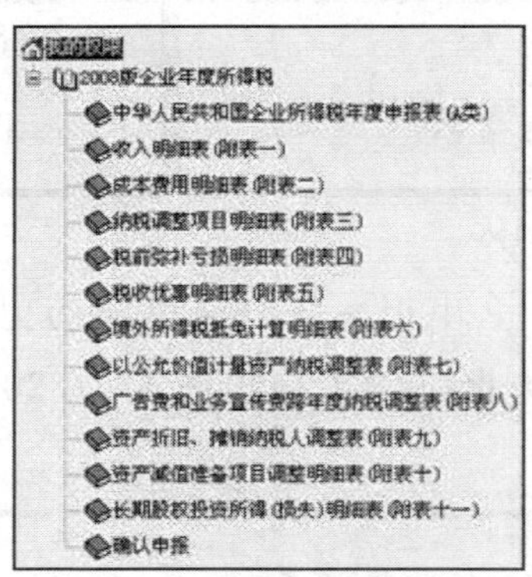

图 8-31　所得税报表示例

填表顺序，根据国家税务总局下发的填表说明，主表与附表间，附表与附表间存在很多表间关系。

如一般企业的附表一中：第 1 行 = 附表八第 4 行，第 2 行 = 主表第 1 行，第 13 行 = 附表三第 2 行，为减少用户输入量，实现表间的自动赋值功能，必须要确定填写报表的顺序，目前经过探讨确定用户填写报表顺序如图 8-32 所示。

8.1.12 多个报表填写顺序

附表一如图 8-33 所示、附表二如图 8-34 所示、附表十一如图 8-35 所示、附表十如图 8-36 所示、附表九如图 8-37 所示、附表八如图 8-38 所示、附表七如图 8-39 所示、附表六如图 8-40 所示、附表五如图 8-41 所示、附表四如图 8-42 所示、附表三如图 8-43 所示、主表如图 8-44 所示。

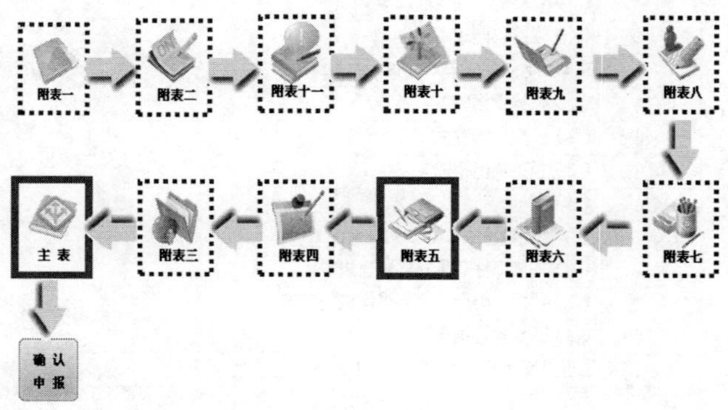

8-32 报表填写顺序

经验谈

附表五和主表必须填写。

收入明细表

填报时间： 2009年2月19日　　金额单位:元（列至角分）

行次	项目	金额
1	一、销售（营业）收入合计（2+13）	20.00
2	（一）营业收入合计（3+8）	16.00
3	1. 主营业务收入（4+5+6+7）	8.00
4	（1）销售货物	2.00
5	（2）提供劳务	2.00
6	（3）让渡资产使用权	2.00
7	（4）建造合同	2.00
8	2. 其他业务收入（9+10+11+12）	8.00
9	（1）材料销售收入	2.00
10	（2）代购代销手续费收入	2.00
11	（3）包装物出租收入	2.00
12	（4）其他	2.00
13	（二）视同销售收入（14+15+16）	4.00
14	（1）非货币性交易视同销售收入	2.00
15	（2）货物、财产、劳务视同销售收入	2.00
16	（3）其他视同销售收入	0.00
17	二、营业外收入（18+19+20+21+22+23+24+25+26）	0.00
18	1. 固定资产盘盈	0.00
19	2. 处置固定资产净收益	0.00
20	3. 非货币性资产交易收益	0.00
21	4. 出售无形资产收益	0.00
22	5. 罚款净收入	0.00
23	6. 债务重组收益	0.00
24	7. 政府补助收入	0.00
25	8. 捐赠收入	0.00
26	9. 其他	0.00

经办人（签章）:　　法定代表人（签章）:

保 存　打印　导出EXCEL　空表

图 8-33 附表一

成本费用明细表(附表二)

成本费用明细表

填报时间： 2009年2月19日　　　　　　　　　　金额单位：元（列至角分）

行次	项目	金额
1	一、销售（营业）成本合计（2+7+12）	11.00
2	（一）主营业务成本（3+4+5+6）	4.00
3	（1）销售货物成本	1.00
4	（2）提供劳务成本	1.00
5	（3）让渡资产使用权成本	1.00
6	（4）建造合同成本	1.00
7	（二）其他业务成本（8+9+10+11）	4.00
8	（1）材料销售成本	1.00
9	（2）代购代销费用	1.00
10	（3）包装物出租成本	1.00
11	（4）其他	1.00
12	（三）视同销售成本（13+14+15）	3.00
13	（1）非货币性交易视同销售成本	1.00
14	（2）货物、财产、劳务视同销售成本	1.00
15	（3）其他视同销售成本	1.00
16	二、营业外支出（17+18+……+24）	3.00
17	1.固定资产盘亏	1.00
18	2.处置固定资产净损失	1.00
19	3.出售无形资产损失	1.00
20	4.债务重組损失	0.00
21	5.罚款支出	0.00

图 8-34　附表二

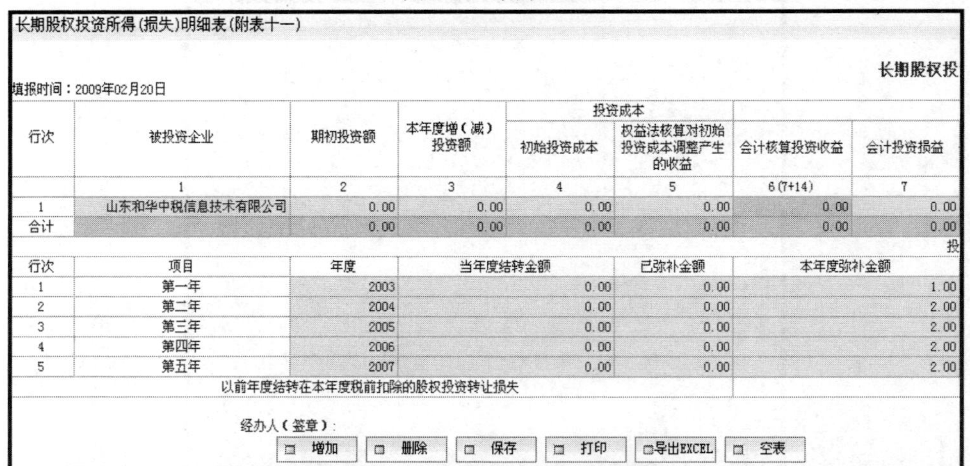

长期股权投资所得(损失)明细表(附表十一)

长期股权投

填报时间：2009年02月20日

行次	被投资企业	期初投资额	本年度增（减）投资额	投资成本			
				初始投资成本	权益法核算对初始投资成本调整产生的收益	会计核算投资收益	会计投资损益
	1	2	3	4	5	6(7+14)	7
1	山东和华中税信息技术有限公司	0.00	0.00	0.00	0.00	0.00	0.00
合计		0.00	0.00	0.00	0.00	0.00	0.00

投

行次	项目	年度	当年度结转金额	已弥补金额	本年度弥补金额
1	第一年	2003	0.00	0.00	1.00
2	第二年	2004	0.00	0.00	2.00
3	第三年	2005	0.00	0.00	2.00
4	第四年	2006	0.00	0.00	2.00
5	第五年	2007	0.00	0.00	2.00
	以前年度结转在本年度税前扣除的股权投资转让损失				

经办人（签章）:

增加　删除　保存　打印　导出EXCEL　空表

图 8-35　附表十一

资产减值准备项目调整明细表

填报日期：2009年02月22日　　　　金额单位：元(列至角分)

行次	准备金类别	期初余额	本期转回额	本期计提额	期末余额	纳税调整额
		1	2	3	4	5
1	坏(呆)账准备	100.00	200.00	323.00	2323.00	123.00
2	存货跌价准备	20000.00	3000.00	23.00	232.00	-2977.00
3	*其中：消耗性生物资产减值准备	3000.00	400.00	23333.00	23.00	22933.00
4	*持有至到期投资减值准备	0.00	0.00	0.00	0.00	0.00
5	*可供出售金融资产减值	0.00	--	0.00	0.00	0.00
6	#短期投资跌价准备	0.00	0.00	0.00	0.00	0.00
7	长期股权投资减值准备	0.00	0.00	0.00	0.00	0.00
8	*投资性房地产减值准备	0.00	0.00	0.00	0.00	0.00
9	固定资产减值准备	0.00	0.00	0.00	0.00	0.00
10	在建工程(工程物资)减值准备	0.00	0.00	0.00	0.00	0.00
11	*生产性生物资产减值准备	0.00	0.00	0.00	0.00	0.00
12	无形资产减值准备	0.00	0.00	0.00	0.00	0.00
13	商誉减值准备	0.00	0.00	0.00	0.00	0.00
14	贷款损失准备	0.00	0.00	0.00	0.00	0.00
15	矿区权益减值	0.00	0.00	0.00	0.00	0.00
16	其他	0.00	0.00	0.00	0.00	0.00
17	合计	23100.00	3600.00	23679.00	2578.00	20079.00

注：表中*项目为执行新会计准则企业专用；表中加#项目为执行企业会计制度、小企业会计制度的企业专用。

经办人(签章)：　　　　法定代表人(签章)：

□ 保 存　□ 打印　□导出EXCEL　□ 空表

图 8-36　附表十

资产折旧、摊销纳税人调整表(附表九)

资产折旧、摊销纳税调整明细表

填报日期：2009年02月23日　　　　金额单位：元(列至角分)

行次	资产类别	资产原值		折旧、摊销年限		本期折旧、摊销额		纳税调整额
		账载金额	计税基础	会计	税收	会计	税收	
		1	2	3	4	5	6	7
1	一、固定资产	110000.00	110000.00	--	--	32000.00	31000.00	1000.00
2	1.房屋建筑物	10000.00	10000.00	35.00	35.00	5000.00	5000.00	0.00
3	2.飞机、火车、轮船、机器、机械和其他生产设备	20000.00	20000.00	5.00	5.00	0.00	0.00	0.00
4	3.与生产经营有关的器具工具家具	0.00	0.00	0.00	0.00	0.00	0.00	0.00
5	4.飞机、火车、轮船以外的运输工具	30000.00	30000.00	6.00	6.00	27000.00	26000.00	1000.00
6	5.电子设备	50000.00	50000.00	5.00	5.00	0.00	0.00	0.00
7	二、生产性生物资产	0.00	0.00	--	--	0.00	0.00	0.00
8	1.林木类	0.00	0.00	0.00	0.00	0.00	0.00	0.00
9	2.畜类	0.00	0.00	0.00	0.00	0.00	0.00	0.00
10	三、长期待摊费用	0.00	0.00	--	--	0.00	0.00	0.00
11	1.已足额提取折旧的固定资产的改建支出	0.00	0.00	0.00	0.00	0.00	0.00	0.00
12	2.租入固定资产的的改建支出	0.00	0.00	0.00	0.00	0.00	0.00	0.00
13	3.固定资产大修理支出	0.00	0.00	0.00	0.00	0.00	0.00	0.00
14	4.其他长期待摊费用	0.00	0.00	0.00	0.00	0.00	0.00	0.00
15	四、无形资产	0.00	0.00	0.00	0.00	0.00	0.00	0.00
16	五、油气勘探投资	0.00	0.00	0.00	0.00	0.00	0.00	0.00
17	六、油气开发投资	0.00	0.00	0.00	0.00	0.00	0.00	0.00
18	合计	110000.00	110000.00	--	--	32000.00	31000.00	1000.00

经办人(签章)：　　　　法定代表人(签章)

□ 保 存　□ 打印　□导出EXCEL　□ 空表

图 8-37　附表九

广告费和业务宣传费跨年度纳税调整表(附表八)

广告费和业务宣传费跨年度纳税调整表

填报时间：2009年2月19日　　　　金额单位:元（列至角分）

行次	项目	金额
1	本年度广告费和业务宣传费支出	0.00
2	其中：不允许扣除的广告费和业务宣传费支出	0.00
3	本年度符合条件的广告费和业务宣传费支出（1-2）	0.00
4	本年计算广告费和业务宣传费扣除限额的销售（营业）收入	20.00
5	税收规定的扣除率	0.15
6	本年广告费和业务宣传费扣除限额（4×5）	0.00
7	本年广告费和业务宣传费支出纳税调整额（3≤6，本行=2行；3>6，本行=1-6）	0.00
8	本年结转以后年度扣除额（3>6，本行=3-6；3≤6，本行=0）	0.00
9	加：以前年度累计结转扣除额	0.00
10	减：本年扣除的以前年度结转额	0.00
11	累计结转以后年度扣除额（8+9-10）	0.00

经办人（签章）：　　　　法定代表人（签章）：

□保　存　□　打印　□导出EXCEL　□　空表

图 8-38　附表八

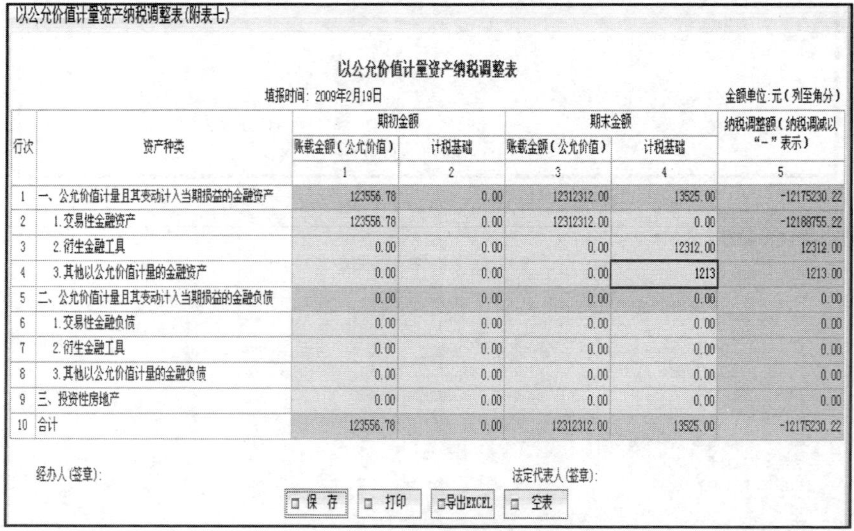

以公允价值计量资产纳税调整表(附表七)

以公允价值计量资产纳税调整表

填报时间：2009年2月19日　　　　金额单位:元（列至角分）

行次	资产种类	期初金额		期末金额		纳税调整额（纳税调减以“-”表示）
		账载金额（公允价值）	计税基础	账载金额（公允价值）	计税基础	
		1	2	3	4	5
1	一、公允价值计量且其变动计入当期损益的金融资产	123556.78	0.00	12312312.00	13525.00	-12175230.22
2	1.交易性金融资产	123556.78	0.00	12312312.00	0.00	-12188755.22
3	2.衍生金融工具	0.00	0.00	0.00	12312.00	12312.00
4	3.其他以公允价值计量的金融资产	0.00	0.00	0.00	1213	1213.00
5	二、公允价值计量且其变动计入当期损益的金融负债	0.00	0.00	0.00	0.00	0.00
6	1.交易性金融负债	0.00	0.00	0.00	0.00	0.00
7	2.衍生金融工具	0.00	0.00	0.00	0.00	0.00
8	3.其他以公允价值计量的金融负债	0.00	0.00	0.00	0.00	0.00
9	三、投资性房地产	0.00	0.00	0.00	0.00	0.00
10	合计	123556.78	0.00	12312312.00	13525.00	-12175230.22

经办人(签章):　　　　法定代表人(签章):

□保　存　□　打印　□导出EXCEL　□　空表

图 8-39　附表七

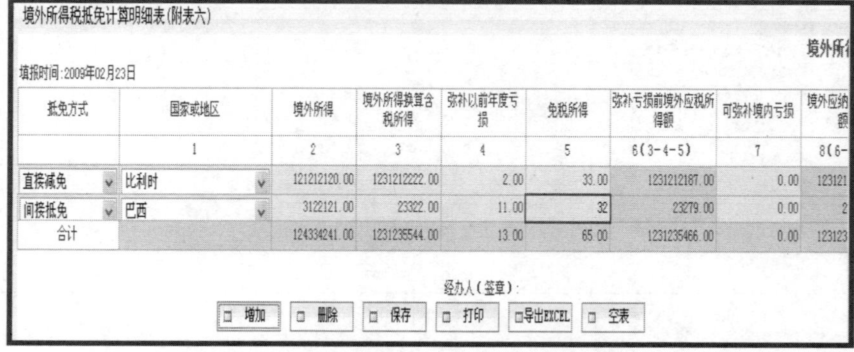

境外所得税抵免计算明细表(附表六)

境外所得

填报时间:2009年02月23日

抵免方式	国家或地区	境外所得	境外所得换算含税所得	弥补以前年度亏损	免税所得	弥补亏损前境外应税所得额	可弥补境内亏损	境外应纳额
	1	2	3	4	5	6(3-4-5)	7	8(6-
直接减免	比利时	121212120.00	1231212222.00	2.00	33.00	1231212187.00	0.00	123121
间接抵免	巴西	3122121.00	23322.00	11.00	32	23279.00	0.00	2
合计		124334241.00	1231235544.00	13.00	65.00	1231235466.00	0.00	123123

经办人(签章):

□　增加　□　删除　□　保存　□　打印　□导出EXCEL　□　空表

图 8-40　附表六

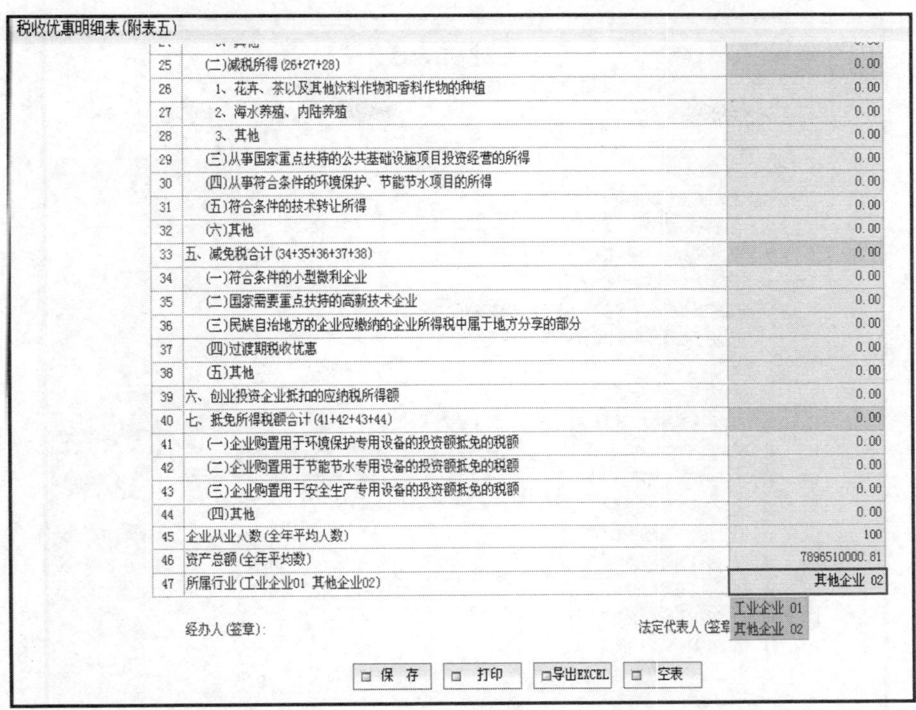

税收优惠明细表(附表五)

行次	项目	金额
25	(二)减税所得(26+27+28)	0.00
26	1、花卉、茶以及其他饮料作物和香料作物的种植	0.00
27	2、海水养殖、内陆养殖	0.00
28	3、其他	0.00
29	(三)从事国家重点扶持的公共基础设施项目投资经营的所得	0.00
30	(四)从事符合条件的环境保护、节能节水项目的所得	0.00
31	(五)符合条件的技术转让所得	0.00
32	(六)其他	0.00
33	五、减免税合计(34+35+36+37+38)	0.00
34	(一)符合条件的小型微利企业	0.00
35	(二)国家需要重点扶持的高新技术企业	0.00
36	(三)民族自治地方的企业应缴纳的企业所得税中属于地方分享的部分	0.00
37	(四)过渡期税收优惠	0.00
38	(五)其他	0.00
39	六、创业投资企业抵扣的应纳税所得额	0.00
40	七、抵免所得税额合计(41+42+43+44)	0.00
41	(一)企业购置用于环境保护专用设备的投资额抵免的税额	0.00
42	(二)企业购置用于节能节水专用设备的投资额抵免的税额	0.00
43	(三)企业购置用于安全生产专用设备的投资额抵免的税额	0.00
44	(四)其他	0.00
45	企业从业人数(全年平均人数)	100
46	资产总额(全年平均数)	7896510000.81
47	所属行业(工业企业01 其他企业02)	其他企业 02

工业企业 01
其他企业 02

经办人(签章):　　法定代表人(签章):

保 存　打印　导出EXCEL　空表

图 8-41　附表五

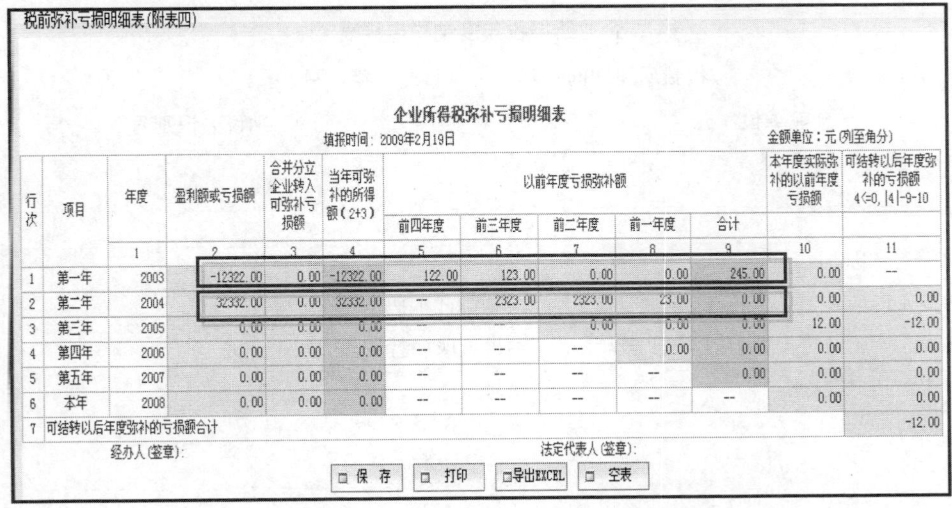

税前弥补亏损明细表(附表四)

企业所得税弥补亏损明细表

填报时间：2009年2月19日　　金额单位：元(列至角分)

行次	项目	年度	盈利额或亏损额	合并分立企业转入可弥补亏损额	当年可弥补的所得额(2+3)	以前年度亏损弥补额					本年度实际弥补的以前年度亏损额	可结转以后年度弥补的亏损额 4<=0, |4|-9-10
						前四年度	前三年度	前二年度	前一年度	合计		
		1	2	3	4	5	6	7	8	9	10	11
1	第一年	2003	-12322.00	0.00	-12322.00	122.00	123.00	0.00	0.00	245.00	0.00	--
2	第二年	2004	32332.00	0.00	32332.00	--	2323.00	2323.00	23.00	0.00	0.00	0.00
3	第三年	2005	0.00	0.00	0.00	--	--	0.00	0.00	0.00	12.00	-12.00
4	第四年	2006	0.00	0.00	0.00	--	--	--	0.00	0.00	0.00	0.00
5	第五年	2007	0.00	0.00	0.00	--	--	--	--	0.00	0.00	0.00
6	本年	2008	0.00	0.00	0.00	--	--	--	--	--	0.00	0.00
7	可结转以后年度弥补的亏损额合计											-12.00

经办人(签章):　　法定代表人(签章):

保 存　打印　导出EXCEL　空表

图 8-42　附表四

纳税调整项目明细表

填报时间：2009年02月21日　　金额单位：元（列至角分）

	行次	项目	账载金额	税收金额	调增金额	调减金额
			1	2	3	4
	1	一、收入类调整项目	--	--	2308922.00	0.00
	2	1．视同销售收入（填写附表一）	--	--	4.00	--
#	3	2．接受捐赠收入	--	0.00	0.00	--
	4	3．不符合税收规定的销售折扣和折让	123123.00	123123.00	0.00	--
*	5	4．未按权责发生制原则确认的收入	2312.00	2311230.00	2308918.00	0.00
*	6	5．按权益法核算长期股权投资对初始投资成本调整确认收益	--	--	--	0.00
	7	6．按权益法核算的长期股权投资持有期间的投资损益	--	--	0.00	0.00
*	8	7．特殊重组	5673.00	5673.00	0.00	0.00
*	9	8．一般重组	7897.00	7897.00	0.00	0.00
*	10	9．公允价值变动净收益（填写附表七）	--	--	0.00	0.00
	11	10．确认为递延收益的政府补助	567.00	567.00	0.00	0.00
	12	11．境外应税所得（填写附表六）	--	--	--	0.00
	13	12．不允许扣除的境外投资损失	--	--	0.00	--
	14	13．不征税收入（填附表一[3]）	--	--	--	0.00
	15	14．免税收入（填附表五）	--	--	--	0.00
	16	15．减计收入（填附表五）	--	--	--	0.00
	17	16．减、免税项目所得（填附表五）	--	--	--	0.00
	18	17．抵扣应纳税所得额（填附表五）	--	--	--	0.00
	19	18．其他	3456.00	3456.00	0.00	0.00
	20	二、扣除类调整项目	--	--	600.00	3.00

图 8-43　附表三

企业所得税年度纳税申报表

税款所属期间　年　月　日至　年　月　日

金额单位：元　　纳税人识别号

纳税人名称			
纳税人地址		邮政编码	
纳税人所属经济类型		纳税人所属行业	
纳税人开户银行		账号	

	行次	项　目	金　额
收入总额	1	销售（营业）收入（请填附表一）	
	2	减：销售退回	
	3	折扣与折让	
	4	销售（营业）收入净额（1-2-3）	
	5	其中：免税的销售（营业）收入	

	6	特许权使用费收益	
	7	投资收益（请填附表二）	
	8	投资转让净收益（见附表二）	
	9	租赁净收益	
	10	汇兑净收益	
	11	资产盘盈净收益	
	12	补贴收入	
	13	其他收入（请附明细表）	
	14	收入总额合计（4＋6＋7＋8＋9＋10＋11＋12＋13）	
扣除项目	15	销售（营业）成本（请填附表三）	
	16	期间费用合计（17＋…＋41）	
	17	其中：工资薪金（请填附表四）	
	18	职工福利费、职工工会经费、职工教育经费（见附表四）	
	19	固定资产折旧（请填附表五）	
	20	无形资产、递延资产摊销（见附表五）	
	21	研究开发费用	
	22	利息净支出	
	23	汇兑净损失	
	24	租金净支出	
	25	上缴总机构管理费	
	26	业务招待费	
	27	税金	
	28	坏账损失（请填附表六）	
	29	增提的坏账准备金（见附表六）	
	30	资产盘亏、毁损和报废净损失	
	31	投资转让净损失（见附表二）	
	32	社会保险缴款	
	33	劳动保护费	
	34	广告支出（请填附表七）	
	35	捐赠支出（请填附表八）	
	36	审计、咨询、诉讼费	
	37	差旅费	
	38	会议费	
	39	运输、装卸、包装、保险、展览费等销售费用（请附明细表）	

	40	矿产资源补偿费	
	41	其他扣除费用项目（附明细表）	
应纳税所得额的计算	42	纳税调整前所得（14－15－16）	
	43	加：纳税调整增加额（44＋…＋58）	
	44	其中：工资薪金纳税调整额（见附表四）	
	45	职工福利费、职工工会经费和职工教育经费的纳税调整额（见附表四）	
	46	利息支出纳税调整额	
	47	业务招待费纳税调整额	
	48	广告支出纳税调整额（见附表七）	
	49	赞助支出纳税调整额	
	50	捐赠支出纳税调整额（见附表八）	
	51	折旧、摊销支出纳税调整额（见附表五）	
	52	坏账损失纳税调整额（见附表六）	
	53	坏账准备纳税调整额（见附表六）	
	54	罚款、罚金或滞纳金	
	55	存货跌价准备	
	56	短期投资跌价准备	
	57	长期投资减值准备	
	58	其他纳税调整增加项目（请附明细表）	
	59	减：纳税调整减少额（60＋61）	
	60	其中：研究开发费用附加扣除额	
	61	其他纳税调整减少项目（请附明细表）	
	62	纳税调整后所得（42＋43－59）	
	63	减：弥补以前年度亏损（请填附表九）	
	64	减：免税所得（65＋…＋71）	
	65	其中：国债利息所得	
	66	免税的补贴收入	
	67	免税的纳入预算管理的基金、收费或附加	
	68	免于补税的投资收益	
	69	免税的技术转让收益	
	70	免税的治理“三废”收益	
	71	其他免税所得（请附明细表）	
	72	应纳税所得额（62－63－64）	
	73	适用税率	

应缴税所得	74	应缴所得税额	
	75	减：期初多缴所得税额	
	76	已预缴的所得税额	
	77	应补税的境内投资收益的抵免税额	
	78	应补税的境外投资收益的抵免税额	
	79	经批准减免的所得税额	
	80	应补（退）的所得税额（74－…－79）	
纳税人代表签章： 纳税人单位公章： 日期： 联系电话：		代理申报中介机构签章： 日期： 经办人： 经办人执业证件号码： 联系电话：	
以下由税务机关填写： 经办人： 受理申报税务机关公章 受理申报日期： 审核人： 审核日期：			

图 8-44　主表

填写完上述各表，就可以申报上传，如图 8-45 所示。

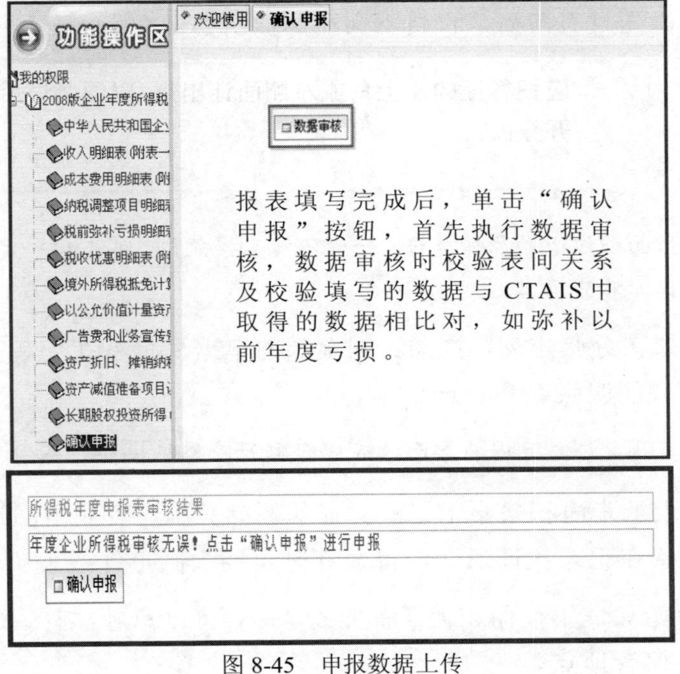

图 8-45　申报数据上传

8.2 凭证的装订

根据财政部《会计基础工作规范》第五十五条规定的精神，记账凭证登记完毕后，应当按照分类和编号顺序保管，不得散乱丢失。

为此，必须对会计凭证进行装订，其要求是：

记账凭证应当连同所附的原始凭证或者原始凭证汇总表，按照编号顺序，折叠整齐，按期装订成册，并加具封面，注明应填列的内容，由装订人在装订线封签处签名或者盖章。

8.2.1 会计凭证装订前的准备

会计凭证装订前，对会计凭证进行排序、粘贴和折叠。因为原始凭证的纸张面积与记账凭证的纸张面积不可能全部一样，有时前者大于后者，有时前者小于后者，这就需要会计人员在制作会计凭证时对原始凭证加以适当整理，以便下一步装订成册。

- 对于纸张面积大于记账凭证的原始凭证，可按记账凭证的面积尺寸，先自右向后，再自下向后两次折叠。

经验谈

应把凭证的左上角或左侧面让出来，以便装订后还可以展开查阅。

对于纸张面积过小的原始凭证，一般不能直接装订，可先按一定次序和类别排列，再黏在原始凭证上。

- 证票应分张排列，同类、同金额的单据尽量粘在一起；同时，在一旁注明张数和合计金额。

如果是板状票证，可以将票面票底轻轻撕开，厚纸板弃之不用。

- 对于纸张面积略小于记账凭证的原始凭证，可先用回形针或大头针别在记账凭证后面，待装订时再抽去回形针或大头针。

有的原始凭证不仅面积大，而且数量多，可以单独装订，但在记账凭证上应注明保管地点。

原始凭证附在记账凭证后面的顺序应与记账凭证所记载的内容顺序一致，不应按原始凭证的面积大小来排序。会计凭证经过上述的加工整理之后，就可以装订了。

8.2.2 会计凭证的装订方法

（1）定期整理完毕的会计凭证，按照编号顺序，外加封面、封底，装订成册，并在装订线上加贴封签。

（2）在封面上，应写明单位名称、年度、月份、记账凭证的种类、起讫日期、起讫号数，以及记账凭证和原始凭证的张数，并在封签处加盖会计主管的骑缝图章。

（3）如果采用单式记账凭证，在整理装订凭证时，必须保持会计分录的完整。为此，应按凭证号码顺序还原装订成册，不得按科目归类装订。

（4）对各种重要的原始单据，以及各种需要随时查阅和退回的单据，应另编目录，单独登记保管，并在有关的记账凭证和原始凭证上相互注明日期和编号。

（5）汇总装订后的会计凭证封面要填上凭证种类、凭证所属日期、本月共×册之第×册、本册号数（自×号起至×号）、本册日期（自××月××日起至××月××日止）、单位名称、会计主管、会计、装订人等信息。

（6）会计凭证装订的要求是既美观大方又便于翻阅，所以在装订时要先设计好装订册数及每册的厚度。一般来说，一本凭证，厚度以 1.5~2 厘米为宜，太厚了不便于翻阅核查，太薄了又不利于戳立放置。

（7）凭证装订册数可根据凭证多少来定，原则上以月份为单位装订，每月订成一册或若干册。

（8）有些单位业务量小，凭证不多，把若干个月份的凭证合并订成一册就可以，只要在凭证封面注明本册所含的凭证月份即可。

（9）为使装订成册的会计凭证外形美观，在装订时要考虑到凭证的整齐均匀，特别是装订线的位置，如果太薄可用纸折一些三角形纸条，均匀地垫在此处，以保证它的厚度与凭证中间的厚度一致。

8.2.3 会计凭证装订操作的具体步骤

（1）准备装订凭证需用的工具，如图 8-46 所示。

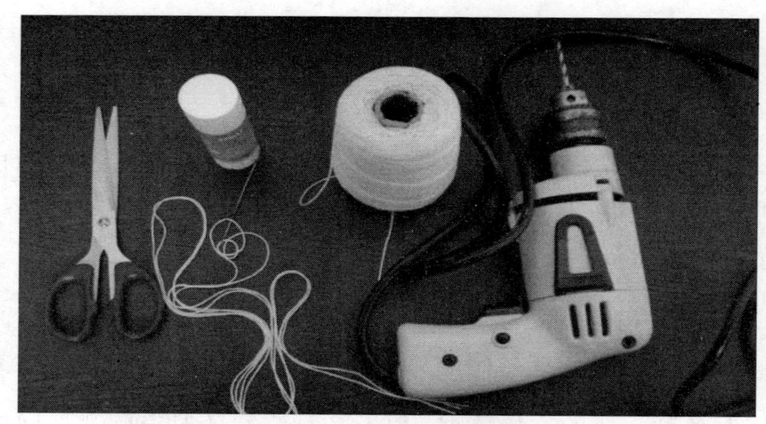

图 8-46 装订凭证的工具

（2）整理好凭证用铁夹固定好，如图 8-47 所示。

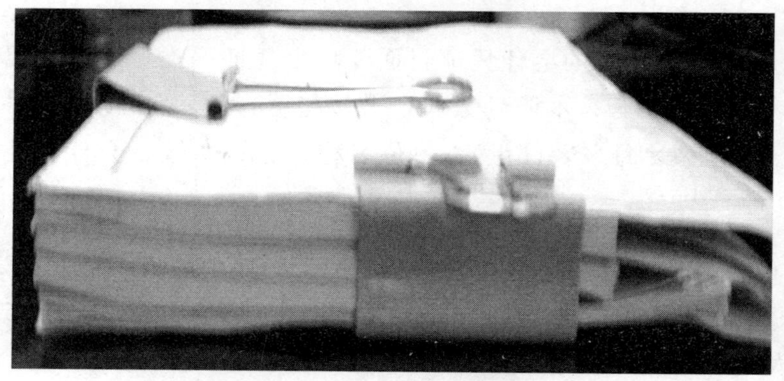

图 8-47 用铁夹固定凭证

（3）所有的凭证要对齐整理好。对于大的原始凭证要折叠成和记账凭证一样面积尺寸（折叠时应注意把凭证的左上角或左侧面让出来，以便装订后还可以展开查阅），如图 8-48 所示。

（4）折叠的原始凭证要让开装订线，折叠需注意牢实美观而又便于查阅。如图 8-49 所示。

图 8-48 凭证整理

图 8-49 注意让开装订线

（5）按照包角上面印的装订孔位置，用电钻对准钻 3 个孔。用电钻对准包角上面印的装订孔位置（即凭证封面左上角，3 个孔呈现三角形状）钻孔，钻孔的大小跟包角上印的圆圈差不多大即可。

（6）然后用针穿线从钻孔的下面向上，围绕三个孔位和两侧系紧系好，在背面打结，如图 8-50 所示。

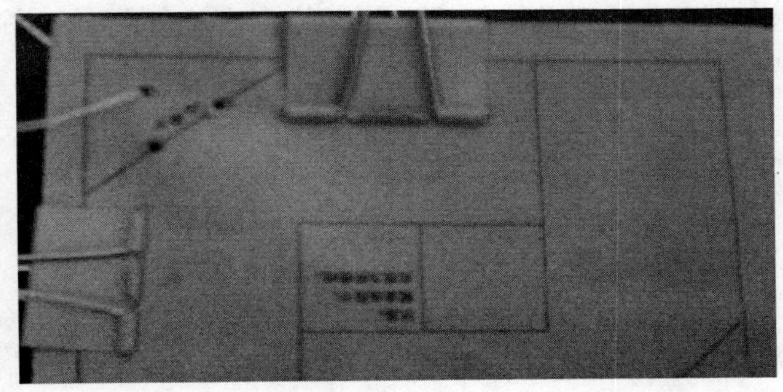

图 8-50 穿线

（7）线绳围绕三个孔和两侧绕，如图 8-51 所示。

（8）凭证的正面装订线要经过所钻的孔和两侧，如图 8-52 所示。

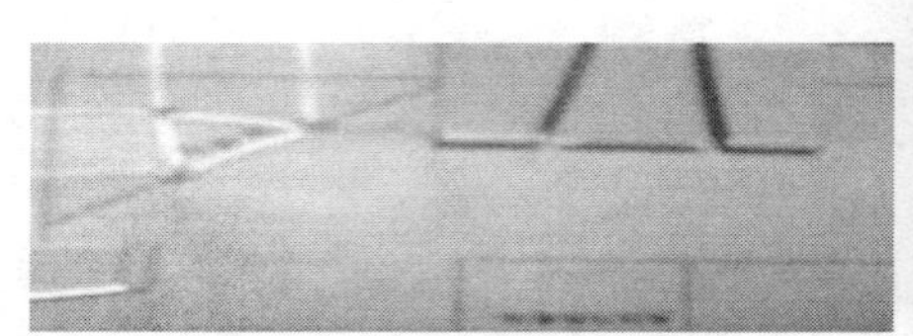
图 8-51　绕线

图 8-52　正面装订线

（9）装订凭证的两侧线要扎紧。装订凭证的背面的走线，结打在背面。

（10）按虚线的位置剪开，把包角向左上侧面折，然后抹上胶水向上折叠，将侧面和背面的线绳扣粘死，如图 8-53 所示。

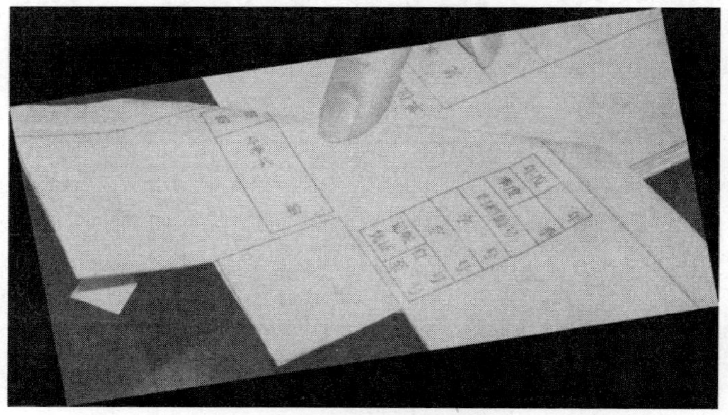
图 8-53　剪折

（11）装订好的凭证用包角纸沿装订线向左上侧折，如图 8-54 所示。

（12）包好角的凭证的正面如图 8-55 所示。

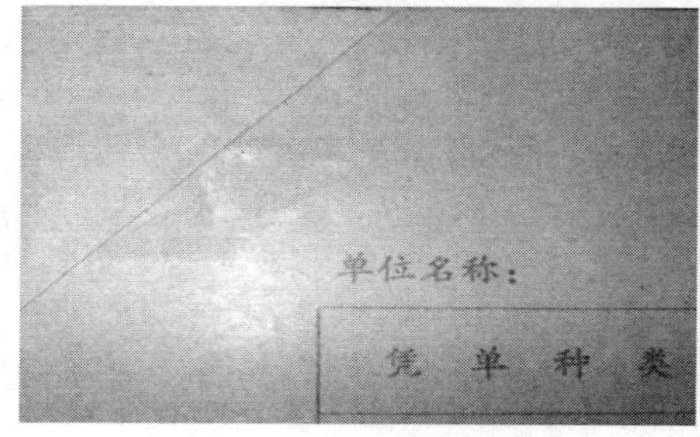

图 8-54　包角

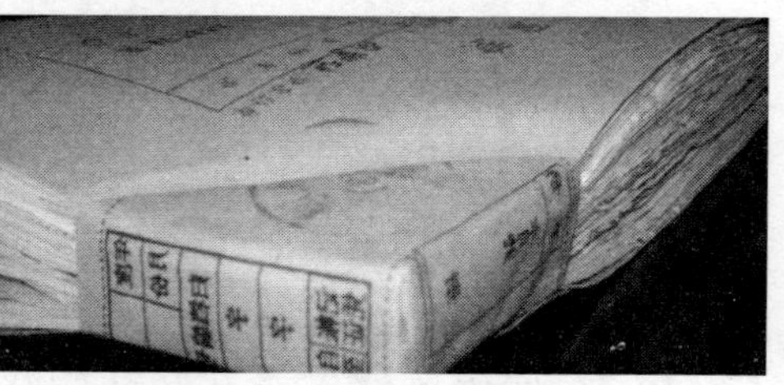
图 8-55　最终样式

（13）待胶晾干后，在凭证本的脊背上面写上“×年×月第×册共×册”的字样。装订人在装订线封签处签名或者盖章。记账凭证一个月应从头编一次序号。

（14）按照封面的要求如实填写。

- 凭证少的可以合起来装订，写明装订月份，加盖会计、装订人私章及单位公章、封签处盖章、记账凭证起讫号、记账凭证张数、本月凭证共装订的册数、附记账凭证后的附件张数，加盖会计、装订人私章及单位公章。
- 业务量小，凭证不多，把若干个月份的凭证合并订成一册也可以，但在凭证封面上要注明本册所含的凭证月份，并在月与月之间隔一张凭证封面。

间隔封面也要按封面要求填写，凭证装订、包好角并在封签处加盖专用公章。

CHAPTER

9 做好管家婆

办公室工作可以概括为四会，即会说、会写、会做事、会做人。

办公室工作岗位不易被人视但又必须有人兢兢业业完成，只有大家感觉不到办公室工作的存在，才说明工作做得好，比如，不耽误工资发放、每天考勤机正常、办公用品准备充足等。

同时，办公室也是非常能成就人的地方，能做好办公室工作，也就初步具备了管理能力。

9.1 印章的保管和使用

除财务印章外，小鲁还保管着另外几个印章，起初小鲁并不在意，把印章放在一个盒子里，谁来盖拿出来盖就行。

王部长说，这样是不行的，保管印章也是保管着一份责任，虽然其他印章不像财务印章一样直接和钱有关，但它们和公司行为有关。比如，一份合同盖印了，就是公司对外的承诺，就应当遵守。但如果这个章是被人在你不晓得的情况下盖上的，而且是假的，这个责任就大了。

小鲁恍然大悟，决定好好了解一下印章的相关知识。

9.1.1 印章的种类

印章，向下代表着一种权力，是行使职能的合法代表，向上则要代表责任。一个公司凡是有公章或签章的文件，领导要负一定的责任，公司发文、发函、签署合同、订立协议、出具证明等，均要用印才合法有效。

因此，印章是单位组织权力的象征和职责的标志。

小鲁手里的印章很多，按其性质和作用可划分为多种，如表 9-1 所示。

表 9-1 印章的种类

名称	释义	适用范围
公章	是一个企业的正式印章，标明企业法定名称，是企业的标志和象征，具有法定的权威和效力	多用于正式文件和介绍信、证明信等
专用章	是指企业为开展某一类专门性业务而使用的印章，这类印章在印文中除刊有企业的法定名称外，还应刊有专门的用途，如"财务专用章""合同专用章"等	这类印章不代表整个企业，只代表企业下属某一专门部门的职权
法定代表人私章	又称为手章或领导人签名章。它是根据企业主要负责人用钢笔或毛笔亲自签名制成的印章，其基本作用是以盖章代替手写签名。它代表法人，象征职权，因此具有权威性	银行支票、财务预算或决算、签订合同或协议等，除盖公章和专用章外，还须盖法定代表人私章才能生效
套印章	是指按照正式印章的原样制版而成的印章	专门用于印制大批量文件，它与正式印章具有同等的法定效力
钢印	不用印色，利用压力凹凸成形	一般用于证明性公文或证件
戳记	是为标志特定信息而使用的印章	如保密章、急件章、注销章等
缩印	是按照正常比例缩小用于印刷的专用公章。	只能用在小型票证上，如税务发票及其他专用票等。不能作为正式印章用于介绍信或出具证明等。

9.1.2 如何办理刻印

公司的公章由于使用频率较高，一些数字已经模糊不清，已经引起往来单位的质疑，经王部长提议，决定重新再刻一枚。

小鲁接到任务后，以为到楼下的刻印社去刻就行，但刘姐说公章、财务印章、发票专用章等，可不是随便找个地方就可以刻的，必须先到公安局办理手续，当然，这个公安局不是我们通常说的公安局，指的是在行政服务大厅里由公安局设立的办事地点。

这个地方小鲁去过，和工商局、税务局、水务局等部门在同一楼层，听王部长说，到这里办事还是比较方便的，效率高。整个办理过程如图 9-1 所示。

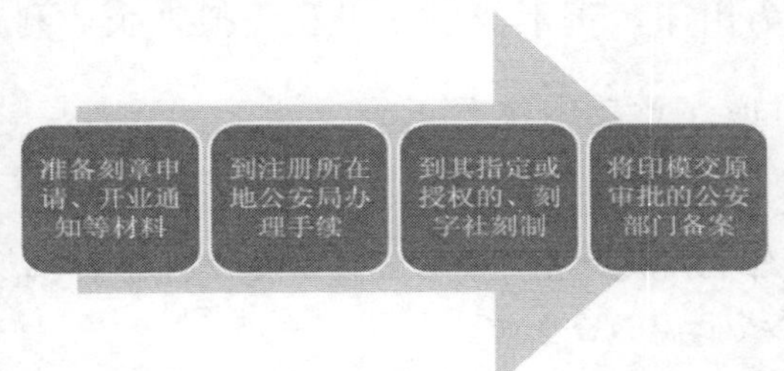

图 9-1 刻印流程

9.1.3 印章的使用

印章的最大用处是使用价值，单位的印章不是用来收藏的，也不是用来显示权力的，要在受控的情况下使用，应当盖印的材料，必须盖印，不应当盖印的，坚决不盖，同时要避免紧急情况下找不到印章的情况。

公司制定的用印规定如下。

（1）盖用单位印章，重要材料必须由单位副总经理审核签名批准。对于一些一般性事务的用印，授权行政部门负责人，即结合部经理审签。

（2）用印前，出纳必须认真审核，明确了解用印的内容和目的，确认符合用印的手续后，在用印登记簿上逐项登记，方可用印。用印登记表如表 9-2 所示。

表 9-2　公司用印登记表

编号	用印时间	用印部门	用印内容	份数	批准人	经办人签名	备注

（3）对需留存的材料应在加盖印章前，留存一份，立卷归档。

（4）公司人员在用印时应严格按照上司要求，亲自把握和使用，绝不能委托他人代为用印，更不能以印谋私，损害企业利益。

（5）用印时应注意盖印位置正确、端正、清晰，一次成功。

印章盖在文末落款处，应上不压正文，下要“骑年盖月”，带有存根的公函、介绍信等用印时，除在规定处用印外，还应加盖“骑缝章”，即印章盖在正本和存根连接处的骑缝线上，以备查考。

9.1.4 印章的管理

印章的管理是小鲁的一项职责，公司的相关规定是这样的。

（1）印章的保管工作一般由出纳兼任，按照保密要求，管印者不得委托他人代取代用印章，印章应放在专门的保险柜内，随用，随取，随锁。

（2）做好印章保养工作，盖印下面要衬垫一定弹性的硬橡胶或厚纸等，防止印泥在坚硬的物体上使用造成磁损，印章应及时清洗，确保印迹清晰。

（3）如果因工作需要，别的部门需借用单位公章，须严格履行相关手续，填写用印申请单。

用印申请单如图 9-2 所示。

文件标题			
发往机关		份数	
用印日期		用印申请人（签字）	
批准人（签字）		备注	

图 9-2 用印申请单

9.1.5 印章管理不当的实例

王部长说公司以前不进行印章管理，给了我们很多需要牢记的教训，以下是公司发生过的实例，公司记录下来，只是为了防患于未然，而不是秋后算账。

【实例 1】小李曾是公司的总经理助理，管着公司大大小小十几个公章，平时就堆放在办公室的抽屉里，因为公司在外地注册了多家分公司，有的是业务需要形式上注册的，有的却是实实在在开展业务的。

而一个公司的印章又分业务专用章、合同专用章等，于是管理这堆公章也成了小李的责任。最开始的时候，小李对管公章这样的事情不怎么上心，觉得无所谓。

一次，公司准备收购当地一家小企业，谈了很久，后来进入实质性阶段。某天，负责项目谈判的经理跑来找小李盖章，那是一份“补充协议”，小李每天接触的盖章文件实在太多，也没有怎么在意，虽然这份文件上没有公司方代表人签字，这个经理解释说不用签字，小李犹豫片刻，还是盖上去了。

过了几天，那个经理和公司的律师一起又过来，拿着上次盖章的文件，说要交给总经理签字，小李觉得奇怪，明明事先说好不用签字的，怎么又变了。于是小李还是把已经加盖公章的文件送给总经理。

总经理看过文件后把经理叫去问情况，然后说这个我不签，你们自行解决。事情到这里，还是没有引起小李的警惕，于是小李任由他们二人把文件带走，也没有要回那份文件。

直到后来，小李才明白事情的来龙去脉，也才知道自己糊里糊涂间做了什么。原来是公司和他们收购的企业谈判条件，对方见索高价已经不可能，就附加一些比较苛刻的收购条款（为此公司要多付款五十多万元）。

而项目经理求胜心切，主张同意。文件盖了章就有法律效力，但财务部门不同意付款，认为这次收购不合理，于是才有要求总经理补签一事。公司后来做了相应的处罚，小李挨了个不大不小的处分，损失了一个月的工资。

真是祸不单行，这事没过多久，有一天，公司另外一个部门，要给大量的文件盖章，就把公司公章借走，小李忙着有事外出，也没催他们还。就这样过了好几天，总经理拿着文件来找小李盖章，小李手忙脚乱地找了半天，后来才想起来章被借走了，搞得总经理好几天没给小李好脸色。

【实例 2】某日小李高中时的一位老同学林某找到他，告诉小李说自己有一笔好买卖，但他是个人身份，不如公司签合同方便，想借用公司的名义，让小李给他出具一份公司的业务介绍信，等合同签完后就还给公司，并给小李一笔数目可观的报酬。小李应允了，不过他是看在老同学的面上才答应帮这个忙，也没有要什么好处费。

林某利用从公司借用的业务介绍信，以公司业务经理的身份和公司的名义与另一公司签订一份钢材购销合同，骗取该公司价值一百万元的钢材。小李同学将钢材卖掉后，携款潜逃。这一事件给公司造成了信誉和财

产上的损失。总经理非常生气，解除小李与公司的聘用合同，并扣发小李当年的奖金。

王部长说，经过这几件事后，公司开始非常注重办公室印章的保管、使用等，比如，单位的公章应该放置在保险柜里，这样比放在办公桌的抽屉里相对来说要安全些。

对于公司的合同章，印章保管人应坚守原则：

- 必须要有财务和法律顾问的亲笔签名，否则，无论如何也不给盖章，盖公司章，一定要认真审核内容，不符合盖章条件的，应坚持原则，无论如何也不能盖章。
- 如果单位领导不在，就应让申请盖章者当着自己的面电话请示总经理，总经理发指令同意后，才能盖章。
- 如果确因工作需要，别的部门借公章，应让他们履行严格的手续，并提醒他们按时归还，稳妥起见，还可以印发一些用印申请单，来提醒自己不要疏忽，申请单应复印一份，留作存档。

认真负责的工作态度，是单位公章管理者必须具备的职业道德，小鲁认识到在以后的工作中，应不断强化这个职业素养，保证印章的管理工作不出差错。

9.2 介绍信的管理和使用

单位的介绍信也放在小鲁这里。说到介绍信，小鲁觉得这个东西好像是父辈们在很早以前使用的东西，小时候常听大人说外出要公社的介绍信，厂里的介绍信什么的。

总的说来，小鲁不太明白介绍信和公司运营有什么关系，但既然归自己管理，小鲁还是认真地学习了一下相关的知识。

9.2.1 介绍信概念及种类

介绍信是介绍企业成员出外办理有关公务并证明其身份的一种书面凭证。它具有介绍和证明的双重作用。

从文面格式来看，介绍信有两种：

1. 书信式

指用一般公文用纸（或印有单位名称的信笺）书写的介绍信。

【示例 1】

介绍信

××公司：

今介绍我公司×××、×××两位同志前往贵公司洽谈有关××产品销售的具体事宜，请予接洽为盼。

此致

敬礼

（印章）

×年×月×日

（有效期×天）

2. 印刷式

这也是小鲁保管使用的一种，是单位正式介绍信。小鲁根据公司的需要，先设计好固定的格式，然后大批量印刷，使用时只需在相关条项内填上相应的内容即可。印刷式介绍信一般都由持出联和存根两部分组成。

【示例 2】

No. ××××××

××公司

介绍信

：

兹介绍我公司　　　　等　　　　位同志前往你处联系

事宜，请予接洽。

此致

敬礼

（印章）

××××年×月×日

9.2.2 介绍信的使用

为更好地管理介绍信，公司制定了相关的管理制度。

（1）凡领用介绍信须经部门领导批准，不得擅自开具发放。

（2）开具介绍信时应由经办人自己填写介绍信栏目内各项内容，要求真实、完整，存根内容应与持出联内容一致。书写要工整，不得涂改，如果必须修改，要加盖更正章，或在修改处加盖公章。

（3）介绍信上应加盖企业公章，分别在右下方日期栏和存根线上（骑缝章）方为有效。

（4）介绍信管理人员不得将空白介绍信或单位信笺加盖公章后交给领用人，不得委托他人或让领用人自己填写盖章，否则，出了事故要负责任。

注：介绍信的文字要简洁明确，使接洽单位一看便知派出人员前去的目的。不要含糊笼统地仅仅写上“前去联系工作”“商洽有关事项”等。

9.2.3 介绍信的管理

（1）介绍信一般和公章由同一人（出纳）保管并使用，与公章须同等重视，不得缺页或丢失。

（2）发放介绍信要进行登记，领用人要履行签字手续。

由于公司使用的是印刷式介绍信，可在存根上签字，并填写表介绍信发放登记表，如表 9-3 所示。

表 9-3 介绍信发放登记表

编号	发放时间	用途	前往单位	有效期限	使用人	批准人	领取人	备注

（3）介绍信开出后，如因故没有使用，应说明原因，立即退回，并将其粘贴在原存根处。

（4）介绍信不得随意放置，要妥善保管，防止丢失被盗。

9.2.4 印章小知识

印章是“印”和“章”的合称。“印”和“章”都是信物。

经验谈

在古代，帝王所用的称为“玺”，官吏所用的才称为“印”，而私人使用的则称“私印”。

目前来说，各级各类国家机关、社会团体、企事业单位用的都称为“印”，相应的领导人则用“章”。涉外单位和“三资”企业也一样。所以从某种意义上来说，印章是权力的象征和职能的标志。我国机关单位的公章一律为正圆形，外资企业则有圆形和椭圆形或方形之分。

椭圆形或方形为国际公章。公章的印文按规定使用国务院公布的规范简化汉字，字形为宋体，自左向右环行排列。一般用全称，如法定名称字数太多，为印文清晰可见，也可用简称。

王部长说，以前小李因一念之差，私开公司介绍信加盖公章后交给林某使用，结果给公司造成重大经济损失，小李的事件是典型的反面教材。

在一般情况下，介绍信由单位印章管理人员负责掌管。介绍信与用印紧密相连，只有加盖印章的介绍信才能起到凭证的作用，因此，介绍信的管理与印章的管理同样重要，来不得半点马虎。

9.3 做好工商营业执照及组织代码证年检

每年的春节过后，财务部要组织会计师事务所来进行财务审计，一般来说，出具审计报告就到3月份，接着开始营业执照、组织机构代码证等相关证件的年检。

由于公司各方面做得比较正规，年检只是一项例行工作，没有太大的难点。整个年检工作，营业执照的年检是起点，只有营业执照年检完，其他的证件才可以年检。

9.3.1 工商营业执照的年检

营业执照年检都检什么内容呢？

1．年检的主要内容

- 企业登记事项执行和变动情况；
- 股东或者出资人的出资或提供合作条件的情况；
- 企业对外投资情况；
- 企业设立分支机构情况；
- 企业生产经营情况。

知道年检的主要内容后，小鲁去了一次工商局，咨询了工作人员，得知应按照如下程序进行年检。

2．年检基本程序

（1）网上申报，审核后打印，报送年检报告书和其他有关材料。

（2）登记主管机关受理审核年检材料。

（3）企业交纳年检费。

（4）登记主管机关加贴年检标识和加盖年检戳记。

（5）登记主管机关发还企业营业执照。

3．年检时间

要求年检起止日期为每年 3 月 1 日至 6 月 30 日，主管机关在规定的时间内对企业上一年度的情况进行检查。企业应当于 6 月 30 日前到登记主管机关报送年检材料。

4．年检须提交文件

（1）年检报告书。

（2）营业执照正、副本和工商 IC 卡。

（3）企业法人年度资产负债表和损益表。

（4）其他应当提交的材料。

非法人分支机构，除提交（1）、（2）、（4）项所列文件外，还应当提交所属法人营业执照复印件。营业执照复印件应当加盖登记主管机关的公章。

（5）公司和外商投资企业应当提交年度审计报告。

（6）不足一个会计年度新设立的企业法人和按照章程或合同规定出资期限到期的外商投资企业，应当提交验资报告。

（7）登记主管机关要求进行验资的其他企业，也应当提交验资报告。

（8）持有《免检证书》的企业免于提交审计报告。

9.3.2 组织机构代码证的年检

营业执照年检后，小鲁进行了组织机构代码证的年检，这个事项的主管部门是技术质量监督局，事后小鲁把相关知识总结如下。

1．年检范围

凡在 2013 年 1 月 1 日前已领组织机构代码证的各单位均属本次年检的范围，在代码证原颁发单位进行年检。（注：2013 年到期的证书在有效期届满前 30 日内进行换证，不再进行年检，所需资料同年检。）

2．年检时间

2013 年 3 月 1 日起至 2013 年 8 月 31 日止（具体时间以各地工商局网站公布时间为准）。

3．年检应提交的材料

经验谈

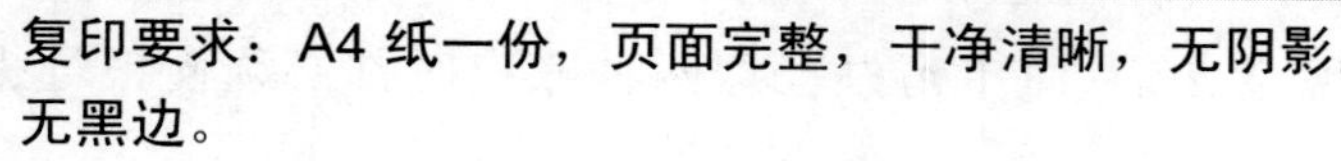

复印要求：A4 纸一份，页面完整，干净清晰，无阴影，无黑边。

（1）法人代表（或负责人）和经办人身份证原件和复印件（两人分开复印，如是二代身份证，正、反面要印在同一页面上）。

（2）批准成立文件原件及复印件（以下 7 项根据单位性质选择其中一项，需年检的请先到批准机关年检）。

1. 工商局登记注册的：营业执照（正、副本均可）。
2. 政府机关单位：批准成立文件或三定方案或机构改革方案。
3. 事业单位：事业单位法人证书（事业登记管理局颁发）。
4. 社会团体：社会团体法人登记证书（民政局颁发）。
5. 民办非企业单位：民办非企业单位登记证书（民政局颁发）。
6. 工会：工会法人资格证书（总工会颁发）。
7. 其他机构：法律法规认可的批准成立文件。

（3）分支机构另需上级或主管部门代码证复印件一份。

（4）原发代码证全部正、副本。

填写《中华人民共和国组织机构代码申报表》，在申请表右下角信息公开签名处法人代表（或负责人）签名，并加盖单位行政公章。

9.3.3 王部长对组织机构代码证使用的解释

平常，组织机构代码证放在小鲁的档案盒中，很少触及，这个证件有什么用呢？如果不用，而且每年还得去年检，是不是可以不办？

小鲁有些不解，他就这个问题请教了王部长。

王部长解答说，代码证对一个单位来说作用非常重要。例如，企业在经营过程中，由于涉及转账问题，需要向银行申请一个基本账户，作为结算账户，只有在这个基本账户的基础上，企业才能申请一般账户，才可以购买现金支票。而申请办理这两种账户时都必须向银行提供组织机构代码证等相关资料。

同样对一个企业来说要想经营，就需要先去税务部门办理相关税务登记手续，同时申请购买发票。

而企业税号的15位数字中，前6位是行政区划号段，后面9位是企业组织机构代码号，也就是说办理税务登记手续必须使用组织机构代码证，通过组织机构代码信息，可以实现对增值税发票的有效管理，防止个别企业的偷税漏税行为，为国家从源头治理税源起到积极的作用。

还有在车辆落户、申请人事调动、办理员工社会保障时都离不开代码证，可以说随着我国社会主义市场经济的发展，代码证在国家行政管理和维护经济秩序以及宏观调控中所起的作用将越来越重要。

王部长还说，如果单位对代码证的重要性缺乏认识，就会给自己的经营活动增加许多麻烦，造成一些不必要的损失。

曾经有一家企业改制后变为有限公司，由于对代码知识知之甚少，加之对其不重视，认为“不就是一个证嘛，用处不大”，因此在办证时将错误信息提供给工作人员，造成重码现象，致使单位原有的银行账户及税号都无法使用，后经代码工作人员多方努力，帮助其恢复原有的代码证号，才使其避免了巨大的经济损失。

在我们的工作中也会经常看到，有的单位因代码证保管不善丢失，造成车辆无法落户；有的单位因不按期换证，代码证过期造成单位人员在办理出境手续时受阻，也有的造成投标文件无效，业务受损；还有的单位在办理完营业执照后，没有办理代码证，造成出口货物无法办理海关手续。由此可见，代码证在经济活动中的作用是非常重要的，它是我们从事各种经济活动的通行证。

9.4 每月中大家最关注的一天——工资发放日

小鲁以为计算工资的事与财务无关，由人事部门来负责，财务部门只管发钱就行。

后来发现不是这样的，人事部门负责人员招聘、调动手续等，每月只负责考勤的统计与上报，而工资计算这部分，是由财务部门来完成的。

小鲁从侧面了解到王部长参与公司薪酬制度的设计，有着丰富的薪酬管理经验。虽然小鲁负责的只是简单工资计算，但为了更好地理解公司薪酬方案，王部长还是给小鲁进行了额外的培训。

9.4.1 图解全面薪酬

公司提供的薪酬称为全面薪酬，也就是说不仅仅是向员工提供货币性报酬，即员工每月工资卡中存入的只是薪酬的一部分，它还包括为员工创造良好的工作环境及工作本身的内在特征和组织特征等所带来的非货币性的心理效应，如图 9-3 所示。

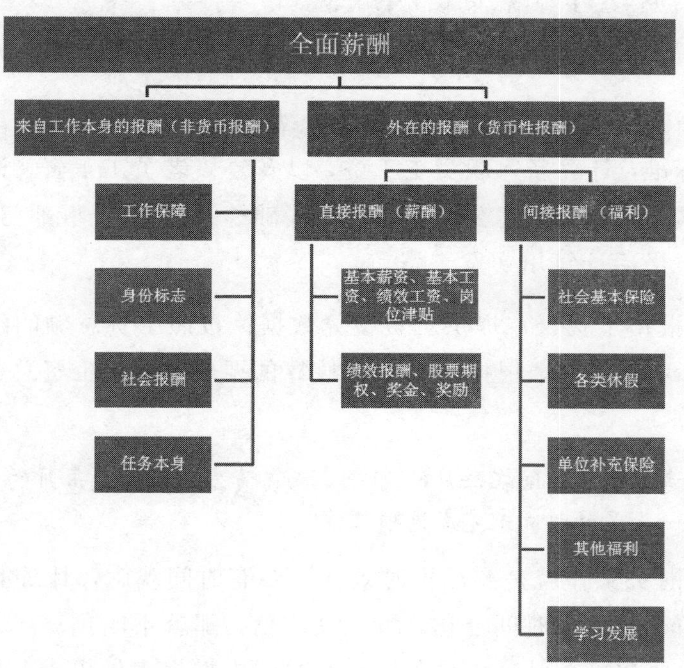

图 9-3 全面薪酬框架

9.4.2 各类福利项目

（1）四险一金：社会养老险、社会医疗险、失业险、工伤险、住房公积金。

（2）各类休假：带薪年假、生育假、节假日、探亲假、病假、事假等。

（3）保险：补充商业养老险、补充医疗险、补充意外险等。

（4）培训发展：年度培训费、在职进修、内部培训机会。

（5）其他福利：各类费用报销、奖励旅游、特殊福利、健康疗养、车辆等。

9.4.3 工资的核算

全面薪酬的公式如下：

全面薪酬=直接报酬+间接报酬+非货币性报酬

关于工资的核算，小鲁的工作内容是这样的。

（1）计算工资表，发放工资薪酬。根据员工工资花名册，根据已确定的工资标准，计算新入职员工工资，以及复核老员工工资，计算代扣款（包括个人所得税、住房公积金、社保基础等），根据人事部门的考勤表，计算扣款，最后计算出实发工资。

（2）根据工资表，提供工资核算数据：按照工资总额的组成和业务部门，实行明细核算。根据财务部门核算的要求，编制工资总额报表，进行财务核算。

公司的考勤截止时间在每月的21日，而工资发放时间是每月的23日，也就是小鲁只有一天多的时间来完成这项工作。

王部长 财务工作就是要注重时效性，要有时间观念，比如预算，越在事前越有价值，如果时间已过，就一文不值，那就不叫预算了。在月末年末，财务需要加班，因为必须在规定的时间内把报表做出来，甚至还有年度决算等着上报。

王部长说薪酬对员工、企业、社会都有非常重要的作用，员工用工资来养家糊口，企业用薪酬来吸引和激励人才，而只有员工有良好的收入，家庭才能有积蓄，社会才能稳定发展。所谓藏富于民才是国强民富的硬道理。

此外，薪酬管理还可以改善企业的绩效(提高员工的工作绩效；节约企业成本)；有助于塑造良好的企业文化。所以说薪酬管理是人力资源管理中的重要组成部分，合理的薪资报酬有助于创造员工企业共同成长的双赢局面，使企业得到发展。

9.4.4 图解薪酬的功能

小鲁感叹道："没想到薪酬还有这样的秘密。"薪酬的功能如图 9-4 所示。

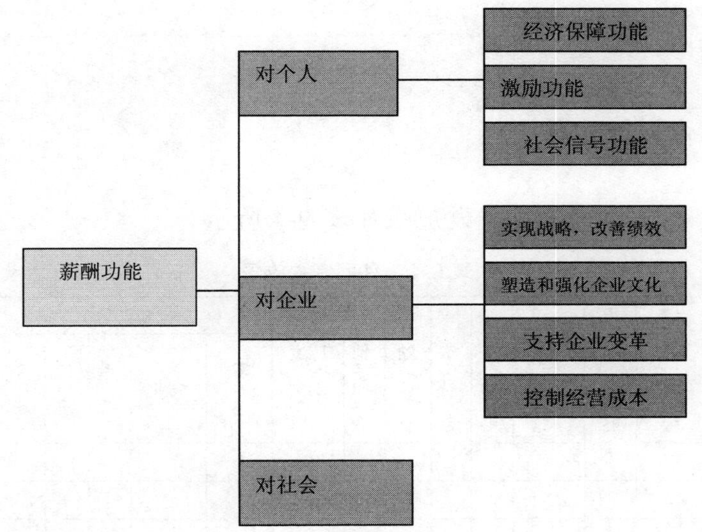

图 9-4 薪酬功能图示

虽然大家都明白薪酬的意义，但很多企业对于薪酬的重视度不够，有些领导还把薪酬作为"控制"员工的工具，意气用事，这样就失去了薪酬管理的意义。事实上，设计一套行之有效的薪酬方案是很困难的事，绝不是领导拍脑门就能拍出来的。

9.4.5 薪酬管理六大忌

总的来说，薪酬管理有六大忌：

（1）薪酬水准低于市场水准。

（2）执行不公，没有做到同工同酬。

（3）劳逸不均，人力资源运用不当。

（4）管理层薪酬远远高于基层员工。

（5）没有依据绩效调薪，或绩效评核不公平。

（6）薪资拖延发放，计算经常出错误。

经验谈　**最后一条，拖延发工资或计算错误，会失信于员工，所以说马虎不得。**

9.4.6 工资发放实操

小鲁每月需完成的工资发放表如表9-4所示。

表9-4　月工资发放表

姓名	基本工资	绩效奖金	福利津贴	岗位津贴	职务津贴	误餐补贴	考勤调整	其他扣款	应发工资	代扣项目					实发工资
										养老	失业	医疗	住房	个税	
张三															
李四															
王五															
赵六															
合计															

应发工资是计算实发工资的基础。企业计算出应发工资以后，再减去各种代扣款项，即为实发工资。

应发工资、实发工资的计算公式为：

应发工资=基本工资+绩效工资+奖金+福利津贴+岗位津贴+职务津贴+误餐补贴+（－）考勤调整－其他扣款

实发工资=应发工资－代扣项目

上述内容中，需要小鲁首先计算的是考勤调整。考勤调整的计算依据是人事部门报来的员工考勤表，如表9-5所示。

表 9-5 员工考勤表

2012 年 11 月

编号	姓名	部门	本月出勤	缺勤（天）			加班		
				病假	事假	旷工	平日	周末	法定假日
1	张三	行政							
2	李四	研发							
3	王五	销售							
4	赵六	销售							
5	合计								

9.4.7 加班工资计算

公司的文化是不鼓励加班，希望员工能充分利用 8 小时完成本职工作，把休息日留给家人。小鲁觉得这样也对，毕竟工作是为生活，而不是为工作而生活，其实如果一个人能把一天的 8 小时有效利用起来，通常的工作肯定能完成，不需要通过加班来进行。

但是，如果有紧急情况发生，可能需要全部门所有员工来加班，为补偿大家的付出，公司按照国家的规定支付加班费。

加班费规定是这样的，平时加班是 1.5 倍工资，周末加班是 2 倍工资，法定节假日是 3 倍工资。基数都是按基本工资算的。

加班日工资＝基本工资÷21.5

为什么是 21.5 呢？王部长说是为简化，规定每月工作天数为 21.5 天。缺勤扣款的计算，公司的规定是这样，病假 3 天内不扣款，超过 3 天的，按日工资的 60%扣款，如果病休超过 30 天，公司就发给基本工资。这点还是很人性化的。

事假按日工资扣款，旷工还得按日扣岗位津贴，其中旷工是不允许的，在公司也从来没有出现过这种情况。缺勤扣款加上加班费，就是工资发放表中的考勤调整项目。

9.4.8 社保和公积金计算

社保和公积金是怎么计算的？以前小鲁是一点儿都不了解。

王部长 社保也是员工很关心的事项，常有员工想公司是不是缴少了。如果按照国家的规定严格执行，企业的负担还是比较大的。

社保和公积金的缴纳计算很简单，就是一个公式：

缴费金额＝缴费基数×缴费比例

缴费基数是公司根据上一年度的基本工资来核定的一个基数，一年内是固定的。缴费比例如下：

（1）养老保险：单位 20%，个人 8%；

（2）医疗保险：单位 8%，个人 2%；

（3）失业保险：单位 2%，个人 1%；

（4）工伤保险：单位 1%，个人不缴；

（5）生育保险：单位 1%，个人不缴；

（6）住房公积金：单位 3.5%，个人 3.5%。

鲁 泽 这就是常说的五险一金吧？

王部长点点头，社保缴纳计算表如表 9-6 所示，公积金缴纳计算如表 9-7 所示。

表 9-6 社保缴纳计算表

2012 年 11 月

编号	姓名	合计	基数					单位负担						个人负担			
			养老	医疗	失业	工伤	生育	养老	医疗	失业	工伤	生育	小计	养老	医疗	失业	小计
1	张三																
2	李四																
3	王五																
4	赵六																
5	合计																

表 9-6 和表 9-7 都是小鲁用 Excel 做的，需要计算的地方输入公式，只要录入基数，就得得出全部数据，非常简单。

表 9-7 住房公积金缴纳计算表

2012 年 11 月

编号	姓名	基数	单位缴纳	个人缴纳	合计
1	张三				
2	李四				
3	王五				
4	赵六				
5	合计				

9.4.9 个人所得税计算

个人所得税的计算比较复杂。王部长让小鲁看了一下《中华人民共和国个人所得税法》，让他知道公司应发工资，都属于个人所得税的征收范围。员工日常询问有关个人所得税问题时，常涉及表 9-8，从表中可以看出，挣得多，要缴的个人所得税就多。

表 9-8 个人所得税税率表（工资薪金、所得适用）

级数	全月应纳税所得额（含税级距）	全月应纳税所得额（不含税级距）	税率（%）	速算扣除数
1	不超过 1 500 元	不超过 1 455 元的	3	0
2	超过 1 500 元至 4 500 元的部分	超过 1 455 元至 4 155 元的部分	10	105
3	超过 4 500 元至 9 000 元的部分	超过 4 155 元至 7 755 元的部分	20	555
4	超过 9 000 元至 35 000 元的部分	超过 7 755 元至 27 255 元的部分	25	1 005
5	超过 35 000 元至 55 000 元的部分	超过 27 255 元至 41 255 元的部分	30	2 755
6	超过 55 000 元至 80 000 元的部分	超过 41 255 元至 57 505 元的部分	35	5 505
7	超过 80 000 元的部分	超过 57 505 元的部分	45	13 505

2011 年 9 月 1 日起调整后，个税免征额为 3 500 元，每月工资额，减去 3 500 元后，选择全月应纳税所得额。公式为：

应纳税额=（工资薪金所得－“五险一金”－扣除数）×适用税率－速算扣除数

王部长举了个例子。

王部长 如果某人的工资收入为5 000元，他应纳个人所得税为：（5 000－个人所缴纳的社会保险及公积金金额数－3 500）×3%－0=个人应缴纳所得税金额数。

鲁　泽 为什么这里选择3%呢，是不是5 000－3 500＝1 500元，选择1级呢？

王部长 是的。

看起来比较复杂，实际工作中还是比较简便的，在王部长的指导下，小鲁也是设计一个表格，在代扣个人所得税栏中，输入公式，金额自动计算了，如表9-9所示。

表9-9　代缴个人所得税计算表

2012年11月

编号	姓名	应发工资	个人社保	个人公积金	应纳所得额	应纳所得税
1	张三					
2	李四					
3	王五					
4	赵六					
5	合计					

9.5　固定资产管理

公司的固定资产不像小鲁实习参观看到的工业企业那样复杂，主要是计算机、办公设备、车辆和检测设备。

王部长 在我参加工作的时候，一台计算机要上万元钱，那时我的工资才一千多点儿。虽然现在看来，当时的配置低得可怜，但那会儿确实是公司的宝贝，有专门的房间，有专门的工作台，还有专门的管理人员，那里的机房管理人员，也是大家非常看重的员工。现在呢，这只“凤凰”真正地成了人人都离不开的工作工具。（休息了一下）由于技术的更新很快，计算机淘汰更新率很高，用财务的话说，就是贬值速度很快，散落于公司的各个地点，特别是笔记本电脑，很多都是个人配备，给固定资产的盘点带来了很大的困难。办公设备和车辆，同样存在着贬值速度快的特点。

鲁　泽 一辆车能用很多年呀，咱们公司的怎么折旧年限是 5 年？

王部长 财务上得看重资产的变现价值，财务人员时时要用稳健的视角看待问题，要往最坏处准备，现实情况是车辆一投入使用，就会很快贬值，说得绝对点，车从车行提出来，再卖就是二手车，已经卖不上价了。

说到固定资产的管理，行政部负总责，部门专人负责，并将使用和维护责任落实到使用人，而核算和盘点由财务部来负责，这项任务的工作量较小，像折旧计提之类的，也集成到了财务核算软件中，所以这项工作也由出纳来负责。

9.5.1 固定资产不能一次性计入成本费用

什么是固定资产呢，小鲁从书上知道它是指同时具有以下特征的有形资产：

- 为生产商品、提供劳务、出租或经营管理而持有；
- 使用年限超过一年；
- 单位价值较高。

9.5.2 固定资产种类

固定资产的分类方式有多种，公司采用的是按经济用途分类，如图 9-5 所示。

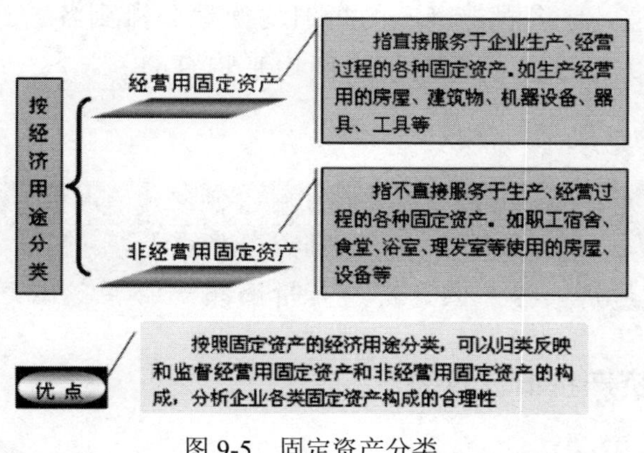

图 9-5　固定资产分类

9.5.3 固定资产折旧方式及计算

这天，刚好销售部的马宏伟拿着一张单据来报销，单据上附两张发票，一张内容是新购的一部传真机，另一张是购 50 箱打印纸。

小鲁按照常规进行发票的检查，金额、审批等事项都符合规定，于是办理付款手续，并把凭证列入费用。

刘 丽 小鲁，传真机不能和复印纸一样，一次性计入费用，而是要计入固定资产。

鲁 泽 传真机使用要超过一年，而且是日常经营中所用的设备，符合固定资产的要求，得计入固定资产。（恍然大悟）

经验谈

以前规定固定资产价格一般在 2 000 元以上，现在已取消金额的限制。

固定资产不能一次计入成本费用，它是通过折旧的方式进行转换的。小鲁明白了固定资产折旧是指固定资产由于损耗而减少的价值。

而固定资产之所以要计提折旧，以及计提折旧额的大小，主要取决于固定资产的损耗，这种损耗分为有形损耗和无形损耗两种。通俗地讲，折旧就是固定资产对每月使用费的补偿。

刘 丽 固定资产的折旧方式有很多种，公司采用的是常见的年限平均法，又称直线法，是将固定资产的折旧均衡地分摊到各会计期间的一种方法。采用这种方法计算的每期折旧额均是相等的。

计算方法如下：

$$\text{固定资产年折旧额}=\frac{\text{固定资产原价}-\text{（预计残值}-\text{预计清理费用）}}{\text{固定资产预计使用年限}}$$

固定资产月折旧额＝固定资产年折旧额÷12 月的管理

9.5.4 固定资产折旧计算表

小鲁在刘丽的指导下，模拟完成表 9-10 固定资产折旧计算表，其实

公司在实际计提折旧时，也是由计算机自动完成的，且固定资产类别中主要是电子设备。

表 9-10 固定资产折旧计算表

2012 年 10 月

使用部门	固定资产类别	上月折旧额	上月增加固定资产		上月减少固定资产		本月应提折旧额
			原价	应提折旧额	原价	应提折旧额	
一车间	厂房 机器设备 小计	5 000 20 000 25 000	100 000	600			5 000 20 600 25 600
二车间	厂房 机器设备 小计	6 000 24 000 30 000			80 000	400	6 000 23 600 29 600
管理部门	房屋建筑物 运输工具	1 000 2 000 3 000					1 000 2 000 3 000
合计		58 000	100 000	600	80 000	400	58 200

9.5.5 如何管理好公司的固定资产

销售部购入的传真机既然是固定资产，小鲁就得按固定资产增加登记。小鲁看了一下公司的相关规定，对于固定资产，先有购置申请（如表 9-11 所示），然后有使用单（如表 9-12 所示），到财务后，就要建立卡片（如表 9-13 所示），最后据以入账。

看来固定资产是很重要的。

表 9-11 固定资产购置申请表

申请部门	销售部	申请日期： 2012 年 10 月 10 日			
申请时间		预计投资额：2 860 元			
资产名称	型号及主要参数	单位	数量	单价	金额
传真机	松下	台	1	2 860 元	2 860 元
购置用途	订单业务需要				
资金筹措方式					

续表

申请部门	销售部	申请日期：　2012年10月10日
审批意见	部门负责人	签字：　　　　年　月　日
	行政部负责人	签字：　　　　年　月　日
	分管领导	签字：　　　　年　月　日
	总经理	签字：　　　　年　月　日
	董事长	签字：　　　　年　月　日

表 9-12　固定资产使用单

2012 年 10 月 16 日　领用单号：01286

资产编号	资产名称	规格型号	资产类别	单位	数量	单价（元）	金额（元）	备注
GDZCDZ128	传真机	松下	电子设备	台	1	2 860	2 860	
合计								
领用部门：				领用部门负责人（签字）：				
资产管理员（签字）：				领　用　人　员（签字）：				

第一联　财务部门

固定资产领用单

年　　月　　日领用单号：

资产编号	资产名称	规格型号	资产类别	单位	数量	单价（元）	金额（元）	备注
GDZCDZ128	传真机	松下	电子设备	台	1	2 860	2 860	
合计								
领用部门：				领用部门负责人（签字）：				
资产管理员（签字）：				领　用　人　员（签字）：				

第二联　资产管理部门

表 9-13 固定资产卡片

卡片编号：01254			
资产类别： ☐房屋建筑 ☐机械设备 ☐办公设备 ☐车辆 ☐仪器 ☐家具 ☐其他			
资产编号：	GDZCDZ128	资产名称：	传真机
品牌型号：	松下	生产厂商：	松下
购入日期：	20121012	启用日期：	20121016
采购人员：	张强	采购金额：	2 860
使用部门：	销售部	保管人员：	李小龙
使用状态：		存放地点：	605 室
（粘贴资产正面及侧面照片两张，规格为 5 英寸）			

公司每年对固定资产进行一次盘点，且安排在最后一个周末，盘点时，使用部门和行政部的部长和资产管理员，财务部部长及小鲁，以及总经理都要参加，固定资产盘点表（如表 9-14 所示）由小鲁根据公司台账制作，并依据此表明细进行盘点。

表 9-14 固定资产盘点表

盘点部门： 财务部　　　　盘点日期： 2011 年 12 月 31 日

设备名称	设备编码	规格型号	单位	数量	使用部门	使用人	盘盈（盘亏）	备注
沙发	FU-01	零度 5100#	套	1				公司共用
联想台式电脑	PC-01	扬天 A8000K	台	1		张大伟		
联想台式电脑	PC-02	扬天 A8000K	台	1		杨承林		
联想台式电脑	PC-03	扬天 A8000K	台	1		章子一		
联想台式电脑	PC-04	扬天 A8000K	台	1		王非		
三星一体机	OE-01	4521F	台	1				公司共用
惠普 HP 打印机	OE-02	HP1215	台	1				公司共用
数码相机	OE-03	尼康 P100	台	1				公司共用

使用部门：　　　　行政部：　　　　财务部：　　　　公司领导：

真是不看不知道，一看吓一跳，真正到了盘点的时候，有些资产连使用人都找不到，而且在办公室的柜子里，居然还有一台不知是谁从哪儿拎来的笔记本电脑。

鲁 泽 怎么会有这样的事呢？

刘 丽 这就是盘点的重要性，公司大，固定资产不会买回来后就老老实实地待在一个地方，等到报废的时候由我们去处理，其中一定会有一些变动，如果不盘点监督，很可能会丢失。

那可得认真管理。小鲁和各部门的管理员一起，用了一周多的时间清点，虽然过程非常麻烦，还好东西都在，而且都还处于良好的运行状态。

9.6 办公室必知的32条规则

小鲁在工作之余，一直在想怎样才能把办公室的事做好。

王部长 很多时候具体的工作事项好处理，但保持良好的人际关系比较难。

鲁　泽 我也觉得是这样，比如，设备部的小严，话说得一套一套的，就是不见怎么工作，而且牢骚很多，遇到老实的员工，动不动就横挑竖挑，仿佛自己是个大明白。遇到这样的人怎么办呢？

王部长 有个词叫无事生非，在一个公司里，事往往是不干活的人挑起来的，因为只有他有空去想这些，也只有他能把精力放到看领导的脸色投其所好上，这是没办法的事。比如小严，是总经理的老师介绍来的，只要不太出格，总经理也只能睁一只眼闭一只眼，其实照这样下去，最后不成材的还是小严自己。遇到这样的人，办法也只有一条，他横你也粗一点就成。至于办公室的规则也是有的，有很多人也总结过，虽然肯定没有一个完全好使的法子，但调侃之余，注意一点也好。

规则一：不要背后议论别人，不参加任何小团伙。

规则二：宁可承认错误，也不要撒谎（工作好多年的人都是人精，你自认为完美的谎言，别人一眼就能看穿）。

规则三：宁可承认错误，也不要推诿责任，尤其不能推给同事。

规则四：要有时间观念，积极主动的工作态度，去做最重要，做好做坏另当别论。

规则五：上班后进门要向同事们问好，不要在同事面前埋怨领导、埋怨手头活多（刚来的新人，多做点很正常）。

规则六：多学习，少上网；多体会上司的话，要明白上司和你不是一个层次的人，在任何时候都要表示对他们的尊敬。

规则七：不要个性太强，但反应要快。

规则八：做事不要优柔寡断。

规则九：如果长得不好看，请穿得干净得体，否则会招致长时间的鄙视；如果长得很好看，请保持低调，让人家看到你谦虚的一面。

规则十：作为新人，在同级的同事尤其是同级的长辈面前有时要显得笨一点，他们要是做错了，你千万得装傻，别让人觉得你是个威胁。

规则十一：傻一点，再傻一点，千万不要觉得自己比前辈聪明，要知道你自以为的聪明，在别人眼里就是弄巧成拙。你越聪明，别人就越害怕你看出他们的弱点，就会与你保持距离，甚至诋毁你。

规则十二：对待上级，永远多听多做，而不要多问，更不要替领导做决定，你的任务就是将上级的想法完全地变为现实，而不是替上级考虑这件事该怎么做。

规则十三：作为新人，表现是必要的，但切忌过度，恨不得包揽下所有的事情只会让你焦头烂额。弄清楚自己的职责，只做自己分内的事情，别人不要求，你就不要主动去参与他们的工作。记住工作好比跑马拉松，要均匀用力，还要留有冲刺的底气，切不可盲目地拼命，没跑多远就已经体力透支。

规则十四：养成记工作笔记的习惯，将每一天的任务都记录下来，便于日后总结汇报。

规则十五：尊重你的上司、前辈，也许他们看起来有很多不足之处，但千万不要轻视他们，再差的前辈总有很多你不具备的行业经验，再差的上司总有他的过人之处，否则坐不到那个位置上。

规则十六：做好自己分内的事，不是自己分内的事情不要轻易插手献殷勤，到时候反而给自己惹上不必要的麻烦。

规则十七：如果领导错，可以非常委婉地提出来，但不能据理力争，除非是原则问题，不过这年头原则的界限很模糊。

规则十八：一定要低调，但是得不卑不亢。

规则十九：多充电永远没坏处的。机会真的是给有准备的人的。如果有人针对你，而你又没有方法去解决对抗的话，其实最简单的方法就是委曲求全，照样表现出努力工作的态度对你会比较好（特别是上司针对你的时候）。

规则二十：如果自己被革职或者降职，记住一定不要问为什么，自己私下多想想就行了，那个时候你表现得大度点反而会更好。

规则二十一：别把自己的私事带到办公室。

规则二十二：好记性不如烂笔头，如果琐碎的小事多，还是用笔一条条记着吧。做好一条画一条，一定得记着，以后翻阅起来也方便，看看自己每天都做过什么，没做什么。

规则二十三：初入职场，千万不要“逞强”。不要老板给什么任务，二话不说就揽下。万一最后完不成会比较麻烦。最好是实事求是，如果觉得有问题，就和老板沟通一下，或者要求支援，或者要求延时。千万不要打肿脸充胖子。

规则二十四：积极正面，不要向外界传递负面情绪，不要抱怨。

规则二十五：事情做砸了，谁的责任？我的责任。上司批评你的时候，不要解释，也不要找借口，承认“是我的错，以后绝不会再犯”，然后马上弥补即可。他要的是好的结果。

规则二十六：上司也是凡人，给他们成长的空间。

规则二十七：不要过于计较一时的得失。当然，假如碰到黑心的资本家，大可以炒他，前提是在这里把所有值得学习的东西都学完。不合理的待遇有时也是一种磨炼，有意识地多承受一些不会有坏处。

规则二十八：办公室里的事情不要带回家。它只是你生活的一部分。如果开始变成全部，说明该调整了。

规则二十九：没事常给周围的人献点工作以外的小殷勤，比如跑个腿，带个东西，喝水的时候问别人要不要之类的。记住！是工作以外的，工作以内的事绝不能插手，小心出错栽在你身上。

规则三十：不搬弄是非。踏踏实实做事。人前人后多夸夸他人（学会真诚地夸奖别人）。做事面带微笑。乐观积极有活力。做事利索一点儿，不要拖拉。

规则三十一：趁年轻多充电，提高自己的含金量！

规则三十二：脑子要活，做事要认真。别让人家套你的话，要学会察言观色，投其所好。语言要模糊，保持微笑。让别人猜不透你的想法。

CHAPTER

10 出纳训练营

小鲁在交接工作时，不仅把制度要求交接的资料整理得井井有条，更让大家满意的是，小鲁还有一个自己归纳整理的出纳工具箱，这些资料可以称得上是出纳工作的百宝箱。

10.1 签字的识别和常用单据

刚参加工作时，小鲁常分不清到底谁的签字有效。比如，同一项业务，在审批栏有时是总经理，有时是董事长。

还有，出纳工作需要的表格和单据有多少，一时没有弄明白。好在经过一年的实践，小鲁终于总结出来，整理成了自己的文档。

同时，小鲁觉得公司使用的一些单据并不是十分切合实际，他自己做了改进，王部长看了，表扬他肯动脑子并说下一年会使用小鲁修订过的这些单据。小鲁觉得非常有成就感。

10.1.1 哪项业务该谁批，要做到心中有数

公司虽然不是很大，但所谓“没有规矩，不成方圆”，每个项目业务按照流程，都得有人负责，而且是严格负责，该张三管的不能由李四管，不该张三管的，也不能让张三管。

到底在报销审批时，谁的签字有效呢，小鲁总结了权限一览表，如表 10-1 所示。

表 10-1　公司各类单项资金管理审批权限一览表

工作事项			有关部门	财务部	相关业务总监	财务部长	总经理	董事长
固定资产购置	5 万元以下			审核①	审核②	核准④	审批③	
	5 万元以上			审核①	审核②	核准④		审批③
货款支付	50 万元以下		审核①	审核②	审批③	核准④		
	50 万~200 万元以下		审核①	审核②	审核③	核准⑤	审批④	
	200 万元以上		审核①	审核②	审核③	核准⑥	审批④	审批⑤
定金付款	10 万元以下		审核①	审核②	审批③	核准④		
	10 万~50 万元		审核①	审核②	审核③	核准⑤	审批④	
	50 万元以上		审核①	审核②	审核③	核准⑥	审批④	审批⑤
担保货款	对内	100 万元以下		审核①	审核②	审批③		
		100 万~300 万元以下		审核①	审核②	核准④	审批③	
		300 万元以上		审核①	审核②	审核③		审批④
	对外			审核①		审核②	审核③	审批④
下属单位借款	50 万元以下			审核①		审批②		
	50 万~100 万元以下			审核①		核准③	审批②	
	100 万元以上			审核①		核准③		审批②
行政费	1 000 元以下		审批①	审核②				
	1 000~2 000 元以下		审核①	审核②	审批③			
	2 000 元以上		审核①	审核②	审核③	核准⑤	审批④	
总部业务招待费	400 元以下		审核①	审核②	审批③	核准④		
	400 元以上		审核①	审核②	审核③	核准⑤	审批④	
差旅费	3 000 元以下		审核①	审核②	审批③	核准④		
	3 000~1 万元以下		审核①	审核②	审核③	核准⑤	审批④	
	1 万元以上		审核①	审核②	审核③	核准⑥	审批④	审批⑤
广告促销费用	报纸杂志、POP 广告等	5 000 元以下	审批①	审核②		核准③		
		5 000~1 万元以下	审核①	审核②	审批③	核准④		
		1 万元以上	审核①	审核②	审核③	核准⑤	审批④	
	电视广告	2 万元以下	审批①	审核②		核准③		
		2 万~10 万元以下	审核①	审核②	审批③	核准④		
		10 万~30 万元以下	审核①	审核②	审核③	核准⑤	审批④	

续表

工 作 事 项			有关部门	财务部	相关业务总监	财务部长	总经理	董事长
		30 万元以上	审核①	审核②	审核③	核准⑥	审批④	审批⑤
	电台广播	3 000 元以下	审批①	审核②		核准③		
		3 000~5 000 元以下	审核①	审核②	审批③	核准④		
		5 000 元以上	审核①	审核②	审核③	核准⑤	审批④	
削价处理商品损失	5 000 元以下		审核①	审核②	审核③	核准⑤	审批④	
	5 000 元以上		审核①	审核②	审核③	核准⑤		审批④
医药费开 支	700~1 万元		审核①	审核②	审核③	核准⑤	审批④	
	1 万元以上		审核①	审核②	审核③	核准⑤		审批④
	工伤		审核①	审核②	审核③	核准⑤	审批④	
对外捐款赞助				审核①		核准③		审批②
对外单位或私人借款				审核①		核准③		审批②

说明：

（1）上表所指“……以下”均含本数。

（2）以上单项资金使用系指预算内开支。

单项资金预算外开支的审核与核准按相应规定办理，审批则以超支部分占预算内金额的百分比为基础，20%（含）以内的由总经理批准，20%以上的由董事长批准。

（3）审批权限分三类。

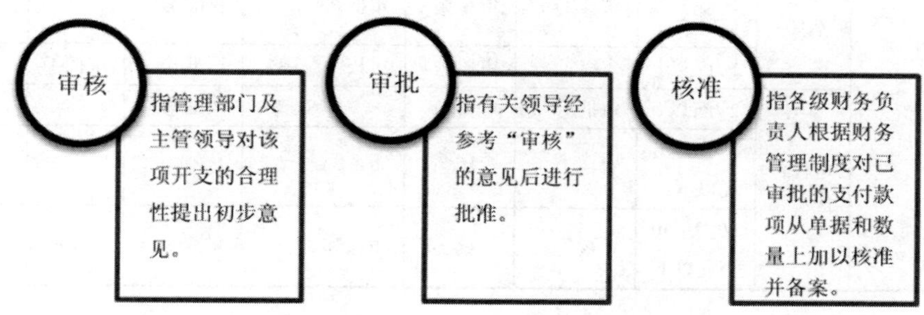

（4）审批顺序。

- 先下级，后上级；
- 先定性审批，后集中标准；
- 先经业务线、行政线有关部门，后报财务线（按表 10-1 中所标号的顺序即可）。

若遇有关人员出差在外，可由其授权人代核、代批，但事后必须请有关人员追认。

10.1.2 办什么业务填什么单据

有时候，销售部门会到外地去催要货款，一些小额款项对方会以现金支付，由销售人员捎回来缴给财务部，由小鲁清点入库，并填写表 10-2 所示的缴款单。

1. 填制缴款单

表 10-2 缴款单

编号： 年 月 日

部门		缴款人		缴款日期	
缴款事由					
金额	（大写）		¥		
说明事项					
董事长			总经理		
财务部长			财务会计		

说明：本单由会计室使用并管理。

为什么要这么严格呢？王部长说，原则上公司的货款不能让销售人员收取，以免内部控制失控，这是对公司负责也是对个人负责。

2. 填制现金申领单

与缴款单不同，业务部门人员要预支备用金，需填制现金申领单，如表 10-3 所示。

表 10-3　现金申领单

申领部门		申领人		申领日期	
申领金额	（大写）　　　　　　　　　　　　　　　¥				
说明事项					
董事长			总经理		
财务部长			财务会计		

说明：本单由会计室使用并管理。

3. 填制借款单

借款单则是更加寻常的事，不管是购买物品还是出差，如果是提前借款，都得填写所示的借款单如表 10-4 所示。

表 10-4　借款单

年　　月　　日

借款部门			借款人		使用部门			
款项类别	现金□　　支票□　　支票号码：							
借款用途及理由								
借款金额	（大写）　　　　　　　　　　　　　　　¥							
还款方式								
批准人		财务核准		财务部长审核		总经理审核		
附件(张)		备　注						

说明：本单由会计室使用并管理。

4. 填写支票使用登记簿

每天，小鲁都得填制很多支票，这些支票在记账后，偶尔会出现一些小状况，常见的有对方没将支票及时交存银行，致使支票过期失效，有的出门将支票丢失，也有人过后需要查对当时花多少钱，因此需要填写所示支票使用登记簿，如表 10-5 所示。

表 10-5　支票使用登记簿

年		支票号码	银行名称	支票金额	用途	到期日	开具人	使用人	备注
月	日								

续表

年		支票号码	银行名称	支票金额	用途	到期日	开具人	使用人	备注
月	日								

5. 填制差旅费报销单

差旅费报销单是员工出差或者探亲后需要填制的，看似简单，但很多员工填得不规范，后来小鲁做一个样式，贴在办公台上，差旅费报销单如表 10-6 所示。

表 10-6 差旅费报销单

报销部门： 年 月 日 附单张

姓名			职务		出差事由			
起日	止日	起讫地点	项目	张数	金额	项目	天数	金额
			飞机票			途中补助		
			火车费			住勤补助		
			汽车费			夜间乘车		
			市内交通费			其他		
			住宿费					
			邮电费					
			小计			小计		
合计			（大写） 仟 佰 拾 元 角 分 ¥：					
部门批准			财务会计核准		财务部长审核		总经理审核	

说明：本单一式两联，第一联会计室留存，第二联报销部门留存，由报销部门指定人员据以登记本部门费用开支。

6. 填制票据交接清单

财务工作无小事，特别是现金和票据，这点小鲁知道自己马虎不得，有时候，一些票据需要交接给别人，特别是在出纳工作交接的时候，要知道哪些票据是自己经手的，哪些不是，这样责任会明确，如表10-7所示。

表10-7 票据交接清单

编号： 年 月 日

票据号码	票据名称	单位（张）	合计金额								
			百	十	万	千	百	十	元	角	分
合计：（大写） 佰 拾 万 仟 佰 拾 元 角 分											

移交人 接收人

说明：本单一式三联，第一联会计室留存；第二联返移交人；第三联由移交人报移交单位财会室。

10.2 优秀的出纳员小鲁是怎样炼成的

人们常说，台上一分钟，台下十年功，小鲁的工作能得到大家的认可，与他的勤学苦练是分不开的，这些必要的练习，给小鲁带来莫大收益。

10.2.1 小鲁如何训练书写基本功

在上学的时候，小鲁对书写不是很在意，可以说书写在全班属中下等，刚开始记账的时候，王部长说你的字还需要好好练习一下，小鲁也看刘丽记的账，同样是数字，差距真是非常大，于是他下决心开始练习。

小鲁练习小写数字的练习表如表 10-8 所示。

表 10-8　带有格式框的小写数字书写练习表

经过 3 个多月的练习，小鲁小写书写有了很大的提高，接下来，小鲁开始了没有数位线的小写金额书写练习，如表 10-9 所示。

表 10-9　练习没有数位线的小写金额的书写

￥923 637.94	￥57 219.07	￥7 306.92	￥69 217.00	￥6 735.47	￥35 274.90

续表

¥923 637.94	¥57 219.07	¥7 306.92	¥69 217.00	¥6 735.47	¥35 274.90

半年后，王部长检查小鲁的书写水平，用了如下的测试方式：

- 一级 2.5 分钟以内完成；二级 3 分钟以内完成；
- 三级 3.5 分钟以内完成；四级 4 分钟以内完成。

将下列中文大写数字写成阿拉伯数字。

（1）人民币贰拾柒元伍角肆分　应写成：

（2）人民币伍仟贰佰万零陆仟玖佰柒拾捌元整　应写成：

（3）人民币叁仟万零贰拾元整　应写成：

（4）人民币壹拾玖万零贰拾叁元整　应写成：

（5）人民币玖角捌分　应写成：

（6）人民币柒万肆仟伍佰零贰元捌角陆分　应写成：

（7）人民币玖仟叁佰元零伍角整　应写成：

（8）人民币贰拾肆万零捌佰零壹元零玖分　应写成：

（9）人民币壹拾万元整　应写成：

（10）人民币陆佰万元零柒分　应写成：

相对于小写，大写才是容易出错的事，小鲁刚开始工作时，有一次和总经理出去，带支票结算资质评审专家住宿费，填写的支票因为大写有问题，被退了回来。于是小鲁下决心要写出一流的大写数字来。

小鲁练习中文大写数字书写如表 10-10 所示。

表 10-10 中文大写数字书写练习

零							零						
壹							壹						
贰							贰						
叁							叁						
肆							肆						
伍							伍						
陆							陆						
柒							柒						
捌							捌						
玖							玖						
拾							拾						
佰							佰						
仟							仟						
万							万						
亿							亿						
元							元						
角							角						
分							分						
整							整						

同样，王部长也对小鲁的大写书写水平进行测试，要求将中文大写数字从零到拾书写 10 遍。

看 5 分钟以内能不能写完，是否正确、清晰、整齐、流畅、标准、规范和美观。最后要求将下列阿拉伯数字写成中文大写数字。

（1） ￥27 703.49 应写成：

（2） ￥160 000.00 应写成：

（3） ￥570.20 应写成：

（4） ￥3 000 070.10 应写成：

（5） ￥60 104.09 应写成：

（6） ￥109 070.70 应写成：

（7） ￥206 054.03 应写成：

（8） ￥70 001.20　　　　应写成：

（9） ￥76 003 000.00　　应写成：

（10）￥96 274.57　　　　应写成：

10.2.2 小鲁练习业务用过的各式空白单据

银行余额调节表是最常用的，也是小鲁最先遇到的较为综合的业务之一，如表 10-11 所示。

表 10-11 银行存款余额调节表

2013 年 3 月 30 日

编制单付：　　　　　　　　　　　　**单位：元**

项目	余额	项目	余额
企业银行存款日记账余额	（1）（ ）	银行对账单余额	（5）（ ）
加：银行已收企业未收的款项合计 减：银行已付企业未付的款项合计	（2）（ ） （3）（ ）	加：企业已收银行未收的款项合计 减：企业已付银行未付的款项合计	（6）（ ） （7）（ ）
调节后余额	（4）（ ）	调节后余额	（7）（ ）

现金日记账练习账页如表 10-12 所示。

表 10-12 现金日记账练习账页

年		凭证		摘要	对方科目	借方								核对	贷方								核对	借或贷	余额								核对
月	日	种类	号数			十	万	千	百	十	元	角	分		十	万	千	百	十	元	角	分			十	万	千	百	十	元	角	分	
				过次页																													

银行日记账练习账页如表 10-13 所示。

表 10-13 银行日记账练习账页

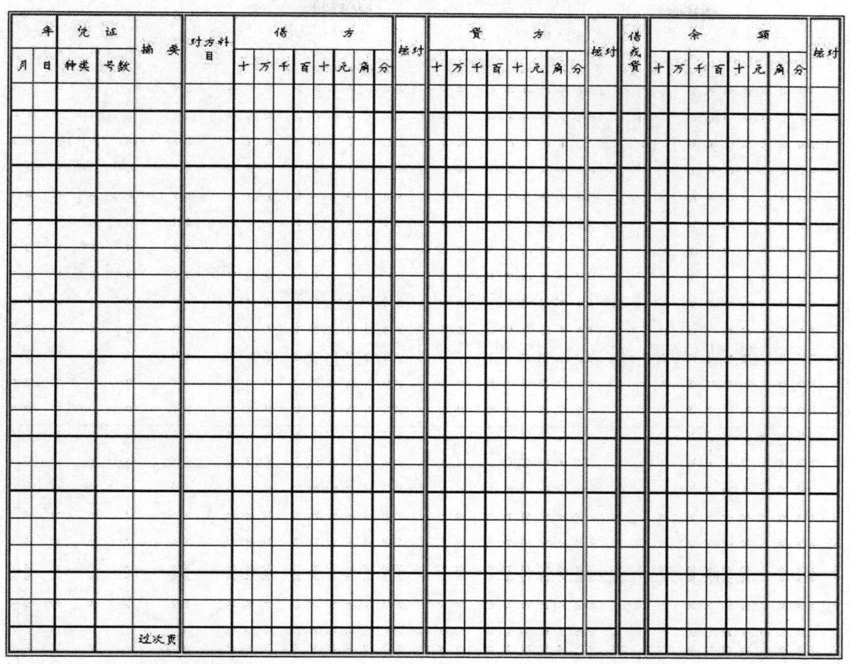

年		凭证		摘要	对方科目	借方								核对	贷方								核对	借或贷	余额								核对
月	日	种类	号数			十	万	千	百	十	元	角	分		十	万	千	百	十	元	角	分			十	万	千	百	十	元	角	分	
				过次页																													

记账凭证练习账页如表 10-14 所示。

表 10-14 记账凭证练习账页

摘要	科目	子细目	√	借方										贷方									
				千	百	十	万	千	百	十	元	角	分	千	百	十	万	千	百	十	元	角	分
附件	合	计																					

转账支票对付联和存根联练习票据如图 10-1 所示。

中国工商银行
转账支票存根 （冀）
X Ⅱ00032203
附加信息
出票日期 年 月 日
收款人：
金 额：
用 途：
单位主管 会计

中国工商银行 转账支票 （冀） X Ⅱ00032203
出票日期（大写） 年 月 日 付款行名称：工行公行营业部（0108）
收款人： 出票人账号：0407010803241003628
本支票付款期限十天
人民币（大写） 亿 千 百 十 万 千 百 十 元 角 分
用途
上列款项请从
我账户内支付
出票人签章 复核 记账

图 10-1 转账支票对付联和存根联练习票据

转账支票背书联练习票据如图 10-2 所示。

附加信息：	被背书人
转账支票背面	背书人签章 年 月 日

图 10-2 转账支票背书联练习票据

付款凭证练习票据如图 10-3 所示。

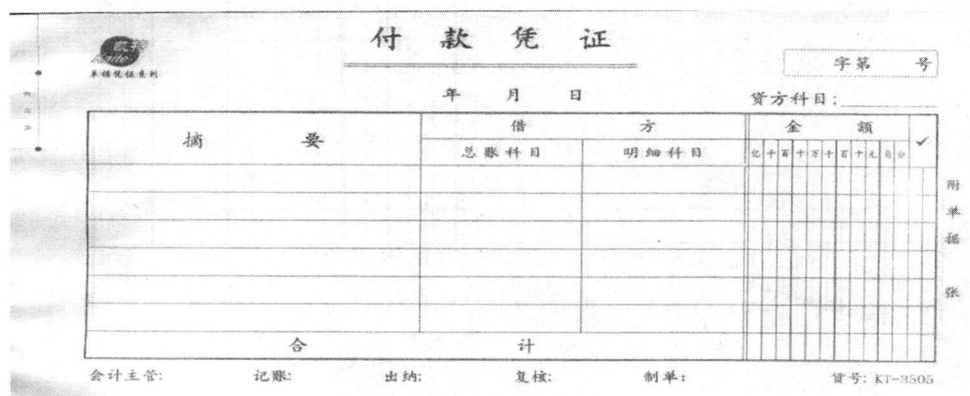

付 款 凭 证

字第 号

年 月 日 贷方科目：

摘 要	借方 总账科目	借方 明细科目	金额 亿 千 百 十 万 千 百 十 元 角 分	✓
合	计			

附单据 张

会计主管： 记账： 出纳： 复核： 制单： 货号：KT-3505

图 10-3 付款凭证练习票据

进账单练习票据如图 10-4 所示。

出票人	全称		收款人	全称	
	账号			账号	
	开户银行			开户银行	
金额					亿 千 百 十 万 千 百 十 元 角 分
票据种类		票据张数			
票据号码					
复核		记账			开户银行签章

图 10-4　进账单练习票据

现金交款单练习票据如图 10-5 所示。

出票人	全称		款项来源	
	账号			
	开户银行			
金额	（大写）			亿 千 百 十 万 千 百 十 元 角 分

券别	张数	券别	张数	券别	张数	券别	张数	
百元		伍元		贰角		毫分		
伍拾元		贰元		壹角				
贰拾元		壹元		伍分				
拾元		伍角		贰分				开户银行签章

图 10-5　现金交款单练习票据

电汇凭证练习票据如图 10-6 所示。

◎普通　◎加急　委托日期　年　月　日

交票人	全称		收款人	全称	
	账号			账号	
	汇出地点	省　市、县		汇入地点	省　市、县
汇出行名称			汇入行名称		
金额					亿 千 百 十 万 千 百 十 元 角 分
此汇款支付给收款人			支付密码		
			附加信息及用途：		
		汇款人签章	复核：		记账：

图 10-6　电汇凭证练习票据

收据练习票据如图 10-7 所示。

收 款 收 据　　　No:0000001

年　月　日

交款单位：＿＿＿＿＿＿＿＿＿＿＿＿＿＿＿＿

人民币(大写)__仟__佰__拾__万__仟__佰__拾__元__角__分(小写)￥__

附注：

图 10-7　收据练习票据

出纳报告单练习表如表 10-15 所示。

表 10-15　出纳报告单

日期：

项目	现金		银行存款		有价证券	备注
	人民币	外币	人民币	外币		
上期结存						
本期收入						
合计						
本期支出						
本期结存						

财务部长：　　　财务主管：　　　复核：　　　出纳：

出纳工作交接书练习如下：

出纳人员工作交接书

移交人　　　　　因工作调动，经公司财务部决定，将其在担任的出纳岗位工作移交给　　　　接替。现按《会计基础工作规范》的规定。办理如下交接手续：

一、具体业务的移交

（1）库存现金：截至移交日账面余额　　　　　元，实际余额为元，实存相符，月记账余额与总账相符。

（2）银行存款余额　　　　　元，经编制“银行存款余额调节表”核对无误。

（3）其他有价证券　　　　：面值　　　　　　元，经核对无误。

二、具体移交清册如表 10-16 所示。

表 10-16　移交清册

编号	交接内容	数量	所属期间	备注	核对
1	现金日记账				
2	银行存款日记账				
3	空白现金支票			号至　　号	
4	空白转账支票			号至　　号	
5	电汇单			号至　　号	
6	财务专用章				
7	收、付讫印章				
7					
9					
10					
11					
12					

三、其他交接事项

四、交接前后工作责任的划分

交接前的出纳责任事项由原出纳员负责；自交接日起的出纳工作由接任出纳负责。以上移交事项均经交接双方认定无误。

五、交接日期

年　　月　　日

六、交接书一式四份，移交人、接交人、监交人、存档一份

移交人：　　　　　　　　　　　接交人：

监交人：

（单位公章）

10.2.3　出纳最常用的会计符号

小鲁通过学习刘丽和审计人员的经验，总结了出纳员在填写记账凭证、登记账簿、编制报表时，通常使用的约定俗成的会计符号：

√：表示已记完账或已核对。填在凭证金额右边或账页余额右边的格子内。

￥：表示人民币。已在金额前写此符号的，金额后边就不用写“元”字。

@：表示单价。

△：表示复原。将原来书写的数字画红线更正或文字更改后，发觉错误，即原写的是对的，仍应恢复原来记载。可以在被画线的数字或被更改的文字下边，用红色墨水书写此符号，每个数码或文字下边画一个△，并在这笔数字或文字加符号处盖小章。

#：表示编号的号码。

Σ：表示多笔数目的合计，即总和。

※：表示对某笔数字、文字另附说明。

10.2.4 出纳工作中的小技巧再温习

（1）在收付现金时要唱收唱付，这样不但可以加深印象，与当事人核对金额，还可以取得他人的听觉旁证。

（2）对需要报销的发票，抬头与本单位不符、大小写金额不符、涂改发票、发票上无收款单位章或收款人章、发票与支票入账方不符者，均不接受发票，待补办手续后再报核。

（3）报销单位需先签字、后付款。

（4）收款单据先交款、后盖章。

（5）付款单据要盖付讫章。

（6）付款单据如由他人代领现金者，应签代领人名字，而不得签被代领人名字。

（7）代领人不是本单位的职工，要注明与被带领人关系及其联系地址。

（8）营业外收入及杂务收入，要以经办单位交款单为依据，收款后开给财务收据。

（9）要注意加强对支票、发票和收据的保管。

领用支票要设立备查登记簿，经单位主管财务领导审签后，并由领用人签章。领用现金支票要在存根联上签字，以防正副联金额不符。支票存根联上要逐项写明金额、用途、领用人，并在备查簿上注明空白支票和支票限额。支票作废后要按顺序装订在凭证中。

（10）空白发票和收据不能随便外借，已开具金额尚待带出收款的发票和收据，要由借用人出具借据并作登记，以分清责任，待款收回后再结清借据。

（11）发票和收据作废后要退回来，先作废后重开，如果是销货发票退回红冲，应该先由仓库部门验货入库后再进行退款。如果对方丢失发票和收据，要根据对方财务部门开出该款尚未报销的证明才能补办单据，并在证明单上注明原开发票或单据的时间、金额、号码等内容，同时注明“原开单据作废”样。

（12）登记银行存款日记账和现金日记账，要首先复核凭证、支票存根、附件是否一致，然后按付出支票号码顺序排列，以便查对。摘要栏应注明经办人、收款单位及支票号码。

（13）支票上的印鉴，应即用即盖，并由会计、出纳二人分开保管，支票用印鉴的私人印章，只能用于盖印支票，而不作为其他任何用途。

CHAPTER

11 出纳实用工具箱

小鲁在工作中体会到不能一个人闭门造车，要善于借助现成的工具，把有用的资源有机地结合起来，这样不仅能提高工作效率，而且能减少错误的发生。

小鲁做出纳时使用的实用工具，主要是Excel，还有一些小软件。在小鲁的柜子里，放着几本经过精心挑选的工具书，以备查阅。细心的员工会发现，上了班的小鲁，会先换上一双轻便鞋。王部长开玩笑说，咱们的小鲁有三宝：尺子、袋子和一双好鞋。

11.1 财务软件——Excel 应用

单位财务部使用的是专门的财务软件。

虽然市面上有一些Excel自己开发的软件，而且在小单位也可以使用，但现在财务软件价格并不十分昂贵，使用起来比Excel要专业很多，所以王部长说没必要在这方面花费太多的精力。不过财务软件也有局限性。

在工作中，大家使用的主要办公软件有Word和Excel，因此将财务数据用Excel表达是避免不了的。

小鲁利用Excel制作财务工具，可以将专业的财务软件数据导出来，通过表格、图形及数据分析直观地呈现出来，受到了大家的好评，也提高了自己的工作水平。

举个简单的例子，如图11-1所示就直观地说明了公司的销售情况和销售数量，而在财务软件上的，只有会计人员才能查阅和看明白。

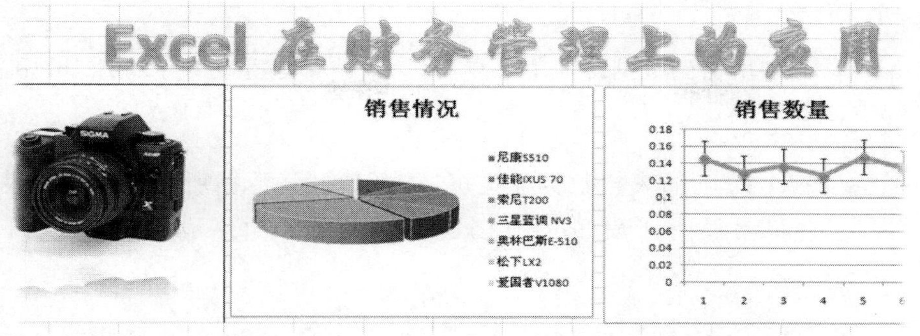

图 11-1 Excel 在财务管理上的应用示例

11.2 Excel 操作技巧

在出纳工作中，如何高效地利用 Excel 呢？小鲁觉得还得一步步从根基开始，先得掌握最基本的东西，之后才能上台阶。

11.2.1 数据的输入及运算

Excel 的数据输入有很多种，如图 11-2 所示。王部长给小鲁说，当出纳工作三年后，必须学会会计的一些技能，会配合会计进行分析财务数据，这样才能离会计的业务近一些。

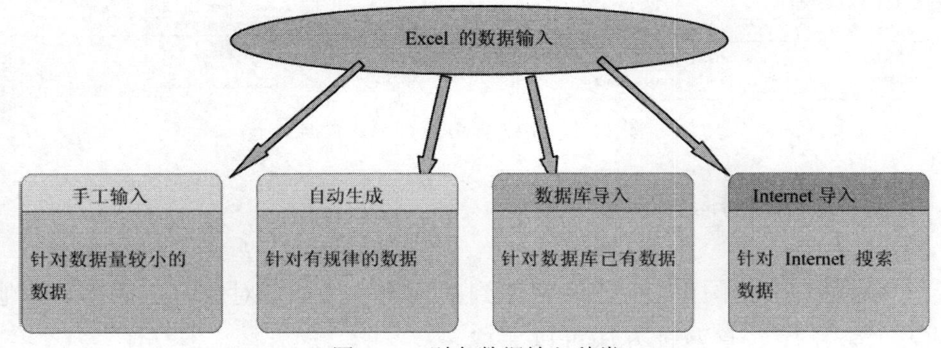

图 11-2 财务数据输入种类

小鲁觉得，其他的输入方式很好掌握，难的是通过 Internet 导入，因为要分析，就得引用网上查阅的其他数据。如何导入呢？有 3 种方法。

1. 方法一

选择 IE 中所需的数据，使用“复制”“粘贴”键将数据导入 Excel 中。

2. 方法二

导入 Web 页上的表格数据，也可通过 IE 打开数据所在页面，在表格处右击，选择“导出到 Microsoft Excel”命令，即可完成数据导入。

3. 方法三

（1）创建 Web 查询，选择“数据”→“导入 Web 查询”→“新建 Web 查询”命令。

（2）打开“新建 Web 查询”对话框，在地址栏中输入数据源的 Web 地址。

（3）打开网页，单击所需数据旁的“→”标志，单击“导入”，可将数据导入到 Excel 中，如图 11-3 所示。此外，Excel 中有“数据”→“刷新”命令可以更新从 Web 中导入的数据。

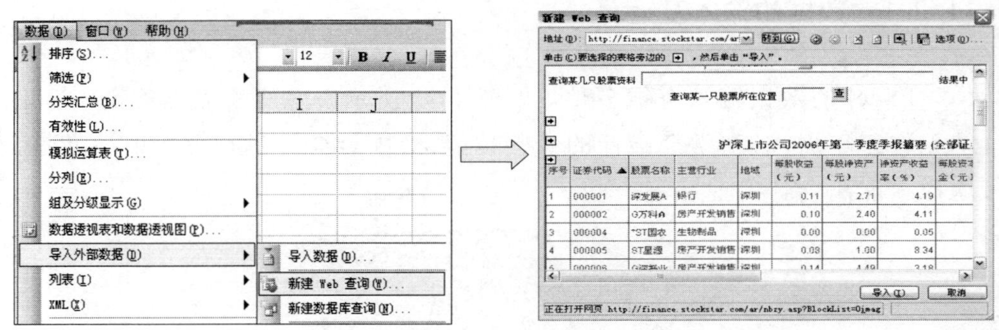

图 11-3　创建 Web 查询导入数据

11.2.2　数据的排序处理

对数据进行排序是小鲁经常遇到的问题，比如，对收入、成本、其他员工工资排序，有两种方法可以完成。

1. 方法一：排序按钮

排序按钮是一种比较简单的方法。

（1）选择要排序的单元格区域。

（2）单击“常用”工具栏上的排序按钮，即可对选择的区域进行升序或降序排列，如图 11-4 所示。

2. 方法二：排序命令

（1）选中整个数据区域（标题行除外）。选择“数据”→“排序”命令。

（2）打开“排序”对话框，在“主要关键字”“次要关键字”“第三关键字”中选择标题。

（3）选择要排序的次序。单击“选项”按钮打开“排序选项”对话框，对排序进行设置，确定完成数据的排序。

（4）在自定义排序中，可以事先选择“选项”→“自定义序列”设置自己的序列次序。

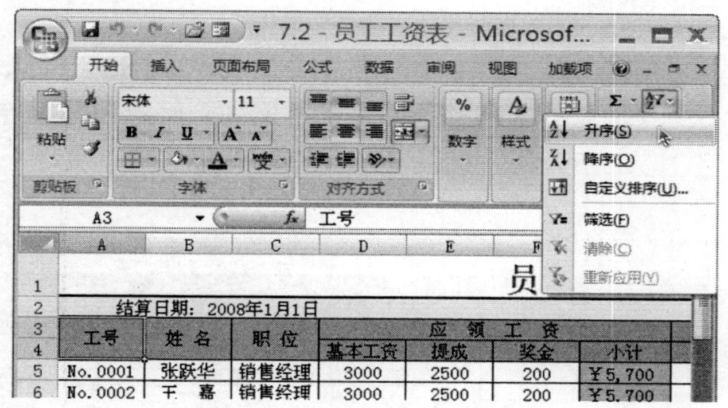

图 11-4 对数据进行排序

11.2.3 数据的筛选处理

筛选是查找和处理区域中数据子集的一种比较快捷的方法，主要是通过自动筛选完成。以下将举例说明。

1. 适用于简单的筛选：自动筛选

（1）选定要筛选的内容，选择 “数据”→“筛选”→“自动筛选”命令。

（2）工作表每列标题行的右侧会出现筛选按钮，单击筛选按钮，在下拉列表框筛选数据。

（3）在主营行业的下拉列表框中有车类、摩托车、汽车制造、汽配等几项筛选的条件，筛选后的筛选按钮和行标签会呈现蓝色。此外，可以进行多列筛选，如图 11-5 所示。

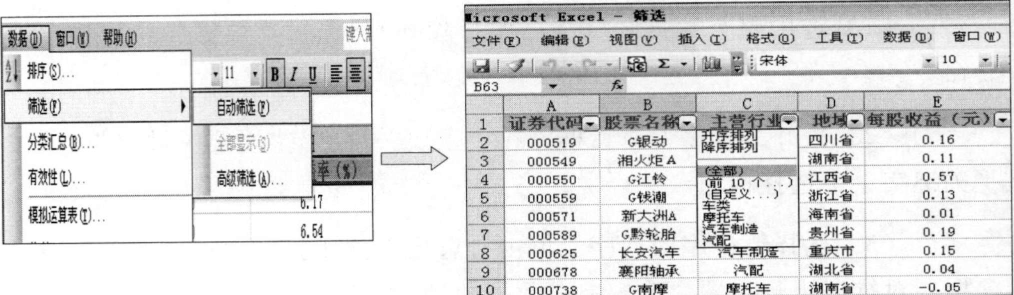

	A	B	C	D	E
1	证券代码	股票名称	主营行业	地域	每股收益（元）
2	000519	G银动		四川省	0.16
3	000549	湘火炬A		湖南省	0.11
4	000550	G江铃		江西省	0.57
5	000559	G钱潮		浙江省	0.13
6	000571	新大洲A		海南省	0.01
7	000589	G黔轮胎		贵州省	0.19
8	000625	长安汽车	汽车制造	重庆市	0.15
9	000678	襄阳轴承	汽配	湖北省	0.04
10	000738	G南摩	摩托车	湖南省	-0.05

图 11-5 自动筛选

（4）在自动筛选的下拉列表中有“自定义”筛选。

经验谈 在“自定义自动筛选方式”对话框中输入筛选的条件，可以对数据进行范围筛选，例如，筛选每股收益大于 0 的上市公司，如图 11-6 所示。

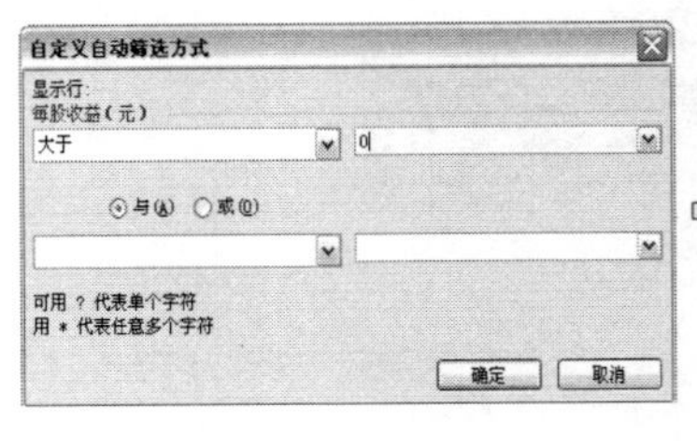

Microsoft Excel - Excel金融应用.xls

	A	B	C	D	E	F
1	序号	证券代码	股票名称	主营行业	地域	每股收益（元）
2	1	000519	G银动	汽配	四川省	0.16
3	2	000549	湘火炬A	汽配	湖南省	0.11
4	3	000550	G江铃	汽车制造	江西省	0.57
5	4	000559	G钱潮	汽配	浙江省	0.13
6	5	000571	新大洲A	摩托车	海南省	0.01
7	6	000589	G黔轮胎	汽配	贵州省	0.19
8	7	000625	长安汽车	汽车制造	重庆市	0.15
9	8	000678	襄阳轴承	汽配	湖北省	0.04
11	10	000760	*ST博盈	汽配	湖北省	0.14
12	11	000868	安凯客车	汽车制造	安徽省	0.07
13	12	000883	三环股份	汽配	湖北省	0.06

图 11-6 自定义筛选

2. 用于复杂条件的筛选：高级筛选

（1）选择“数据”→“筛选”→“高级筛选”命令。

（2）在高级筛选对话框中，选择要筛选的数据、筛选的条件以及筛选结果出现的区域，如图 11-7 所示。

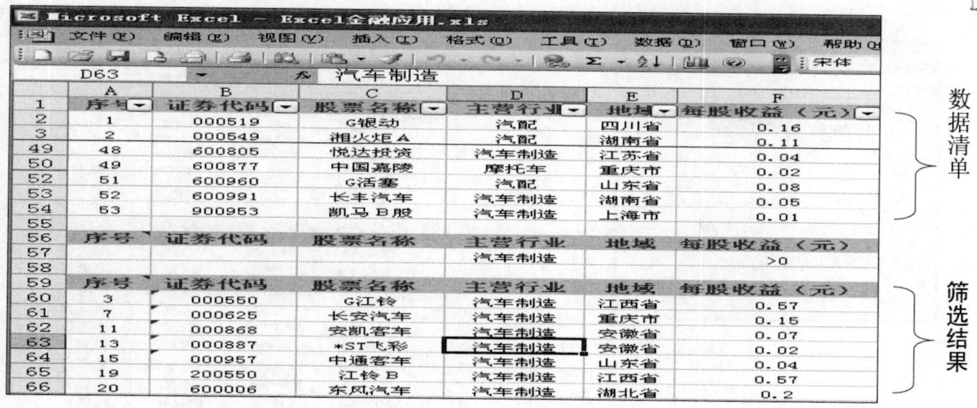

	A	B	C	D	E	F
1	序号	证券代码	股票名称	主营行业	地域	每股收益（元）
2	1	000519	G银动	汽配	四川省	0.16
3	2	000549	湘火炬 A	汽配	湖南省	0.11
49	48	600805	悦达投资	汽车制造	江苏省	0.04
50	49	600877	中国嘉陵	摩托车	重庆市	0.02
52	51	600960	G活塞	汽配	山东省	0.08
53	52	600991	长丰汽车	汽车制造	湖南省	0.05
54	53	900953	凯马 B 股	汽车制造	上海市	0.01
55						
56	序号	证券代码	股票名称	主营行业	地域	每股收益（元）
57				汽车制造		>0
58						
59	序号	证券代码	股票名称	主营行业	地域	每股收益（元）
60	3	000550	G江铃	汽车制造	江西省	0.57
61	7	000625	长安汽车	汽车制造	重庆市	0.15
62	11	000868	安凯客车	汽车制造	安徽省	0.07
63	13	000887	*ST飞彩	汽车制造	安徽省	0.02
64	15	000957	中通客车	汽车制造	山东省	0.04
65	19	200550	江铃 B	汽车制造	江西省	0.57
66	20	600006	东风汽车	汽车制造	湖北省	0.2

图 11-7 高级筛选

3. 高级筛选的注意事项

（1）条件区域必须有列标志，条件区域与数据清单间至少有一个空白行。

（2）通常在条件区域的数据清单上至少插入 3 个空白行，以利于输入筛选条件。

（3）高级筛选的重点在条件区域，在筛选数据的工作表中，在条件区域建立筛选条件。

（4）不同变量的条件位于同一行，代表“并”。

（5）不同行代表“或”。

（6）单列多个条件。

（7）一列具有多个筛选条件，可以直接在一列从上到下输入条件。

4. 高级筛选妙用：剔除重复数据

在实际工作中，经常会出现数据重复的情况，此时若逐一剔除，在大量数据的情况下就太麻烦了。我们可以巧妙地运用高级筛选来解决这一问题。

如图 11-8 所示，我们在条件区域不设任何条件，选择“数据”→“筛选”→“高级筛选”命令，在“高级筛选”对话框中选择“选择不重复的记录”，确定后就可以得到无重复数据的结果，如图 11-8 所示。

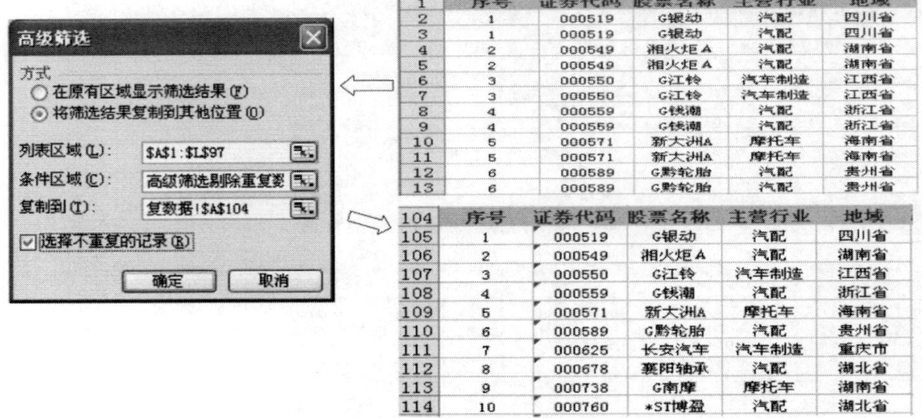

1	序号	证券代码	股票名称	主营行业	地域
2	1	000519	G银动	汽配	四川省
3	1	000519	G银动	汽配	四川省
4	2	000549	湘火炬A	汽配	湖南省
5	2	000549	湘火炬A	汽配	湖南省
6	3	000550	G江铃	汽车制造	江西省
7	3	000550	G江铃	汽车制造	江西省
8	4	000559	G铁潮	汽配	浙江省
9	4	000559	G铁潮	汽配	浙江省
10	5	000571	新大洲A	摩托车	海南省
11	5	000571	新大洲A	摩托车	海南省
12	6	000589	G黔轮胎	汽配	贵州省
13	6	000589	G黔轮胎	汽配	贵州省

104	序号	证券代码	股票名称	主营行业	地域
105	1	000519	G银动	汽配	四川省
106	2	000549	湘火炬A	汽配	湖南省
107	3	000550	G江铃	汽车制造	江西省
108	4	000559	G铁潮	汽配	浙江省
109	5	000571	新大洲A	摩托车	海南省
110	6	000589	G黔轮胎	汽配	贵州省
111	7	000625	长安汽车	汽车制造	重庆市
112	8	000678	襄阳轴承	汽配	湖北省
113	9	000738	G南摩	摩托车	湖南省
114	10	000760	*ST博盈	汽配	湖北省

图 11-8　高级筛选妙用：剔除重复数据

11.2.4　数据的相对引用与绝对引用

1. 相对引用。

单元格中的相对引用，在复制公式时单元格引用会调整到新位置。如单元格 D2=B2*C2，D3:D4 复制 D2 中的公式，引用位置相对发生变化。

2. 绝对引用

单元格中的绝对引用，如$A$1（通过按 F4 键实现），是指定位置引用单元格，在复制公式时，单元格引用绝对不会改变。单元格 E4=D4*$E$1，E5:E6 复制 E4 中的公式，绝对引用$E$1 的位置没有发生变化，如图 11-9 所示。

Microsoft Excel - Excel金融应用.xls

文件(F)　编辑(E)　视图(V)　插入(I)　格式(O)　工具(T)　数据(D)　窗口

J23　fx

	A	B	C	D	E	F	G
1				销售税率		7.00%	
2	项目	数量	单价	销售额		销售税	
3	产品A	5	50	250	<=B4*C4	17.5	<=D4*$F$1
4	产品B	6	45	270	<=B5*C5	18.9	<=D5*$F$1
5	产品C	3	55	165	<=B6*C6	11.55	<=D6*$F$1
6	产品D	4	35				
7	产品E	5	40	D4:D9列使用相对引用，列中的数值分别是B列与C列各行的乘积，有相对位置引用的含义。		E4：E9列使用相对与绝对引用，销售税=销售额*销售税率，销售额的位置会发生相对变化，而销售税率的位置不变。	
8	产品F	3	50				
9							
10							
11							
12							
13							
14							
15							
16							

图 11-9　数据的引用

11.2.5 数据的命名

1. 命名

所谓名称是指代表单元格、单元格区域、公式或常量值的单词或字符串。与行列标志相比较，名称更直观，也更便于理解和运用。

2. 单元格和区域命名

（1）选中要命名的单元格或单元区域，在 Excel 名称框中输入名称并回车。

（2）如选中区域 B1:B5，在名称框中输入“单价”，按 Enter 键结束。

（3）或者在 Excel 菜单中选择“插入”→“名称”→“定义”命令，输入名称和指定的区域。

（4）在“当前工作簿中的名称”中输入“物品”，引用位置中输入或选中要命名的区域=sheet1!$A$1:$A$5，如图 11-10 所示。

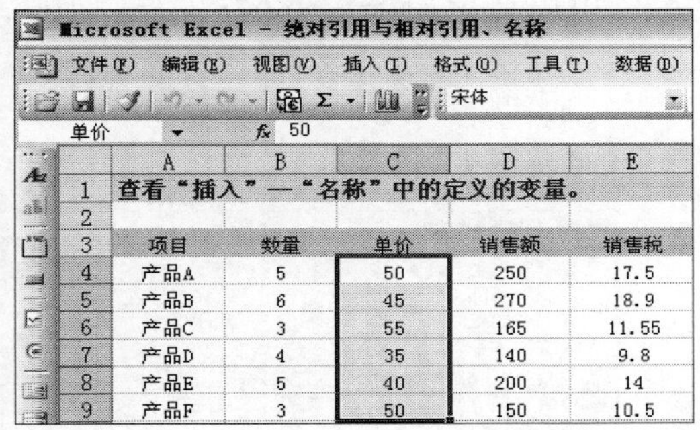

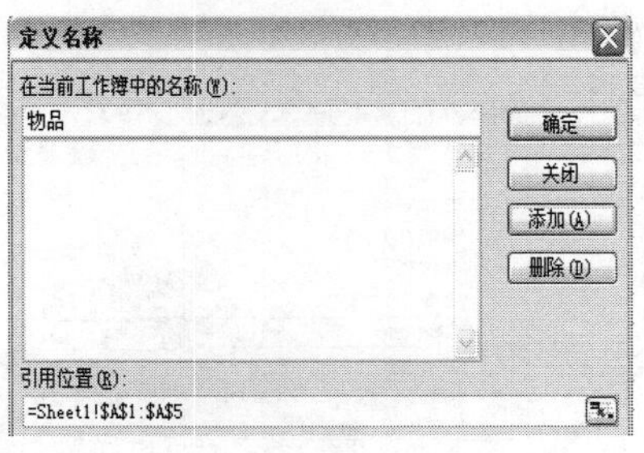

图 11-10 数据的命名

11.2.6 数据单元格名称指定

（1）在有两列或两行数据，其中一列或行为文本标识（字段名），另一列或行为具体数值时，可为数值自动命名。

选中区域，在 Excel 菜单中选择“插入”→“名称”→“指定”命令，选择标识所在位置后确认。

如下图所示，选中 A4:E9，打开“指定名称”对话框，选择“最左列”

复选框，确定结束，如图 11-11 所示。

	A	B	C	D	E
1	查看“插入”—“名称”中的定义的变量。				
2					
3	项目	数量	单价	销售额	销售税
4	产品A	5	50	250	17.5
5	产品B	6	45	270	18.9
6	产品C	3	55	165	11.55
7	产品D	4	35	140	9.8
8	产品E	5	40	200	14
9	产品F	3	50	150	10.5
10					
11			55		

4：9行名称分别指定最左列

指定名称：名称创建于 首行(T) 最左列(L) 末行(B) 最右列(R) 确定 取消

图 11-11　数据单元格指定命名

（2）还有通过常量进行命名，此方法用于给不在单元格中出现的数值命名。

使用 Excel 菜单中“插入”→“名称”→“定义”命令，“在当前工作簿中的名称”中输入名称，“引用位置”输入数值。

如在使用 Excel 工作表计算分析的过程中，多次使用变量“销售税=0.075”，但工作表中却未出现，即可打开“定义名称”对话框，在“当前工作簿中的名称中”输入“销售税”，引用位置中输入 0.075，确定结束，如图 11-12 所示。

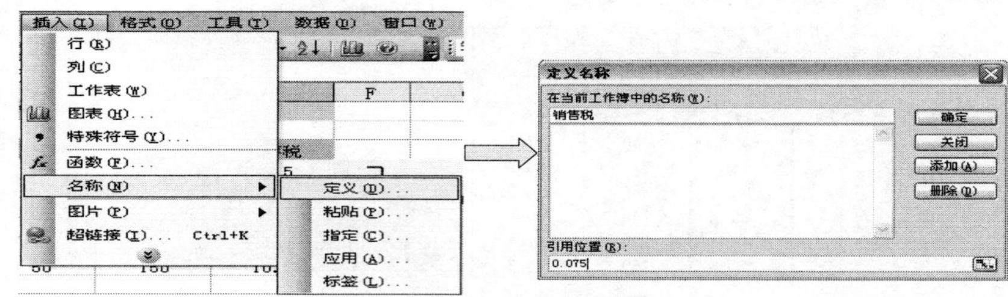

图 11-12　常量命名

11.2.7　数据的函数处理

Excel 中函数按功能和作用可分为多种类别，如图 11-13 所示。

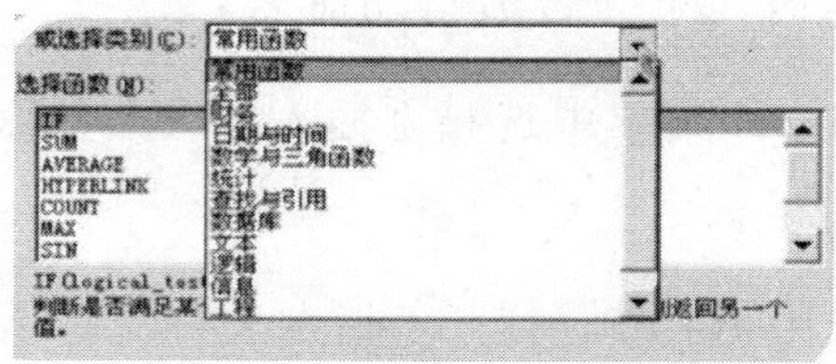

图 11-13　函数的分类

选择不同图表，显示不同的效果，如图 11-21 所示。

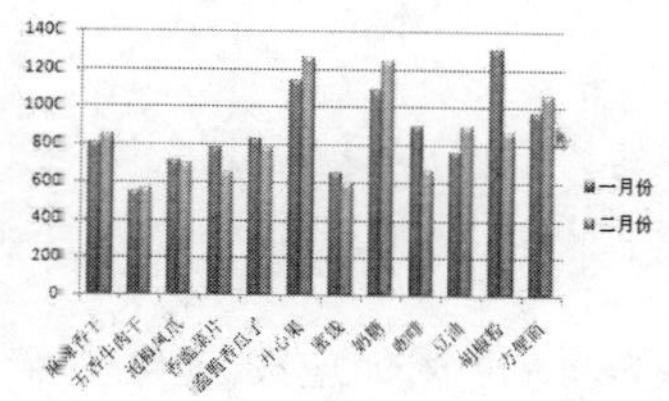

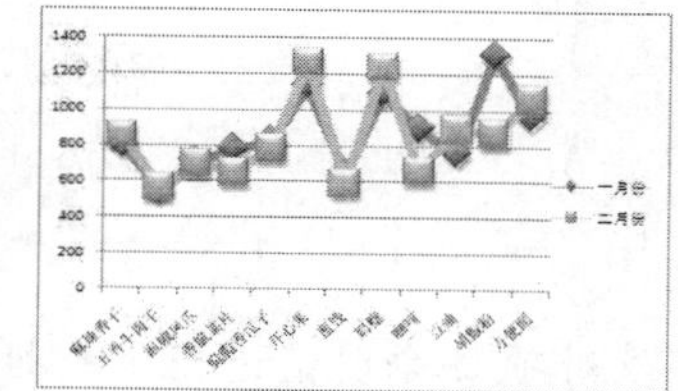

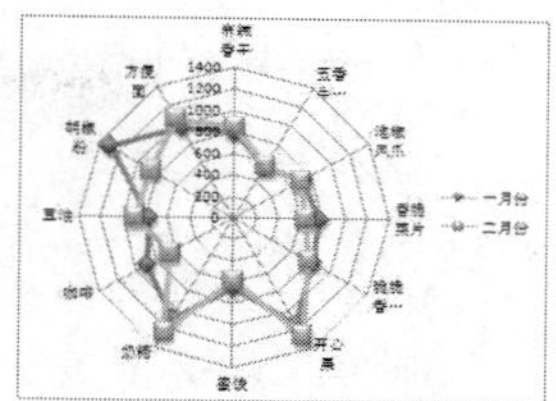

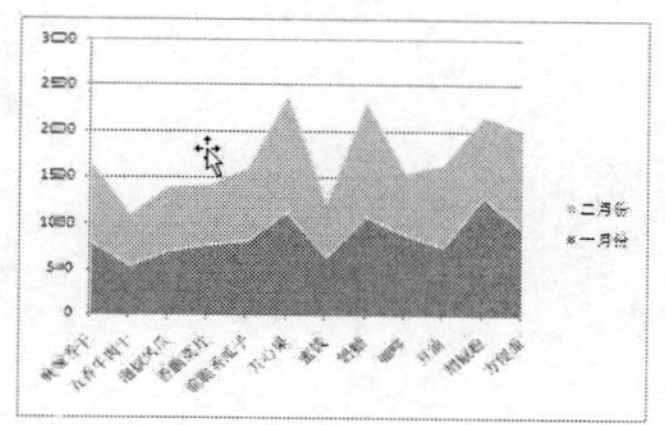

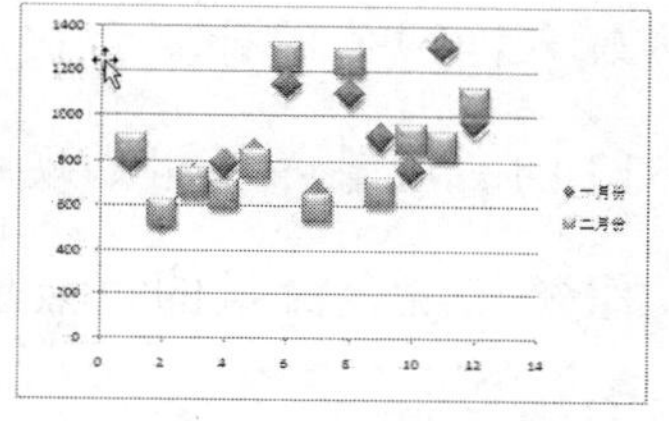

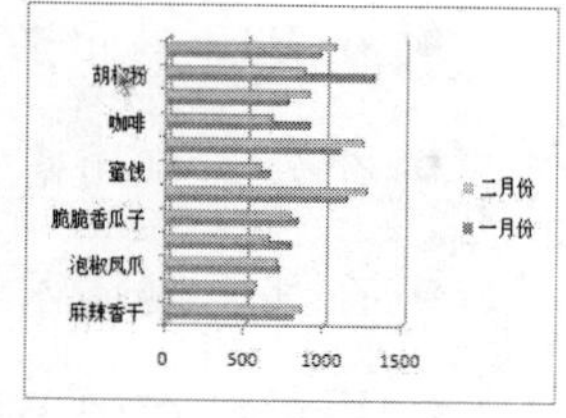

图 11-21　图表示例

如何美化设置图表格式呢，方法是右击图表每一元素（如图表区、坐标轴、图表网格线图例等），在快捷菜单中逐一设置，如图 11-22 所示。

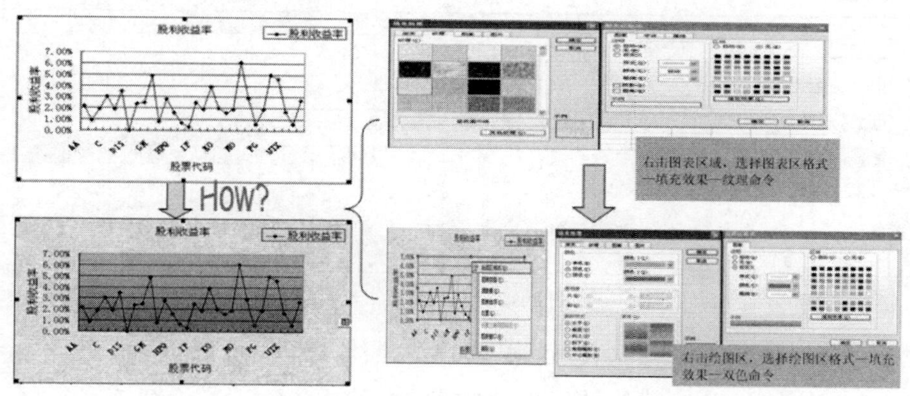

图 11-22　图表美化

11.2.9　假设分析工具

1. 方案管理器

所谓方案，是保存在工作表当中并可以在相互之间进行切换的数据。

例如，对于一组现金流量分别使用不同的贴现率计算净现值，就可以把不同条件下的结果保存在若干方案中，利用 Excel 的方案管理器在不同的结果间进行切换，以对比和评价各方案之间的差异。

2. 模拟运算表

模拟运算表是一个非常理想的敏感性分析工具，它被广泛应用于金融领域中，如在资本预算中的敏感性分析等。

通过模拟运算表，可以对项目净现值进行敏感性分析，更详细地研究贴现率和每年现金流量对评价结果的影响。

- 在 B13 单元格内输入净现值的计算公式。
- 在公式单元格 B13 的右边输入一组贴现率的可能值。
- 在其下侧输入一组每年现金流量的可能值。
- 用鼠标选中 B13:G19 区域。
- 从菜单中选择“数据”→“模拟运算表”命令。
- 在模拟运算表的对话框中输入相关参数，如图 11-23 所示。

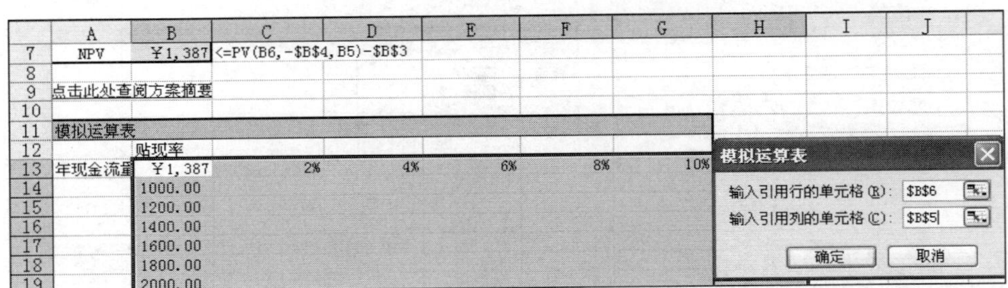

图 11-23　模拟运算表

- 在得出模拟运算表后，根据其结果绘制图表可以更直观地表示评价结果对参数的敏感性，如图 11-24 所示。

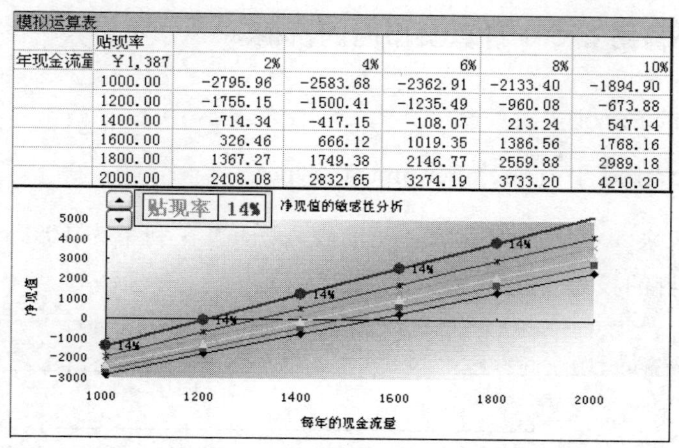

模拟运算表						
	贴现率					
年现金流量	￥1,387	2%	4%	6%	8%	10%
	1000.00	-2795.96	-2583.68	-2362.91	-2133.40	-1894.90
	1200.00	-1755.15	-1500.41	-1235.49	-960.08	-673.88
	1400.00	-714.34	-417.15	-108.07	213.24	547.14
	1600.00	326.46	666.12	1019.35	1386.56	1768.16
	1800.00	1367.27	1749.38	2146.77	2559.88	2989.18
	2000.00	2408.08	2832.65	3274.19	3733.20	4210.20

图 11-24　敏感性分析

3. 单变量求解

单变量求解，用于数量分析中，可以通过改变公式的某一个变量值，求出其他参数变量的作用，有数学运算中反函数作用的效果。

在金融计算中存在着许多这类问题。例如，在资本预算中求解内部收益率，在期权定价问题中根据期权的市场价格计算标的资产的波动性等，如图 11-25 所示。

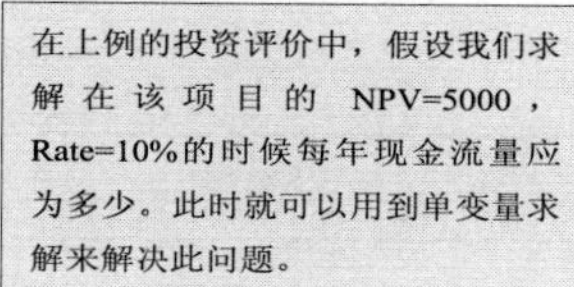

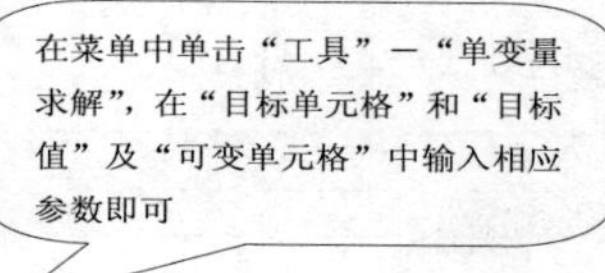

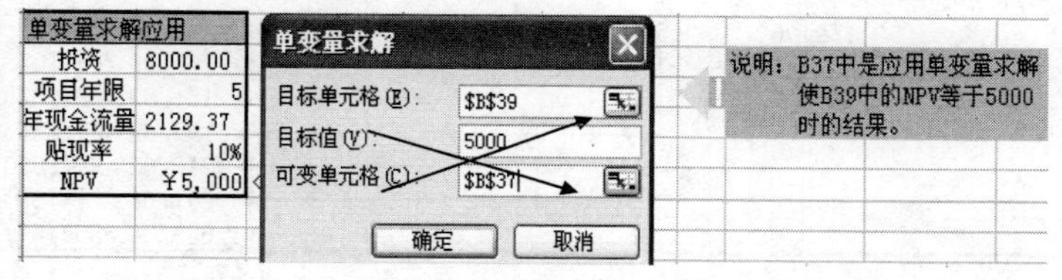

图 11-25　单变量求解

11.3　小鲁的 Excel 财务软件应用

在工作两年后，王部长有意识地让小鲁向更高的会计工作靠拢，工作中，Excel 可以说帮了小鲁很大的忙。

11.3.1　小鲁用 Excel 计算货币时间价值

1. 现值的 Excel 实现

【语法结构】PV(rate,nper,pmt, fv,type)

例如，未来 5 年年底均有 150 元的收入，计算在利率为 10%下的总现值，衡量这一项目的投资价值，如图 11-26 所示。

	A	B	C	D	E	F	G	H	I	J	K	L	M
15	多重现金流量现值的计算												
16	利率	10%											
17			0		1		2		3		4		5
18													
19					150.00		150.00		150.00		150.00		150.00
20	=PV($B$16,E17,,-E19)		136.36										
21	=PV($B$16,G17,,-G19)		123.97										
22	=PV($B$16,I17,,-I19)		112.70										
23	=PV($B$16,K17,,-K19)		102.45										
24	=PV($B$16,M17,,-M19)		93.14										
25	=SUM(C20:C24)		568.62										

图 11-26　现值的计算

2. 终值的 Excel 实现

【语法结构】FV(rate,nper,pmt,pv,type)

例如，在未来 5 年内每年存入 150 元，在利率为 10%下计算 5 年后存入的总值，如图 11-27 所示。

	A	B	C	D	E	F	G	H	I	J	K	L	M
2	多重现金流量终值的计算												
3	利率	10%											
4	1		2		3		4		5				
5													
6	150.00		150.00		150.00		150.00		150.00				
7										165.00	=FV($B$3,1,,-I6)		
8										181.50	=FV($B$3,2,,-G6)		
9										199.65	=FV($B$3,3,,-E6)		
10										219.62	=FV($B$3,4,,-C6)		
11										241.58	=FV($B$3,5,,-A6)		
12										1,007.34	=SUM(K7:K11)		

图 11-27　终值的计算

3. 利率计算的 Excel 实现

【语法结构】RATE(nper,pmt,pv,fv,type,guess)

例如，有一笔存款 150 元，5 年后存款变为 241.58 元，计算存款的利率，如图 11-28 所示。

	A	B	C	D	E
15	利率的计算				
16	现值	¥150.00			
17	终值	¥241.58			
18	期数	5			
19					
20	利率	10%	=RATE($B$18,,$B$16,$B$17)		

图 11-28 利率的计算

4. 期数计算的 Excel 实现

【语法结构】NPER(rate,pmt,pv,fv,type)

例如，有一笔存款 150 元，存款的利率为 10%，几年后存款变为 241.58 元。如图 11-29 所示。

	A	B	C	D	E
22	期数的计算				
23	现值	¥150.00			
24	终值	¥241.58			
25	利率	10%			
26					
27	期数	5	=NPER(B25,,B23,B24)		

图 11-29 期数的计算

5. 年金现值计算的 Excel 实现

【语法结构】PV(rate,nper,pmt,fv,type)

例如，未来 5 年每年年底均有 150 元的收入，计算在利率为 10%下的总现值，衡量这一项目的投资价值，如图 11-30 所示。

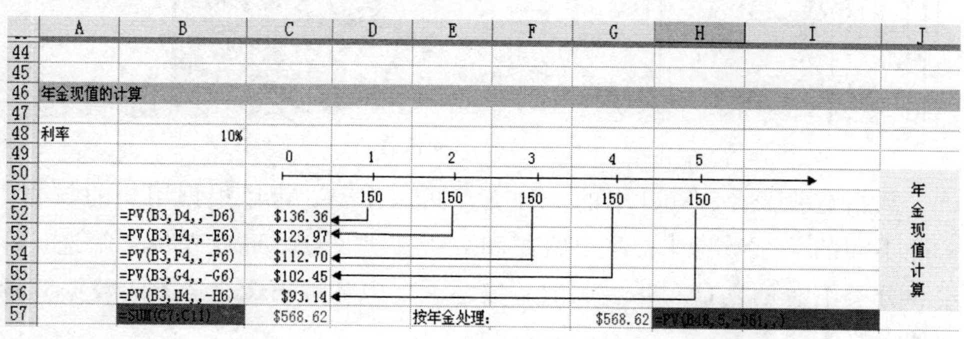

图 11-30 年金现值计算

6. 实际利率计算的 Excel 实现

【语法结构】EFFECT(nominal_rate,npery)

其中，nominal_rate 是名义利率，npery 是一年的计息次数。

名义利率计算的 Excel 实现。

【语法结构】NOMINAL(effect_rate,npery)

其中，effect_rate 是有效利率。

11.3.2 小鲁用数据透视表进行数据分析

分类汇总。当表格中的记录太多并且有相同项目的记录时，可以使用 Excel 的分类汇总功能对记录进行分类汇总。

Excel 的分类汇总就像 Windows 资源管理器的目录树一样，通过展开/隐藏的方式，直观地显示数据。通常用于多维类别数据的汇总比较分析中，如图 11-31 所示。

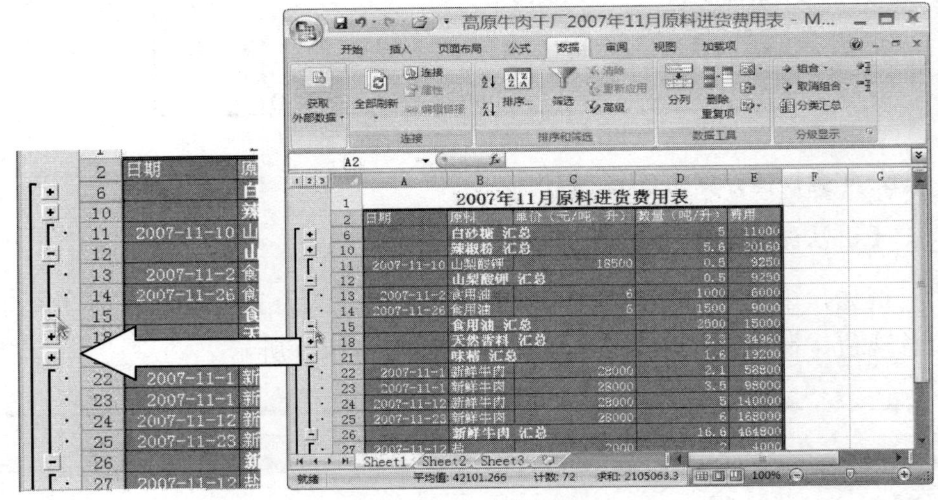

图 11-31　分类汇总

数据透视表是 Excel 中的一种交互式工作表，可以根据用户的需要，依照不同的关系数据来提取、组织和分析数据。数据透视表集合筛选、排序和分类汇总的功能，并生成汇总表格，集中体现 Excel 强大的数据分析功能。

相较于 Excel 2003 来说，Excel 2007 的透视表功能更加直观，也更便于用户对数据的提取和分析，Excel 2007 的数据透视表界面如图 11-32 所示。

图 11-32 数据透视表

在财务工作表中使用透视表对数据表进行排序和筛选如图 11-33 所示。

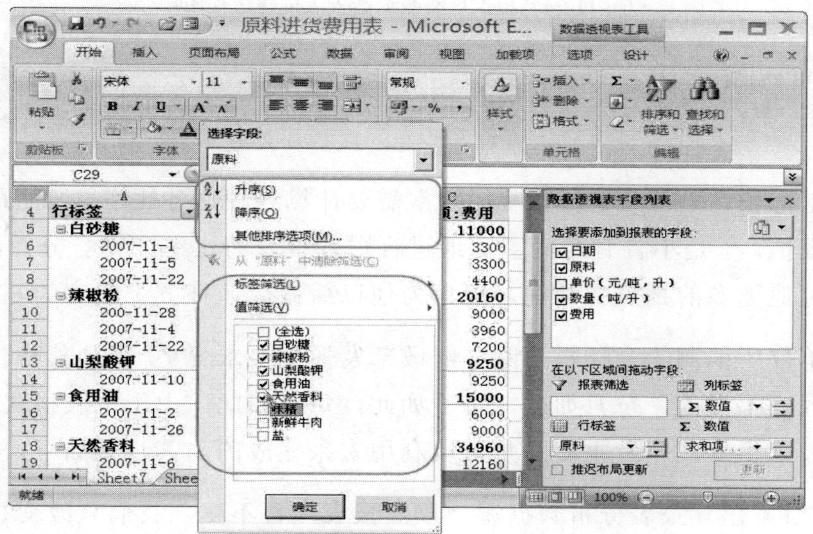

图 11-33 使用数据透视表进行排序和筛选

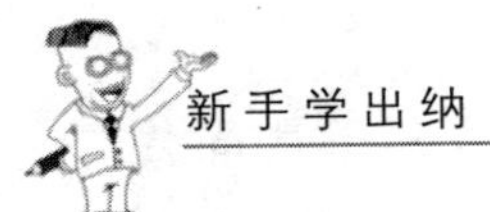

也可根据现有数据透视表创建透视图，如图 11-34 所示。

图 11-34　根据现有数据透视表创建透视图

11.4　小鲁用 Excel 计算财务比率

王部长在财务管理工作中，经常需要计算各种财务比率。但他最近可能会很忙，于是小鲁有时间主动地进行财务报表的比率计算与分析，虽然开始时他更多的是照猫画虎，但也为他以后做会计打下了坚实的基础。

单位所编制的会计报表除非财政部发通知要求变更，否则其格式一般都是固定不变的，每月如此，每季如此，每年如此。由于报表格式不变，计算公式不变，每月重复，是可以利用宏来完成的。其步骤如下。

（1）建立报表分析数据源。以后报表项目不变，我们只改变报表项目金额就可以。在利用财务软件的情况下，只要导出报表就可以，也省了重新输入的麻烦。

在模拟时，小鲁首先在 Excel 中建立三张报表，资产负债表、利润表和现金流量表，如图 11-35 所示。

	A	B	C
1	天马股份(002122) 资产负债表		
2	单位：元		
3	报表日期	2010/12/31	2009/12/31
4			
5	流动资产		
6	货币资金	500,756,000.00	328,198,000.00
7	结算备付金		
8	拆出资金		
9	交易性金融资产		
10	衍生金融资产		
11	应收票据	383,945,000.00	179,664,000.00
12	应收账款	891,243,000.00	747,364,000.00
13	预付款项	118,892,000.00	100,660,000.00
14	应收保费		

图 11-35　在 Excel 中建立报表的数据源

（2）录制宏命令。选择“开发工具”→“录制宏”命令，（在 2003 版中，是“工具”菜单下）在“录制新宏”的对话框中输入宏的名称，保存在个人宏工作簿中，以便使其能在所有工作簿中发挥作用，如图 11-36 所示。

（3）新增工作表，在新增的工作表中输入需要计算的各项指标，并利用引用方式进行各种财务指标的计算公式设置，如图 11-37 所示。

录制新宏

宏名(M)：

基本财务指标的计算

快捷键(K)：

Ctrl+

保存在(I)：

个人宏工作簿

说明(D)：

确定　取消

图 11-36　录制新宏、宏的命名

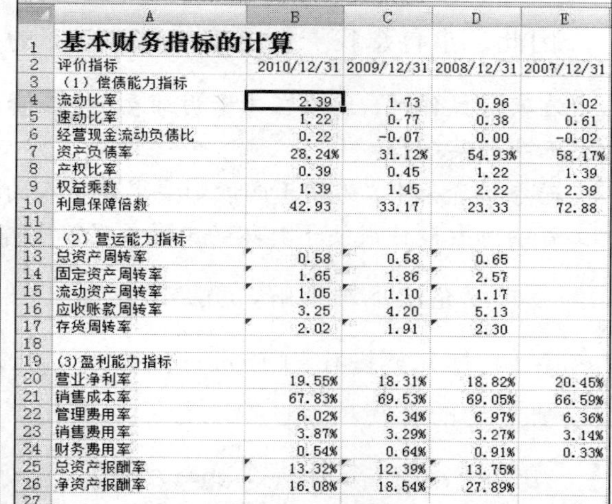

B4　{=流动资产合计/流动负债合计}

	A	B	C	D	E
1	基本财务指标的计算				
2	评价指标	2010/12/31	2009/12/31	2008/12/31	2007/12/31
3	（1）偿债能力指标				
4	流动比率	2.39	1.73	0.96	1.02
5	速动比率	1.22	0.77	0.38	0.61
6	经营现金流动负债比	0.22	-0.07	0.00	-0.02
7	资产负债率	28.24%	31.12%	54.93%	58.17%
8	产权比率	0.39	0.45	1.22	1.39
9	权益乘数	1.39	1.45	2.22	2.39
10	利息保障倍数	42.93	33.17	23.33	72.88
11					
12	（2）营运能力指标				
13	总资产周转率	0.58	0.58	0.65	
14	固定资产周转率	1.65	1.86	2.57	
15	流动资产周转率	1.05	1.10	1.17	
16	应收账款周转率	3.25	4.20	5.13	
17	存货周转率	2.02	1.91	2.30	
18					
19	(3)盈利能力指标				
20	营业净利率	19.55%	18.31%	18.82%	20.45%
21	销售成本率	67.83%	69.53%	69.05%	66.59%
22	管理费用率	6.02%	6.34%	6.97%	6.36%
23	销售费用率	3.87%	3.29%	3.27%	3.14%
24	财务费用率	0.54%	0.64%	0.91%	0.33%
25	总资产报酬率	13.32%	12.39%	13.75%	
26	净资产报酬率	16.08%	18.54%	27.89%	
27					

图 11-37　计算公式设置

经验谈

这项工作要一项一项地认真设置，而且要做对。一定要以引用的方式建立计算公式，如流动比率计算公式，是等于流动资产合计/流动负债合计。

（4）操作完成后，选择“开发工具”→“停止录制”命令，此时，宏命令就录制完成。

（5）计算新报表的财务指标。当新的年报出来，或是月报出来，只要执行相应的宏命令就可以，如图 11-38 所示。

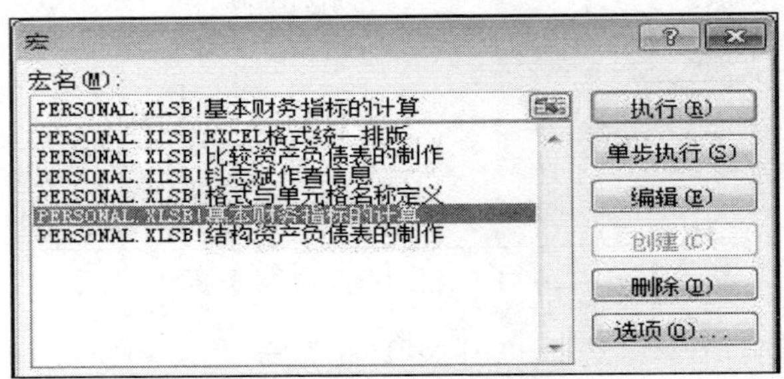

图 11-38　执行宏命令

11.5　小鲁用 Excel 制作工资条

公司习惯用工资明细表做员工工资统计并向上级汇报，再把表中的条目一条条复制粘贴后打印发给每个员工，非常麻烦。

因此，小鲁想找一个更简单更有效率的方法：

在实际操作时，困难在工资明细表中，工资的项目（即表头）一般只出现在表格开头的某一行。

而在工资条中，为便于阅读则要求每个人的工资都有表头，那么如何巧妙地把工资明细表制作成便于打印的工资条呢？小鲁采用公式填充法。

公式填充法不难理解，就是需要手工操作的步骤稍微多一些。

（1）打开要操作的 Excel 工资表，假设这个工资表一共有 L 列，18 行，要复制的表头项目在第二行，所以在第一个单元格中输入公式：

```
=IF(MOD(ROW(), 2)=0, INDEX(sheet1!$A:$L, INT(((ROW()+1)/2)) +2, COLUMN()),sheet1!A$2)
```

（2）使用填充柄将此公式填充到其他单元格，列向填充到 L 列，行填充到 18 行就大功告成，如图 11-39 所示。

	A	B	C	D	E	F	G	H	I	J	K	L	M	N
1		员工工资表												
2		结算日期：2008年1月1日							工资统计范围（2007年12月1日至2007年12月31日）					
3		姓名	职位	应领工资				应扣工资				实发工资	所得税	税后工资
4				基本工资	提成	奖金	小计	迟到	事假	旷工	小计			
5		姓名	职位	基本工资	提成	奖金	小计	迟到	事假	旷工	小计	实发工资	所得税	税后工资
6		张跃华	销售经理	3000	2500	200	￥5,700				￥0	5700	505	￥5,195
7														
8		姓名	职位	基本工资	提成	奖金	小计	迟到	事假	旷工	小计	实发工资	所得税	税后工资
9		王 嘉	销售经理	3000	2500	200	￥5,700	30			￥30	5670	500.5	￥5,170
10														
11		姓名	职位	基本工资	提成	奖金	小计	迟到	事假	旷工	小计	实发工资	所得税	税后工资
12		欧阳雨	销售代表	2000	2300	200	￥4,500		50		￥50	4450	317.5	￥4,133
13														
14		姓名	职位	基本工资	提成	奖金	小计	迟到	事假	旷工	小计	实发工资	所得税	税后工资
15		刘雅丽	销售代表	2000	3300	200	￥5,500				￥0	5500	475	￥5,025
16														
17		姓名	职位	基本工资	提成	奖金	小计	迟到	事假	旷工	小计	实发工资	所得税	税后工资
18		陈亚辉	销售代表	2000	2300	200	￥4,500				￥0	4500	325	￥4,175
19														
20		姓名	职位	基本工资	提成	奖金	小计	迟到	事假	旷工	小计	实发工资	所得税	税后工资
21		刘 红	销售代表	2000	2000	200	￥4,200		150		￥150	4050	257.5	￥3,793

图 11-39 工资条制作

填写注意事项：

（1）工资条中的奇数行都是表头，偶数行是数据，所以在公式中首先进行奇偶行判断，若是奇数行，直接取工资表的 A2 单元格数据（即公式中的 sheet1!A$2，如果表头数据在第 4 行第三列则修改为 sheet1!C$4)。

（2）若是偶数行，则用 INDEX ()函数来取数。该函数的第一个参数是指定工资表中的一个取数区域。

即 sheet1!$A:$L，如果不是从 A 到 L 列，那么可以修改这个参数，如修改为 sheet1!BP ，就表示在 B 到 P 列之间取数。

（3）如果想把转换后的数据放在 Sheet3 而不是 Sheet2 中，那么，只要在 Sheet3 中执行以上操作就可以，并不需要修改公式的内容。

另外，采用这种方法不能自动插入空行，给打印后的裁剪带来一定的麻烦，所以，在做完后再全选所有单元格，通过调整行高和列宽来解决这个问题。

11.6 小鲁用 Excel 制作的财务证表模板

参照公司使用的凭证和表格，小鲁用 Excel 制作其电子版，用来学习和工作。记账凭证模板如图 11-40 所示。

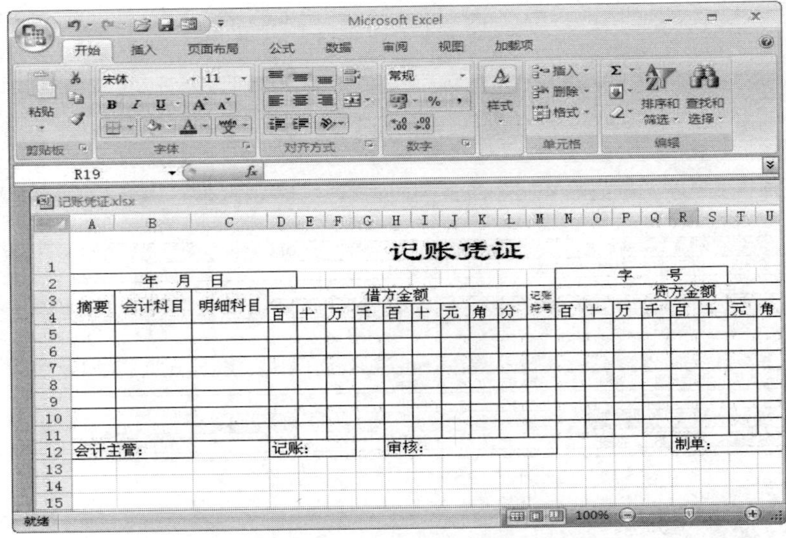

图 11-40　记账凭证模板

会计报表模板如图 11-41 所示。

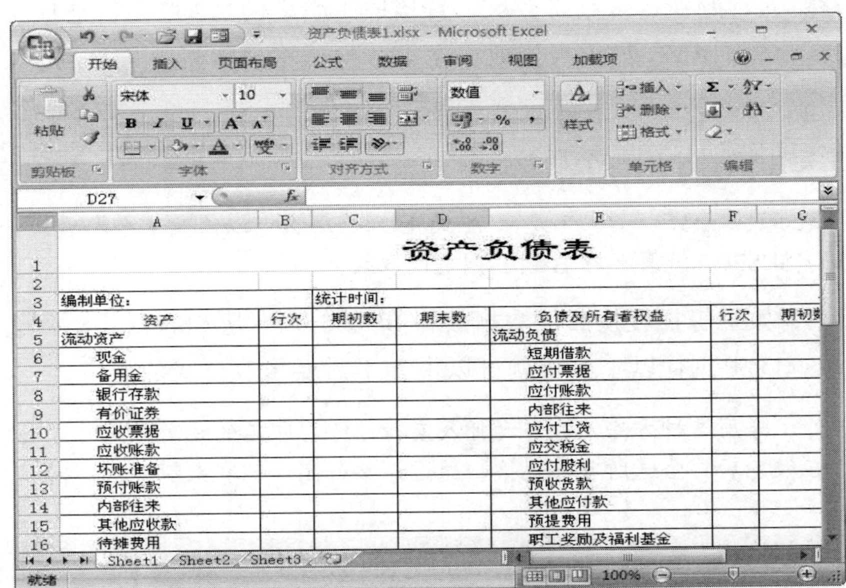

图 11-41　会计报表模板

固定资产变动单模板如图 11-42 所示。

图 11-42　固定资产变动单模板

流动资产分析表模板如图 11-43 所示。

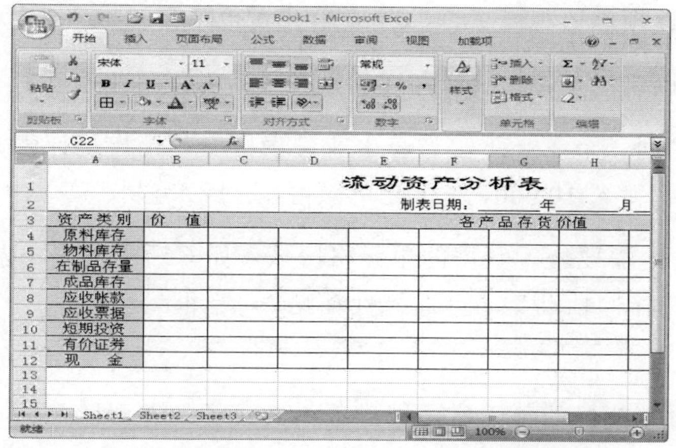

图 11-43　流动资产分析表模板

11.7　小鲁使用 Excel 解决日常业务小窍门

11.7.1　内置序列功能快速输入员工姓名

在制作公司的相关表格时，经常要输入员工的姓名，一个一个地输入（特别是有些生僻字），太麻烦。

小鲁将它们制作成内置序列，然后用“填充柄”来拖拉输入：

（1）先将员工姓名输入到一列（行）连续的单元格区域中。

（2）选中它们，选择“工具”→“选项”命令。

（3）打开“选项”对话框，切换到“自定义序列”标签下。

（4）按“导入”按钮将其导入到序列中，确定返回。

只要输入序列中某个员工的姓名，然后用“填充柄”拖拉，即可输入该员工后续的姓名。序列定义好以后，原来工作表中输入的员工姓名可以删除；此序列对所有的Excel工作簿文档都有效。在“自定义序列”标签，可以看到所有的“内置序列”。

11.7.2 Excel表格中怎么转换万元表

在工作中常常会遇到要把金额单位为元的表格转换为金额单位为万元的情况，逐项修改很麻烦，即使运用公式也不便捷。

其实可以利用Excel的选择性粘贴功能对数据作批处理：

（1）在同一个Excel工作表中业务表格（如销售统计表）以外一个空白单元格中输入10 000，选定此单元格，选择“编辑”菜单中的“复制”。

（2）选定需要修改数据的单元格区域（如C5到F40），选择“编辑”菜单中的“选择性粘贴”，在“选择性粘贴”对话框“运算栏”下选择“除”，单击“确定”。

（3）对修改过的单元格区域进行格式设置，并删除原先在一个空白单元格中输入的10 000。

为避免转换后尾数造成的差异，在选定需要修改数据的单元格区域时，不应包括设置计算公式的单元格，如小计、合计等。经上述处理后，要注意表中相关数据关系的检查，并纠正发现的错误。

11.7.3 在Excel表格中如何输入银行卡号

在Excel这个软件中输入银行卡号的问题曾经困扰小鲁很久，因为在

Excel 中，输入超过 11 位数字时，会自动转为科学计数的方式。

比如长号是：123456789012345，输入后就变成：1.23457E+14，小鲁学会了 3 种处理方法。

（1）在 A1 单元输入号码时，在前面先输入“'”，就是：'123456789012345，这样单元格会默认为该单元为文本方式，会完整显示出 15 个号码来，而不会显示那令人讨厌的科学计数方式来。

（2）如果已经输入大量的号码，又全部以科学计数显示，而懒得按照上面的方法一个一个重新输入的话，也有别的方法比如，已在单元 A1:A100 输入号码，按以下步骤做：选择单元 A1:A100》右击，设置单元格式，选择自定义，在“类型”中输入“0”即可轻松搞定。

（3）函数来解决的方法：在 A1:A100 已经输入大量的号码时，在 B1 单元中输入：=trim(' 'a1)，注意两个“'”之间是空格，这个公式的意思：先在 A1 单元 15 位号码前加个空格符号，然后用 trim 这个函数把空格符号去掉。输完后，B1 单元也是显示出完整的 15 位数字。

11.7.4 Excel 中如何根据入职日期计算工龄

小鲁利用 DATEDIF()公式。如某员工 2000 年 9 月 1 日入职，那么计算他的工龄，可以用以下公式解决=DATEDIF("2000-9-1", "201 0-12-31", "Y")。

11.7.5 制作应收账在应收账款管理自动催款

小鲁在应收账款明细表中设置催缴条件。具体要求：根据 C 列“约定还款日期”和 D 列“是否还款”判断。

如果超过还款日期 10 天还未还款（假设今天的日期为 2005-11-24），则填充所在行为红色背景，如图 11-44 所示。

	A	B	C	D
2	欠款单位	欠款金额	约定还款日期	是否还款
3	A单位	10000	2005-10-10	是
4	B单位	15000	2005-11-01	否
5	C单位	25000	2005-11-05	否
6	D单位	100000	2005-11-10	是
7	E单位	14000	2005-11-13	否
8	F单位	28000	2005-11-20	否
9	G单位	36000	2005-11-25	否
10	H单位	52000	2005-11-30	否

图 11-44　应收账款表

操作步骤：

（1）从 A3 单元格起，选取整个表格区域，这里要说明的是，一般情况下都要向下多选些空白区域。因为将来的应收账款明细表数据可能还要继续增加，新增加的也要应用同样的提醒，另外和以前不同的是，这里是选定整个区域，原因是对符合条件的单元格所在行整行填充颜色。

（2）打开“条件格式”对话框，选择“突出显示规则”选项，在选择“其他规则”，在后面的文本框中输入公式：“=AND((TODAY()-$C3)>10,$D3="否")”，设置背景色为红色，如图 11-45 所示。

（3）符合条件的行全部填充为红色背景，如图 11-46 所示。

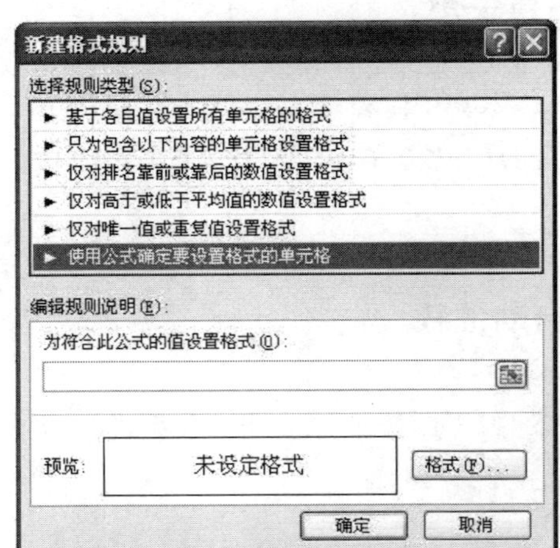

图 11-45　格式设置

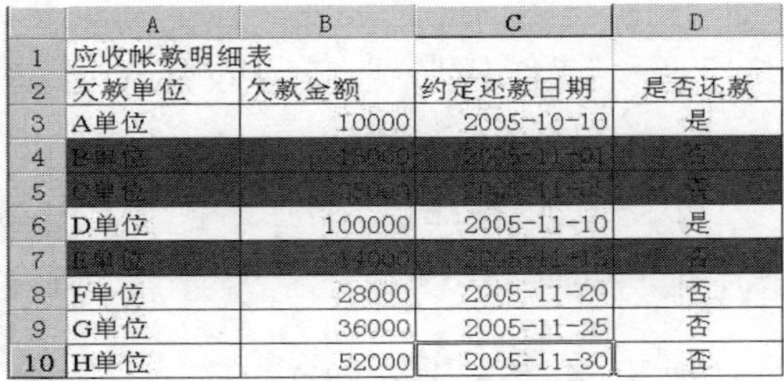

	A	B	C	D
1	应收帐款明细表			
2	欠款单位	欠款金额	约定还款日期	是否还款
3	A单位	10000	2005-10-10	是
4	B单位	15000	2005-11-01	否
5	C单位	25000	2005-11-05	否
6	D单位	100000	2005-11-10	是
7	E单位	14000	2005-11-13	否
8	F单位	28000	2005-11-20	否
9	G单位	36000	2005-11-25	否
10	H单位	52000	2005-11-30	否

图 11-46　款催款提醒表

本例说明：

AND：表示括号中的两个条件要同时满足。

TODAY()-$C3>10：TODAY()返回的是当天的日期，也就是系统日期。

$C3 是第一个单元格的日期，这里使用行相对列绝对（$C3），是因为这个公式要适用于数据表所有选定的单元格。

Excel 在设置条件格式时同复制公式一样，有智能变换单元格的优点，比如 A1 的公式为 “=B1*10”，当公式复制到 A2 时，公式会自动转换为 “=B2*10”，这种变换是受$（绝对引用符号）控制的。

本例中，无论在任意一行的任意一个单元格，都要根据 C 列和 D 列的内容进行判断，所以要对列进行绝对引用。

$D3="否"：这是第二个条件，判断欠款户是否已还款，如果单元格内容是"否"，则表示欠款户还未还款，符合条件。

11.8 小鲁出纳工作的几个法宝

小鲁的法宝是：实用小软件、必备工具书、尺子、袋子和一双好鞋。

11.8.1 小鲁使用的支票打印软件

手工开支票时，小鲁经常精力不集中填错支票被银行退票，并且工作量很大，苦不堪言。

于是，他开始在网上寻找合适的支票套打程序，结果，走了很多弯路，能下载的支票打印软件基本上都下载试用过，却都不是很满意，都有很明显的缺点。最后没办法，抱着试试看的心情，求助于 Excel。

Excel 支票打印模板有一项出类拔萃的功能，使众多的支票打印软件黯然失色：

使用者通过该软件，在 3 秒时间单击三次鼠标，可以通过调用预存在清单中的信息，将年月日、收款人户名、账号、开户行、付款人户名、账号、开户行、用途信息等八项内容填写到支票填写区域，该功能目前国内还没有哪个支票打印软件能够做到。

（1）在百度中搜索：支票套打王，如图 11-47 所示。

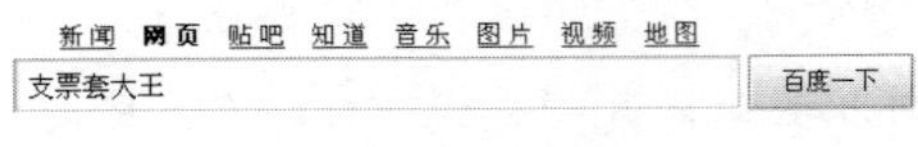

图 11-47　百度支票套打王

（2）单击“百度一下”按钮，找到 Excel 支票套打王官方网站，如图 11-48 所示。

（3）在网站首页的“模板下载”栏目中找，可以单击“更多”字样，看看有没有适合自己的支票套打模板，如图 11-49 所示。

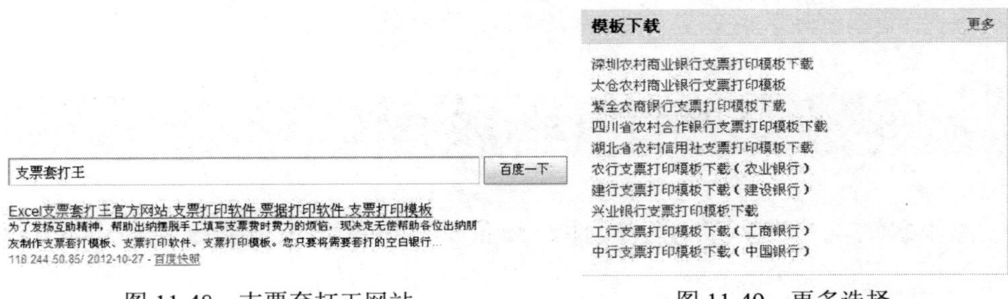

图 11-48　支票套打王网站　　　　图 11-49　更多选择

操作说明：

如果在这个栏目中没有找到适合的支票打印模板，可以联系该网站左侧的在线客服免费专门制作。

制作好的支票打印模板打印位置和手头的原始票据分毫不差，使用时只需调整一下打印页边距即可使用，十分方便。

11.8.2　小鲁推荐的出纳工作小软件

小鲁关注过的出纳工作小软件有以下几个，推荐使用。

1. 出纳小助 2.7.0.

该软件是出纳的好帮手，支持不同银行支票、汇票、电汇票据打印，金额自动转换成大写金额。打印新客户账号后，自动保存其档案。

第二次开具票据时，该单位可在下拉框中找到，还可自己编号，输入该编号即自动搜索到该单位银行账号。真正做到方便快捷。凡打印票据后，

自动生成开具票据记录，以便付款查询。

2. 小公司出纳免费记账软件永久免费版 V2.27

这是难得的一款永久免费小公司记账软件。这款软件只适合小公司的出纳、小老板使用。但下载的朋友要注意它没有打印导出功能。

免费记账软件是面向兼职会计、专职会计、会计记账事务所及中小型企业专门设计的财务记账软件，帮助完成现金管理，日常财务收支管理工作，它可使工作更轻松、记账更快捷、效益更显著。免费记账软件界面美观大方，功能简单实用，方便易上手。

3. 小掌柜出纳管理系统 5.02

小掌柜出纳系统是一款实用的中小企业（单位）收支账、往来账、票据登记、资产登记管理系统，采用目前广泛使用的“借贷记账法（收付法）”管理核算企业（单位）收支与往来账款，使之一目了然。

其基本原理是遵循会计“借贷”规则、以流水账的方式记录企业（单位）日常收支与往来交易数据，并输出清晰的统计表。还可以根据实际业务需要，自由伸缩性地辅以收支名目、项目、往来单位、辅助核算功能。

系统内部集成报表分析模块，可根据设定的条件（或默认条件）即时生成出纳总账、出纳明细账、单位账、辅助项目账、收支明细账、项目账、往来账等统计报表，帮助您实时准确地了解收支账款与往来账款情况，从而及时有效地控制规划企业资金，轻松满足公司对管理、理财的要求。

系统根据中小企业的实际业务运作需求做了相应的优化设计，操作流程简单方便、上手快，甚至不需要了解借贷记账法等基本概念即可使用本系统。

4. 007 出纳管理系统 2013 全能通用版 V12.0

问世于 2001 年，历经 10 年，已然成为整个出纳管理软件行业的标准。曾先后被很多行业软件论坛评为“最好用的出纳软件”。

它是目前市面上唯一一款经财政部、工信部严格评测，颁发有“软件产品证书”的出纳软件。

11.8.3 小鲁使用的工具书

1.《财经法规与会计职业道德》

分为会计法规、税收征收管理法律制度、其他相关法律制度和会计职业道德四个部分。

其主要内容包括会计机构和会计人员、会计核算的法律规定、会计监督的法律规定、违反《会计法》的法律责任、企业会计准则、会计档案管理办法、税收征收管理法律制度、支付结算法律制度、票据法律制度和会计职业道德。

2.《新会计准则》

新会计准则于 2007 年 1 月 1 日起在上市公司中执行，其他企业鼓励执行。

值得关注的是，新会计准则体系基本实现与国际财务报告准则的趋同。2005 年，财政部先后发布 6 批共 22 项会计准则的征求意见稿。

此外，对现行的 1997 年至 2001 年期间颁布的 16 项具体会计准则，也进行了全面的梳理、调整和修订，最终在 2006 年初构建起一套企业会计准则的完善体系。

3.《中华人民共和国会计法》

中华人民共和国会计法，为了规范会计行为，保证会计资料真实、完整，加强经济管理和财务管理，提高经济效益，维护社会主义市场经济秩序，制定本法，自 2000 年 7 月 1 日起施行。

4.《中华人民共和国公司法》

《中华人民共和国公司法》第十届全国人民代表大会常务委员会第十八次会议 2005 年 10 月 27 日修订通过，自 2006 年 1 月 1 日起施行。

5.《企业财务通则》

2006 年 12 月 4 日，财政部颁发了新的《企业财务通则》（财政部令第 41 号），该通则于 2007 年 1 月 1 日起施行。

修订的《通则》对财政对企业财务的管理方式、政府投资等财政性资

金的财务处理政策、企业职工福利费的财务制度、规范职工激励制度、强化企业财务风险管理等方面进行了改革。

6.《会计基础工作规范》

根据《中华人民共和国会计法》的有关规定，制定本规范。于《1996年6月17日财政部财会字19号发布。同时废止1984年4月24日财政部发布的《会计人员工作规则》。共计六章一百零一条。

7.《Excel 2003 教程》

Excel是微软公司出品的Office系列办公软件中的一个组件，确切地说，它是一个电子表格软件，可以用来制作电子表格、完成许多复杂的数据运算，进行数据的分析和预测并且具有强大的制作图表的功能。

该套教程通俗易懂，简洁明了，介绍从Excel的基本操作、文件操作、工作簿和工作表、使用数据、表格操作、图表与图形、数据操作、打印数据等相关内容进行详细的讲解，是一套不可多得的办公室生存必备手册。

8.《Word 2003 教程》

该套教程通俗易懂，简洁明了，介绍从Word的基本操作到文字排版、图形操作、表格操作到艺术字操作以及页面操作等相关内容进行详细的讲解，是一套不可多得的办公室生存必备手册。

11.8.4 被王部长称为小鲁三宝的小家当

小鲁的三宝分别是尺子、袋子和一双好鞋。

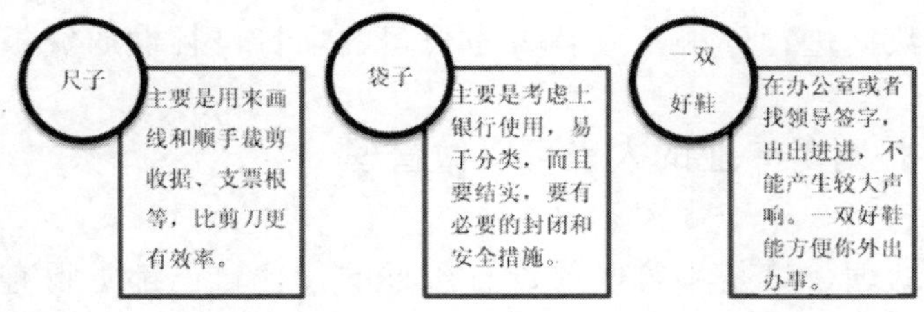

CHAPTER

12 告别出纳岗位

三年的时间很快过去了，小鲁在出纳工作岗位上尽职尽责，得到了大家的广泛认可。但出纳毕竟是一个基础岗位，还需要向更高的职位发展。

人事部部长征询王部长的意见，问他是希望小鲁继续留在财务部改任会计，还是看公司的需要另行安排到其他部门。

12.1 小鲁要升职了

王部长觉得这三年，小鲁不管在业务上还是在处理人际关系上，都取得了很大的进步。

相对而言，由于没有受过正规的财务专业学习，跟那些出身财会名校的人员相比，财务专业知识不是小鲁的优势。小鲁的优势在于有着良好的执行力和协调力，特别是文字工作能力，明显长于大多数同事。

于是，王部长决定让小鲁做财务部长助理，负责财务部对外文件的起草，日常业务则侧重于协助自己对财务分析报告进行复核，以及对销售及采购部门的数据进行分析，还有参与公司的项目可行性研究报告编制。

12.1.1 不是财务专业的人也可以做管理

做部长助理，这是小鲁以前没有想过的，他自己都觉得有些忐忑。

王部长 我希望你将自己的职场定位于管理方面，要提高自己的管理能力。

鲁　泽 业务上不精通的人能当管理者吗？比如说咱财务部门，如果自己在业务上不能过人一头，当部长就不合适吧。

王部长 内行领导内行当然有好处，但管理还是有其独特性，管理分为管人和管事两种，而职位越高，管人的分量就越大。管人有管人的智慧，首先得有自己的人格魅力，就拿财务总监这个职位来说吧，我见过在有的集团，财务总监还有既不是财务专业出身，也没有从事过会计工作的，但人家遇到事情，能够从大处着眼，理出处理事情的方法来，这就是管理能力。（休息了一下）领导者不必非得具有很深的专业背景，因为具体的事可以交给懂专业的人。尤其对于高层管理者来说，如何用人是第一位的，而不是如何指导别人具体做什么事。

12.1.2 财务管理需要艺术，需要情商

鲁 泽 我听说过这样一种说法："管理是一门艺术。"觉得非常有道理，但我的一位老师非常反对这种说法，说管理是一门科学，比如，要用到信息管理技术、运筹学，他这么一说，我觉得也对。

王部长 你老师管理是一门科学主要是说的管事，管事就得讲究科学，不能拍脑门决定，但是说到人的思想，很难做个精确的界定，需要灵活处理，没有一个固定的模式。反正这事也没有一个绝对的对错，只能说管人和管事所具备的能力有所侧重，就算管理再艺术，管人也会用到一定的科学方式及方法。（停了停）有人举过这样的例子，领导有三种，一种是自己在前面领着大家转，一种是自己站在后面赶着大家转，还有一种，是自己坐在远方，看员工自己转。

听完这些，小鲁对自己的职场规划更加清晰，另外他也在书上看到说在国外，很多 CEO 都是财务出身，就将自己定位成懂财务的管理者吧，说不定还能成为副总经理，直至总经理呢。

12.2 小鲁的出纳工作交接

接下来，人事部门按计划进行出纳招聘，小鲁就得准备告别出纳岗位了。

铁打的营盘流水的兵，这次是一个再正常不过的职位调动，但小鲁心里还是有些不舍，他非常感谢出纳工作给他带来的成长。

一定要把自己的经验好好总结，传递给下一个新同事。小鲁心想，接下来就得准备交接工作了。

12.2.1 图解出纳工作的交接情形

除了像自己这样因内部岗位的调动外，有没有其他情形下也需要有出纳工作的交接呢？小鲁的总结如下，如图 12-1 所示。

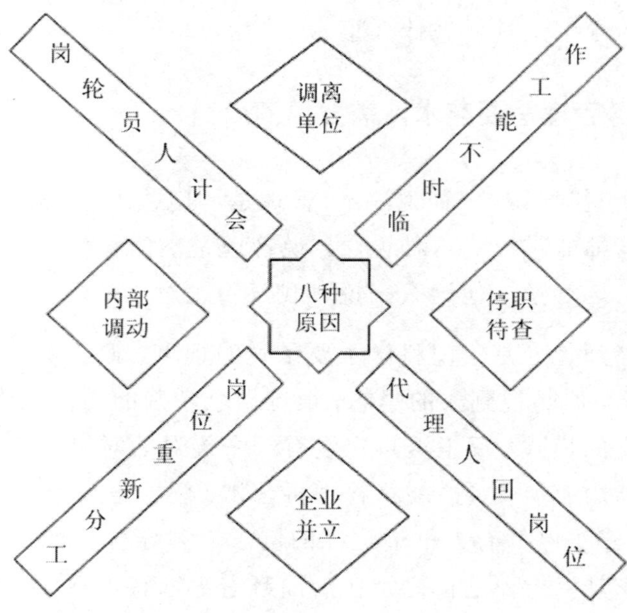

图 12-1 出纳工作交接的情形

12.2.2 图解小鲁交接的工作明细

出纳工作交接应该交接什么内容呢？这个问题以前小鲁真没有想过，上次接前出纳的工作时，基本上人家交什么自己就收什么。

不过这次，小鲁好好地归纳一下，把必需的东西归纳了出来，如图 12-2 所示。这样一来，新接手的出纳员，就知道自己应该管什么了。一个月后，新招聘的出纳张强入职，小鲁一下子回想起三年前的自己，就跟眼前的这位小伙子一样，对未来充满了憧憬。

王部长安排刘丽监督出纳的工作交接。为什么要有人监交呢？刘丽说这可不是形式主义，而是为了避免以后留下不必要的麻烦。

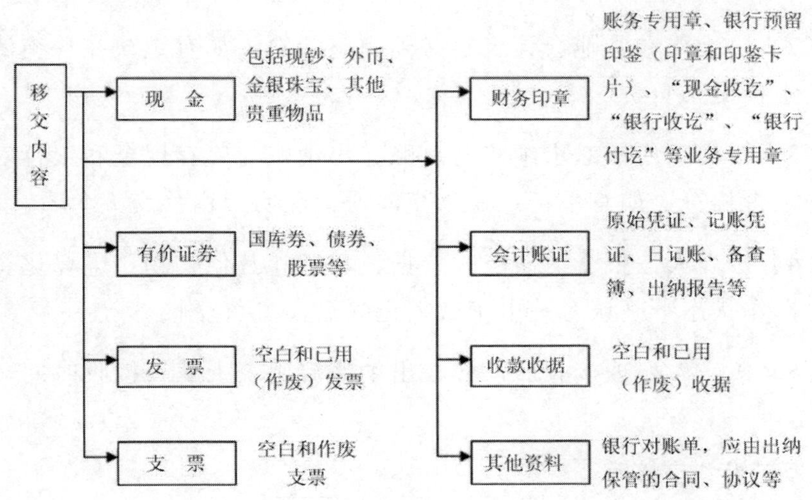

图 12-2　出纳工作交接的内容

12.2.3　出纳工作交接程序三步走

小鲁把出纳工作交接的程序分为三步，详细列明要注意的事项。

1. 第一步：交接前

（1）对尚未登记完的现金、银行存款日记账，应当登记完毕，并在最后一笔余额后加盖出纳人员名章。

（2）将出纳日记账和总账核对相符；现金日记账余额要与库存现金实有数核对相符；银行存款日记账余额和银行对账单核对无误，否则调节相符。

（3）在出纳账启用表上填写移交日期，并加盖名章。

（4）整理应该移交的各种资料，对未了事项和遗留问题要写出书面说明材料。

（5）编制移交清册，列清应当移交的账簿、凭证、现金、有价证券、支票簿、文件资料、印鉴和其他物品的具体名称和数量。

2. 第二步：交接时

（1）现金、有价证券要根据现金日记账和备查簿的有关记录当面点交，不一致时，移交人负责查清。

（2）出纳账和其他会计资料必须完整无缺，如有短缺在移交清册上注明，由移交人负责。

（3）接交人应核对出纳账与总账、出纳账与库存现金和银行对账单的余额是否相符，如有不符，在移交清册上注明，由移交人负责。

（4）接交人按移交清册点收票据、印章和其他实物；电算化企业，在实际操作状态下确认有关电子数据无误后，方可交接。

（5）接交人办理接收后，应在出纳账启用表上填写接收时间，并签名盖章。

3. 第三步：交接后

（1）出纳工作交接完毕后，交接双方和监交人员要在移交清册上签名盖章，要在移交清册上注明单位名称、交接日期、交接双方和监交人的职务、姓名、移交清册页数及需要说明的问题和意见等。

（2）接交人员应继续使用移交前的账簿，不得擅自另立账簿，以保证会计记录前后衔接，内容完整。

（3）移交清册填制一式三份，交接双方各持一份，存档一份。

12.2.4 出纳移交清单

出纳移交清单及相关事项

本次参加移交的人员有刘丽、鲁泽、张强等三人，因原出纳工作内部调岗原因，经公司领导的妥善研究决定，鲁泽从移交之日起不再担任出纳职务，因涉及出纳存款余额、库存现金、银行票据、财务印章等，故特列出纳移交内容如下：

1. 公司银行存款余额

银行对账单 26 张，其中满页 25 账，未满页 1 张，公司存款余额截至 2012 年 11 月 30 日止，以银行对账单为准，有建设银行金马路支行余额为 4 234 682.56 元。见 2012 年 11 月 30 日公司银行存款余额表。

2. 库存现金移交

库存现金截至 2012 年 11 月 30 日止，公司现金余额为 9 526.28 元，上述现金余额从移交之日起全部移交清，见表 12-1。

3. 银行票据移交

公司转账支票 2 本、现金支票 2 本。

4. 公司财务印章移交

法人章 1 枚，公章 1 枚、合同章 1 枚、公司名称长章 1 枚。

5. 账簿移交

银行日记账 1 本、现金日记账 1 本。

6. 相关电算化的密码、口令

7. 钥匙

保险柜本套钥匙两把，现密码为######，财务室大门钥匙 1 把。

8. 会计用品

科目章 1 盒、计算器 1 个，印泥盒及印泥垫 1 个。

9. 档案归置说明

归置标准与归置地点。

上述移交清单为一式三份，移交人、接交人、监交人各执一份，望双方从移交之日起自觉遵守做到，不得私自违反。

移交人：鲁泽　　　　接交人：张强　　　　监交人：刘丽

2012 年 11 月 30 日

表 12-1　现金盘点表

单位名称：　　　　　　　　　　　　盘点日期：　　　　　　　　　年　　月　　日

现金清点情况			账目核对		
面额	张数	金额	项目	金额	说明
100 元	80	8 000	盘点日账户余额		
50 元	10	500	加：收入未入账		
20 元	20	400	加：		
10 元	40	400	加：未填凭证收款据		
5 元	40	200	加：		
2 元			加：		
1 元	20	20	减：付出凭证未入账		
5 角	4	0.2	减：未填凭证付款据		
2 角	3	0.06	减：		
1 角	2	0.02	减：		
5 分			调整后现金余额		
2 分			实点现金		
1 分			长款		
合计		9 526.28	短款		
差异分析					
盘点人：	鲁泽		监盘人：	刘丽	复核：张强

12.3　会计人员必备的条件你有了吗

虽然小鲁没有按计划成为一名会计，而是成为财务部长助理，但小鲁知道，会计的基本能力还是需要的，只有掌握了会计工作的大思路，才能做好小局部的管理工作。

小鲁了解我国会计行业的资格管理规定后，知道了“会计从业资格证”是会计工作的入门资格，这个证在他工作第一年就应考取。

12.3.1 小鲁自我评价达到助理会计师的水平

经过三年的工作，自己是不是具有了会计人员必备的条件呢？

小鲁也经常问自己，这里所说的会计人员，是指公司的会计。小鲁通过我国会计专业职务的级别设置，寻找自己的差距。

1986 年 4 月 10 日，中央职称改革工作领导小组转发财政部《会计专业职务试行条例》及其实施意见，规定会计专业职务分为四级，名称定为：高级会计师、会计师、助理会计师、会计员。高级会计师为高级职务，会计师为中级职务，助理会计师、会计员为初级职务。

1. 最简单的会计员能力要求

（1）初步掌握财务会计知识和技能。

（2）熟悉并能按照执行有关会计法规和财务会计制度。

（3）能担负一个岗位的财务会计工作。

（4）大学专科或中等专业学校毕业，在财务会计工作岗位上见习一年期满。

小鲁觉得这个能力自己已具备。

2. 助理会计师的要求

（1）掌握一般的财务会计基础理论和专业知识。

（2）熟悉并能正确执行有关的财经方针、政策和财务会计法规、制度。

（3）能担负一个方面或某个重要岗位的财务会计工作。

（4）取得硕士学位，或取得第二学士学位或研究生班结业证书，具备履行助理会计师职责的能力；大学本科毕业，在财务会计工作岗位上见习一年期满。

（5）大学专科毕业并担任会计员职务两年以上。

（6）或中等专业学校毕业并担任会计员职务四年以上。

小鲁觉得，这个要求自己也是基本上满足的。

3. 会计师能力要求

（1）较系统地掌握财务会计基础理论和专业知识。

（2）掌握并能正确贯彻执行有关的财经方针、政策和财务会计法规、制度。

（3）具有一定的财务会计工作经验，能担负一个单位或管理一个地区、一个部门、一个系统某个方面的财务会计工作。

（4）取得博士学位，并具有履行会计师职责的能力。

（5）取得第二学士学位或研究生班结业证书，并担任助理会计师职务 2～3 年。

（6）大学本科或大学专科毕业并担任助理会计师职务 4 年以上。

（7）掌握一门外语。

小鲁觉得，这个条件目前自己还不能完成达到，就算是自己这两年的目标吧。

12.3.2 综合能力还需加强

王部长说，会计人员在完成某项会计活动时，往往需要的不是一种能力，而是多种能力的组合。各种能力的总和构成会计人员的业务胜任能力，它指会计人员在会计活动中的认识能力和操作能力所达到的水平。

会计人员的业务胜任能力主要由观察能力、记忆能力、思维能力、想象能力和操作能力这五种基本能力构成，这些能力之间相互联系、相互制约，各自都在业务胜任能力结构中发挥着一定的作用。

小鲁以每一方面 100 分为满分作为标准，给自己分别打分。

1. 观察能力

会计人员收集会计信息、获得对会计对象感性认识的基本心理素质。观察能力是保证顺利完成会计工作、取得会计业绩的重要心理因素。

敏锐的观察力使会计人员能够利用表面上微不足道的线索取得显著

的会计成果。小鲁给自己打 80 分。

2. 记忆力

会计专业知识的仓库，它为思维提供原材料。会计人员在思考问题时所应用的材料大都来自记忆，一个优秀的会计人员要求有较好的记忆检索的功能，能迅速找到自己所需要的思想材料，为确定会计工作的不确定因素及时提供信息。

知识老化的周期缩短，更要求会计人员具有良好的记忆能力。小鲁给自己打 85 分。

3. 思维能力

在整个会计工作过程中起着指导和调节的作用，对会计工作质量控制有着重要的影响。

较强的思维能力要求会计人员具有丰富的知识和经验，空洞的头脑是不可能进行思维的。一个人在某方面的知识越丰富，技能技巧越熟练，思路就越灵活，判断就越准确。

此外，丰富的知识和经验可以使人产生广泛的联想，使思维灵活而敏捷，有丰富经验的会计人员对会计事实的判断力强，得出的会计结论更符合事实。小鲁给自己打 95 分。

4. 想象能力

想象能力同样重要，因为知识毕竟是过去的已有的东西，它是有限的，而想象力不受时间空间的限制，是无限的。它涵盖着世界上的一切，是知识进化的源泉。小鲁给自己打 90 分。

5. 业务能力

单纯追求某一种能力的发展，而忽视其他能力的发展，会造成业务胜任能力的失衡，不利于业务的有效开展。小鲁给自己打 90 分，毕竟自己还没有真正做过会计。

6. 道德素养

职业道德的水准与专业素质同样重要。许多偷税漏税、挪用公款等经济违法活动，几乎都与财会人员做假账分不开。会计的职业道德问题也成为培养财务人才的立足点。

会计人才区别于一般会计人才的地方不仅仅是会记账、算账、报账，更要参与决策和管理，掌握宏观经济、企业管理、法律、行政等学科的知识和会应用有关的分析框架，同时必须具备良好的自律能力、职业道德和心理素质。

小鲁给自己打95分，因为这个和自己的出纳工作一样。

12.3.3 小鲁学会了会计基本业务

三年来，小鲁虚心向刘丽请教会计业务，对于会计的工作，小鲁基本上系统地掌握了会计凭证的填制与审核、会计账簿的建立与登记、对账与结账、会计报表的编制等会计核算的基本操作技能和方法，加深了对会计知识的理解。

经过刘丽在具体业务上的指导，小鲁在会计基本方法的运用和会计基本技能方面也进行了相应的训练。通过这些训练，小鲁具备了将会计理论知识和会计实务有机地结合在一起，记账、算账、报账的实际操作能力。

12.3.4 会计的上级是大老虎吗

在一个单位，财务往往是一个神秘的地方，也是一个办事不讲人情的地方。但就个人而言，小鲁觉得财务的相关人员还是很好相处的。

王部长 对事不对人，这句话很多人会讲，但真正有这份肚量的人却不多，不过在我们财务，这点是必须要做到的，因为财务工作往往是你中有我，我中有你的关系，而且财务工作有比较完整的体系，大家都有一个共同的做事标准，不应该有工作之外的成见。

小鲁深有感触，和会计工作有关的人，不管是刘丽、王部长、还是总经理，对事，错就是错，对就是对；对人，则是充满关怀，都希望能帮助别人，和谐相处。

如果说有老虎，会计心中的老虎应是因自己的失误带给公司的损失，而不是自己的上级。

12.3.5 图示会计分类

王部长给小鲁说，会计分为以下几种：

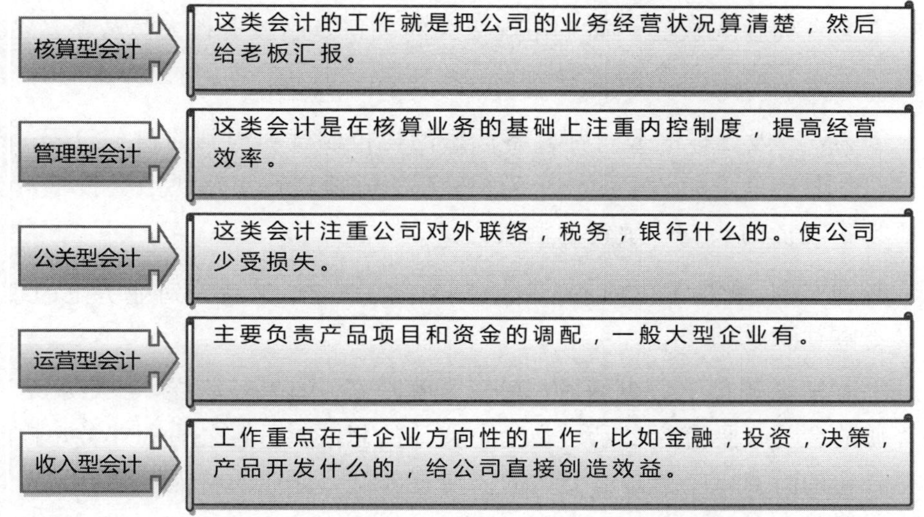

12.3.6 如果真的成为一名会计，小鲁将怎样做

小鲁觉得如果自己真的成为一名会计，他想做一名管理型会计。如何做呢？要做到三点。

1. 让人放心

这点看起来其实没什么特别的，干什么工作都得让人放心。但在会计这行里，这一点更加重要。

小鲁的同学讲现在的小公司找个会计，非得要个亲戚熟人的，哪怕这人不太懂，也无所谓，他们要的就是个放心，能不能算清账不重要，重要的是别把钱丢了就行，有时候水平太高的会计他还不敢要，害怕会计作弊。还有，就是会计掌握公司的机密，这些个老板害怕会计知道太多，将来要挟公司什么的。

小鲁觉得，这些都是庸人之见，但是现实中这样的公司还是有的。退一步讲，这其实体现了很多公司对会计人员的基本要求，就是会计得让人家相信你，让人家放心你。

所以，对刚入行的会计，眼睛里得让人看出诚恳和老实。无论什么情形，都不要干超越底线的事，这个底线是法律和道德。

2. 头脑开阔

上面说的让人放心，如果在规模大的公司，一般会计人员放不放心，显然已经不是老板考虑的首要因素。

因为，一般这样的公司都具备严密的内控制度和周到的财务流程，所以，一般会计只是环节中的一个而已。那么，要在这里尽快出类拔萃，就需要具备灵活的头脑和敏锐的洞察力。

所谓开阔，就是不仅熟悉会计上的事，最好能够了解公司业务上的事，还要了解社会上的事。

千万别坐在桌子后电脑前，记完账就回家，如果是这样，注定就是一个普通的会计。要摒弃自己只是一个会计的想法，了解公司的业务，就能懂得公司的特点，就会知道公司的矛盾在哪儿，行业的特点在哪儿，为管理公司提供条件，同时必须知道社会的现状，为现在的工作重点提供依据。

还有，头脑开阔，就是要有一定的想象力，这样看问题的角度就会更多元，表达会计事项就不会太绝对，处理问题就不会太死板，也能避免不必要的风险。

3. 胆大心细

当然，这要求见多识广。

王部长说，胆大心细是所有成功人士所必须具备的特点，会计也不例外，而且这点最重要了，能做到这一点就能处理很多会计处理不了的事了。

这胆大和心细缺一不可，胆大不代表要违法乱纪，在一个规模较大的单位，会计工作纷繁复杂，没有胆量，是绝对干不下去的。

当然胆大不是不要命，还要处处留心，严密的分析、周到的思考，这就是心细，能保证会计工作周密无误。这样就能充分预估风险，化解危机，达到利益风险的平衡。

还有，要胆大必须要有果断的判断力和正确的感觉作为前提，要心细就要以充分的知识和丰富的阅历为后盾。而要培养这方面的气质就要多经历些事情。

另外，自己的身边要放本《新会计准则》，以便忘了的时候翻翻。